OPERAÇÕES EFICIENTES EMPRESAS RENTÁVEIS

MELHORANDO OS RESULTADOS FINANCEIROS
POR MEIO DA GESTÃO DE OPERAÇÕES

ROGÉRIO SILVA NACIF

OPERAÇÕES EFICIENTES EMPRESAS RENTÁVEIS

MELHORANDO OS RESULTADOS FINANCEIROS
POR MEIO DA GESTÃO DE OPERAÇÕES

BELO HORIZONTE

2023

Copyright© Escola de Gestão Aquila 2021
2023 - 1ª edição - 1ª reimpressão

A Escola de Gestão Aquila incentivou o desenvolvimento desta obra,
sendo inclusive a detentora de 100% dos direitos direitos patrimoniais desta edição.

Autor: Rogério Nacif
Editoração eletrônica: Walter Santos
Capa: Rodrigo Portugal
Revisão: Carlos Bottrel
Fotos e imagens: Ramonthier Dutra, Márcia Lúcia e Letícia Silva Nacif
Assistente editora: Carolline Milhorelli
Coordenação Editora: André Garbulha

Conselho Editorial Aquila:
• Carlos Alberto Bottrel Coutinho
• Cláudia Bessas Juscelino
• Gustavo Pereira Leite Massa
• Marcos Francisco de Almeida
• Natalia Martins de Morais Godoy
• Roberto Heleno de Oliveira Júnior

Diretoria Grupo Aquila
• Presidente Executivo: Raimundo Godoy
• Diretora de Pessoas e Projetos: Fernanda Abreu
• Diretor Administrativo Financeiro: Alan Torquetti
• Diretor Aquila Service: Paulo Coimbra

É proibida a reprodução total ou parcial desta obra, por qualquer meio eletrônico,
inclusive por processos xerográficos, sem autorização expressa do Editor.

Dados internacionais de catalogação na publicação (CIP) (eDOC BRASIL, Belo Horizonte/MG)
Printed in Brazil – Impresso no Brasil

	Nacif, Rogério Silva
N124o	Operações eficientes empresas rentáveis : melhorando os resultados financeiros por meio da gestão de operações / Rogério Silva Nacif. – Belo Horizonte : Aquila, 2021.
	337 p. : il. color.
	ISBN 978-65-991791-6-7
	1. Administração de empresas 2. Engenharia de produção I. Título
	CDD: 658.5

Bibliotecária responsável: Cleide A. Fernandes CRB6/2334

AGRADECIMENTOS

Para que fosse possível escrever este livro, foram necessários dois grandes esforços. O primeiro foi relacionado ao estudo de vários assuntos de gestão, à condução de trabalhos em diversas empresas e ao acúmulo de conhecimentos que são úteis para outras pessoas e empresas. O segundo grande esforço foi a construção do livro em si, ou seja, a delimitação do escopo, a ordenação dos capítulos e tópicos, a redação, a concepção das figuras, as inúmeras revisões e, por fim, a editoração. Nestes dois esforços, tive a ajuda de muitas pessoas, às quais faço questão de agradecer.

Com relação ao primeiro grande esforço que culminou com o acúmulo de conhecimentos para a redação do livro, agradeço a todos os meus professores, do ensino primário ao mestrado, por não terem medido esforços para transmitir a mim e aos meus colegas o melhor do conhecimento que cada um possuía e que foram fundamentais para refinar meu senso crítico quanto à qualidade e originalidade das informações que recebemos de diferentes fontes. Agradeço também aos sócios, gestores e profissionais das diversas empresas em que conduzi ou participei de projetos de consultoria. As necessidades de melhoria estabelecidas por essas empresas abriram as portas para os trabalhos de consultoria que testaram, adaptaram e validaram os conhecimentos teóricos previamente estudados, além de me fazerem perceber, desde muito jovem, a importância do foco em resultados financeiros.

Por fim, mas não em último lugar, agradeço aos meus colegas, líderes e liderados que em minha carreira profissional têm sido uma fonte constante de conhecimentos, exemplos e incentivos ao desenvolvimento pessoal e profissional, pelo companheirismo durante os projetos e pela amizade que surgiu a partir do trabalho.

Com relação ao segundo esforço, de construção do livro, agradeço aos meus amigos e colegas de trabalho Paulo Coimbra, Raimundo Godoy e Rodrigo Godoy, por terem me encorajado a escrever este livro; Adriano Campos, Bruno Starling Simão, Daniel Costa, Flávia Rocha, Leandro Caldeira, Mirza Quintão, Roberto Heleno e Rodrigo Werneck, pelas minuciosas e competentes revisões técnicas do texto. Agradeço também as valiosas contribuições dos executivos Ângela Flores, Antônio Segreto, Jacinto Henriques, Marcos Mandacaru e Walcir Rodrigues, pela revisão do texto com olhos de gestores; e ao professor Gustavo Guzman, pela revisão do texto com o olhar acadêmico.

Também, não poderia de deixar de agradecer aos profissionais que cuidaram da revisão de português, da diagramação e da editoração do livro, especialmente Carlos Bottrel, Natália Godoy, Ramonthier Dutra, Rodrigo Portugal e Walter Santos.

DEDICATÓRIA

*Aos meus pais José Mansur Nacif e Regina Celi Gonçalves da Silva,
fontes de incentivo ao estudo, de carinho e de valores como trabalho,
organização e honestidade, que são fundamentais em minha vida.*

*Às minhas irmãs, Letícia Silva Nacif e Eveline Silva Nacif, pelos conselhos,
pela amizade e pelos muitos momentos de diversão e felicidade.*

*À minha esposa, Daniella de Sousa Onuka Nacif,
exemplo de serenidade e sensatez, pelo companheirismo e otimismo frequentes,
e por compartilhar os mesmos valores na construção de uma família.*

*Aos meus filhos Thaís Onuka Nacif e Gabriel Mansur Onuka Nacif,
cujos sorrisos me trazem uma alegria imensa
e são a razão da busca constante em me tornar uma pessoa melhor.*

PREFÁCIO

O livro "Operações Eficientes Empresas Rentáveis" sintetiza a vasta experiência profissional do Eng°. Rogério Silva Nacif, M.Sc., ao longo de 25 anos de atividades, como consultor e executivo. É um trabalho de fôlego que muito contribuirá para melhorar resultados de empresas por meio da gestão mais adequada das operações.

Tudo que se faz na vida tem consequências, para o bem ou para o mal. É salutar ter isto sempre em mente para que nossas ações sejam voltadas para o bem. Quando se tem nobres propósitos, como o de melhorar as condições de vida do nosso povo, por meio do ensino, pesquisa e assistência técnica às organizações humanas, as nossas ações só podem dar certo, como veremos a seguir. Em 1986, iniciamos a condução de um movimento, inicialmente financiado pelo Governo Federal/Banco Mundial, para a melhoria da qualidade e aumento da produtividade no País. Tínhamos a incumbência de captar conhecimentos, adaptá-los, desenvolver material didático e transferir esses conhecimentos gerenciais a outras instituições e empresas. Inicialmente, conduzimos o movimento com a participação de professores da UFMG e profissionais de empresas estatais (emprestados como contrapartida à implementação da gestão nessas empresas). E alguns técnicos aposentados. Com o passar do tempo, o movimento tomou dimensões além de nossas expectativas mais otimistas, o que indicou a necessidade de aumentar o número de colaboradores. Onde consegui-los? Tivemos um insight que nos permitiu um crescimento vertiginoso, que foi a contratação de recém-formados, com excelentes históricos escolares, provenientes de áreas afins à área de gestão. Foi um achado! Esses jovens logo assimilaram a matéria e em pouco tempo puderam contribuir fortemente para assistirmos as empresas. Anualmente, contratávamos turmas de pelo menos 30 pessoas. Hoje, muitos especialistas do País no assunto são oriundos dessas contratações. E Rogério é destaque entre esses especialistas.

Em 1995, numa parceria com a JODC - Japanese Oveseas Development Corporation, recebemos dois especialistas, em Engenharia Industrial e Manutenção, Srs. Kenichiro Kato e Akio Shiwaku. Precisávamos de pessoal técnico para trabalhar com eles e para absorver os conhecimentos que eles tinham a transmitir. Contratamos quatro jovens engenheiros, bem formados, entre eles Rogerio Nacif. Coube a ele ser um dos assistentes do Sr. Shiwaku. Aí justifico a assertiva feita antes: tudo que se faz tem consequências e, nesse caso, resultou em grande benefício para todas as partes. Rogério mostrou-se entusiasmado, comprometido e dedicado, cumprindo com louvor as tarefas que lhe foram atribuídas. Além da contribuição do Rogério ao nosso movimento, salienta-se que ele aproveitou enormemente a chance oferecida, capacitando-se como um grande especialista em Engenharia de Manutenção e Processos Industriais.

Saliento que, além da parte técnica, Rogério Nacif teve uma convivência amigável e construtiva com o seu orientador, podendo compartilhar assuntos culturais, usos e costumes, um vez que, na qualidade "cuidador" do visitante, o levava para conhecer nossa gastronomia e pontos turísticos da região e, em contrapartida, teve mais informações sobre a invejável civilização japonesa. Relato um acontecimento pitoresco que me foi dito pelo Rogério: Ele levou Sr. Shiwaku para ver o seu time jogar no Mineirão. Fez a maior propaganda do time, do poder ofensivo e das habilidades dos jogadores, porém o time foi derrotado. O Sr. Shiwaku gostou tanto da exibição do outro time que passou a ser seu torcedor, para desgosto do Rogério.

Ressalto que Rogério tem uma boa experiência internacional, pois foi por nós alocado para prestar consultoria à Gerdau Ameristeel, nos EUA, e InBev, na Bélgica, trabalhos em que se houve com proficiência. Interessante é estar atento a procedimentos de outros países. Relatou-me o seguinte, para mostrar como as coisas funcionam em um país avançado, especificamente nos EUA. Saiu com um grupo de consultores para jogar uma partida de futebol, uma "pelada" como costumamos dizer. No retorno do grupo, passado um tempo, deram pela falta de um dos companheiros. Era imperioso procurá-lo; estava perdido, acontecera algo? Depois de muito procurar, encontram-no numa delegacia. Estava dirigindo sem o documento de propriedade do veículo. E lá não há desculpas, não existe jeitinho. Pagavam fiança ou retenção. Tiveram, na emergência, que fazer uma "vaquinha" para levantar o total. Chegaram à delegacia bem na hora, pois o colega já estava recebendo o uniforme amarelo para a "internação". Relato este fato para enfatizar que nem só de técnica constitui a formação de uma pessoa, uma vez que outras experiências acumuladas dão a ela a necessária vivência para abordar problemas e situações na vida profissional e pessoal.

Depois de uma enriquecedora experiência como executivo, Rogério vinculou-se e depois tornou-se sócio do Instituto Aquila, onde tem podido contribuir eficazmente com empresas, levando o seu conhecimento para melhorar o desempenho de muitas delas. No Instituto terá cada vez mais oportunidades de prestar ajuda aos parceiros, sobretudo com a publicação deste importante livro. Certamente, será um apoio para que ele possa transmitir conhecimentos e suas experiências exitosas aos que tiverem a chance de receber a sua assistência. Não aprofundo no conteúdo do livro, pois se trata de assunto técnico avançado e já foi analisado e comentado por especialistas, conforme Rogério lista nos agradecimentos.

Parabéns, Rogério. Sinto-me feliz por ter tomado a acertada decisão de contratá-lo. O País tem um excelente profissional para ajudar no desenvolvimento das nossas empresas.

Boa sorte!

José Martins de Godoy

SUMÁRIO

CAPÍTULO 1
Introdução... 19

1.1   Importância do tema, objetivo do livro e fonte das informações 19

1.2   Conteúdo do livro e orientações para leitura 20

CAPÍTULO 2
Razão de ser das empresas, estratégia e demonstrativos financeiros.. 27

       Introdução 27

2.1   Razão de ser das empresas, operações e estratégia 27

2.2   Desenvolvimento e implantação da estratégia 29

2.3   Demonstrativos financeiros medindo os resultados da empresa 30

2.4   Conexão dos demonstrativos financeiros com os indicadores operacionais 33

2.5   Modelo para melhoria dos resultados financeiros por meio da gestão de operações 34

2.6   Exemplo completo – parte 1/9 – Um guia de trabalho para você e sua empresa 37

       Resumo do capítulo 41

       Questões e Atividades 42

CAPÍTULO 3
Traduzindo resultados financeiros em indicadores operacionais 47

       Introdução 47

3.1   Traduzindo o custo em indicadores operacionais 48

3.2   Traduzindo a receita (volume, preço e mix) em indicadores operacionais 51

3.3   Traduzindo as despesas em indicadores operacionais 54

3.4   Como o caixa é impactado por questões operacionais 55

3.5   Impacto dos investimentos na evolução dos indicadores operacionais e financeiros 56

3.6   Visualização dos indicadores operacionais nos demonstrativos financeiros 57

3.7   Exemplo completo – parte 2/9 – Um guia de trabalho para você e sua empresa 62

Resumo do capítulo 67

Questões e Atividades 68

CAPÍTULO 4
Melhorando os indicadores de custo 73

Introdução 73

4.1 Matéria-prima 74

4.2 Insumos 79

4.3 Energia 85

4.4 Mão de obra 92

4.5 Custo do reprocesso 100

4.6 Preço dos itens 102

4.7 Gestão do transporte 107

4.8 Nota sobre a localização da empresa 113

4.9 Exemplo completo – parte 3/9 – Um guia de trabalho para você e sua empresa 115

Resumo do capítulo 121

Questões e Atividades 123

CAPÍTULO 5
Aumento da receita por meio de melhorias operacionais 127

Introdução 127

5.1 Trabalhando para o aumento do volume 128

5.1.1 Entendendo a OEE e suas perdas 128

5.1.2 Importância do PCP 132

5.1.3 Gestão dos estoques sob a perspectiva da OEE 136

5.1.4 Eliminando as perdas por problemas de qualidade 138

5.2 Melhoria do preço via otimização do mix e redução dos descontos ... 141

5.2.1 Melhorando o mix 142

5.2.2 Reduzindo os descontos por meio da gestão da qualidade e do prazo de validade 143

5.3 Nota sobre a modernização do parque industrial 145

5.4 Exemplo completo – parte 4/9 – Um guia de trabalho para você e sua empresa 146

Resumo do capítulo 152

Questões e Atividades 154

CAPÍTULO 6

Melhorando o ciclo financeiro 159

Introdução 159

6.1 Razão de se desejar um ciclo financeiro pequeno e como alcançá-lo 160

6.2 Gestão dos estoques sob a perspectiva do ciclo financeiro 163

6.3 Tipos de estoques e estratégias para sua gestão 164

6.4 Impacto do *lead time* total no ciclo financeiro 168

6.5 Melhorando o *lead time* de fabricação 169

6.6 Melhorando o *lead time* dos processos anteriores e posteriores à fabricação 171

6.7 Exemplo completo – parte 5/9 – Um guia de trabalho para você e sua empresa 173

Resumo do capítulo 178

Questões e Atividades 179

CAPÍTULO 7

Gestão da manutenção: a cereja do bolo 183

Introdução 183

7.1 Objetivos da manutenção: disponibilidade e custo 184

7.2 Planos e padrões de manutenção 185

7.3 Execução da manutenção 196

7.4 Reduzindo o custo de peças e serviços 199

7.5 Melhor utilização da mão de obra 202

7.6 Nota sobre as ferramentas de confiabilidade 204

7.7 Exemplo completo – parte 6/9 – Um guia de trabalho para você e sua empresa 207

Resumo do capítulo 214

Questões e Atividades 216

CAPÍTULO 8

Olho nas despesas 221

Introdução 221

8.1 Gestão tradicional de despesas x Gestão matricial de despesas 222

8.2 Orçamento base zero 228

8.3 Exemplo completo – parte 7/9 – Um guia de trabalho para você e sua empresa 231

Resumo do capítulo 236

Questões e Atividades 237

CAPÍTULO 9

Escolhendo e implantando projetos de investimento ...241

Introdução ...241

9.1 Necessidade dos projetos de investimento e sua classificação ...242

9.2 Escolha financeira dos projetos – *Payback*, VPL e TIR ...244

9.3 Incertezas, restrições e outros fatores que influenciam a escolha dos projetos ...247

9.4 Nota sobre a implantação dos projetos ...253

9.5 Exemplo completo – parte 8/9 – Um guia de trabalho para você e sua empresa ...255

Resumo do capítulo ...260

Questões e Atividades ...262

CAPÍTULO 10

Fazendo tudo acontecer – Método de gestão, conhecimento técnico, estrutura organizacional e alinhamento de interesses ...265

Introdução ...265

10.1 Método de gestão ...267

10.1.1 Desdobramento das metas e uso do método de gestão de forma ampla ...269

10.2 Agregando conhecimento técnico ...273

10.3 Conceitos básicos de estrutura organizacional ...274

10.3.1 Agrupamento de funções ...275

10.3.2 Integração entre as áreas ...278

10.3.3 Características de liderança ...280

10.3.4 Situações críticas de estrutura organizacional em empresas industriais ...282

10.4 Alinhamento de interesses e remuneração variável ...288

10.5 Exemplo completo – parte 9/9 – Um guia de trabalho para você e sua empresa ...292

Resumo do capítulo ...300

Questões e Atividades ...302

CAPÍTULO 11

Conclusão ...307

Introdução ...307

11.1 Resumo dos principais conceitos, conclusões e sugestões apresentados no texto.................. 308

11.2 Sugestões sobre como conduzir o trabalho na sua empresa 310

Resumo do capítulo e palavras finais..313

Questões e Atividade 315

Respostas às questões 319

Referências...333

CAPÍTULO 1

Introdução

CAPÍTULO 1
Introdução

1.1 Importância do tema, objetivo do livro e fonte das informações

Desde o início de 1996, tenho trabalhado com consultoria de gestão e me especializei em alguns temas específicos como gestão de custos e produtividade industrial, gestão da manutenção de equipamentos e confiabilidade, não deixando de atuar em assuntos mais abrangentes, como gestão financeira, desdobramento e acompanhamento de metas e planejamento estratégico. Mais recentemente, tive a oportunidade de participar da alta administração de uma empresa de consultoria e, também, do Conselho de Administração de uma indústria de embalagens. Nessa caminhada, tive a sorte e o prazer de conviver com executivos das maiores empresas do Brasil, consultores internacionais, professores das melhores escolas de negócio do mundo e colegas de profissão muito competentes e que me ajudaram a manter o entusiasmo pelo trabalho. Grande parte dos meus colegas de profissão iniciou a jornada junto comigo como consultores e, hoje, são meus sócios e parceiros no Aquila, empresa na qual tenho o privilégio de liderar projetos e auxiliar organizações brasileiras e internacionais na melhoria dos seus resultados.

Ao longo dos anos, fui percebendo quanto a gestão das operações de uma empresa está relacionada ao seu resultado financeiro e, também, quanto a alta administração e os Conselhos de Administração ficam afastados da gestão das operações, concentrando-se quase que exclusivamente em assuntos estratégicos e financeiros. Obviamente, as questões estratégicas e financeiras sempre serão o cerne das atividades da alta administração e dos conselhos, porém um pouco de conhecimento das questões operacionais ajuda muito a orientar e cobrar da gerência os resultados das operações. Afinal, se as operações não forem bem geridas e produtivas, as estratégias não trazem os resultados esperados e o resultado financeiro almejado não é alcançado.

Este livro é um compilado de toda essa experiência e seu maior objetivo é tornar clara aos gestores a ligação entre a gestão de operações e os resultados financeiros. Ao fazer esse elo, o texto auxilia a média gerência a visualizar o impacto de suas atividades no resultado financeiro e priorizar os seus pontos de atuação no dia a dia, ao mesmo tempo que ajuda a alta administração – e até os conselhos – a identificar os pontos da operação que precisam de maior suporte, investimento e cobrança[1]. Por uma questão do destino, a minha formação acadêmica e a minha

---

1 Não é objetivo deste livro detalhar os demonstrativos financeiros ou a utilização dos indicadores financeiros, uma vez que já existe vasta bibliografia sobre esses temas.

experiência profissional me permitiram entender essa ligação entre a gestão das operações e os resultados financeiros de maneira bastante transparente, o que me motivou a escrever esta obra, com o intuito de compartilhar tal conhecimento.

Os conceitos apresentados neste livro são muito úteis para executivos de empresas de base industrial (da mineração à indústria de bens de consumo), de empresas de serviços com características de indústria (como telefonia e distribuição de energia), de empresas comerciais que possuem algum processo de transformação (como restaurantes, lavanderias ou padarias), de agroindústrias e até de empresas de produção agrícola e pecuária. Este texto foi escrito para esses gestores, não importando se eles trabalham em grandes conglomerados ou em *startups*. Executivos e gestores de outros setores, a exemplo dos comércios atacadista e varejista, dos órgãos públicos e das organizações sem fins lucrativos, também vão encontrar neste livro alguns conceitos úteis.

A fonte das informações deste texto é mista. As informações teóricas são provenientes de estudos sobre temas, como finanças, engenharia de produção, estratégia e liderança. Bibliografias consagradas desses assuntos estão listadas nas Referências. Já os conhecimentos práticos são provenientes da minha experiência profissional acumulada ao longo dos anos, em que tive a oportunidade de trabalhar a fundo com o modelo de gestão japonês, acompanhando os avanços da engenharia de produção e integrando os resultados operacionais aos resultados financeiros em projetos de consultoria no Brasil, na Europa e na América do Norte. Toda essa vivência profissional é apresentada tanto no decorrer do texto quanto em "casos reais" expostos no corpo de cada capítulo. Por razões de confidencialidade de informações e também por existirem "casos reais" tanto com exemplos positivos quanto negativos, os nomes das empresas e dos executivos foram omitidos[2].

O próximo tópico detalha a estrutura do livro e o conteúdo dos capítulos.

1.2 Conteúdo do livro e orientações para leitura

Para que este livro cumpra o objetivo relatado no tópico anterior, os capítulos subsequentes explicam como se podem conectar os indicadores operacionais da organização com as principais linhas de seus demonstrativos financeiros[3] e, também, como as melhorias desses indicadores operacionais refletem nos resultados financeiros. Dessa forma, fica visível a importância da excelência e produtividade das operações de uma empresa.

---

2   Alguns detalhes dos casos reais, inclusive dados numéricos, foram propositalmente trocados para impedir a identificação das empresas em questão ou, então, para torná-los mais didáticos. Essas trocas foram feitas de forma a não prejudicar o conteúdo e a experiência que se desejam transmitir.

3   É comum a utilização dos termos "demonstrativos financeiros", "demonstrativos contábeis", "demonstrações financeiras" e "demonstrações contábeis" como sinônimos. Nesse texto, usamos o termo "demonstrativos financeiros".

CAPÍTULO 1 | INTRODUÇÃO

O capítulo 2 discute brevemente a razão de ser de uma empresa, a definição e implantação de suas estratégias e a utilização dos demonstrativos financeiros na apuração dos seus resultados. Em seguida, é introduzida a questão da conexão desses demonstrativos com os indicadores operacionais, assunto detalhado no capítulo 3. Por fim, é apresentado um modelo conceitual, que é a espinha dorsal deste livro, para a melhoria dos resultados financeiros por meio da gestão das operações. As partes desse modelo serão detalhadas em cada capítulo.

O capítulo 3 apresenta a conexão dos resultados financeiros com os indicadores operacionais. Os três primeiros tópicos do capítulo detalham a tradução da receita, do custo e das despesas em indicadores operacionais. Por fim, é feita uma breve explanação de como o caixa é impactado por questões operacionais e sobre o impacto dos investimentos na evolução dos indicadores operacionais e financeiros.

Do capítulo 4 ao 9 são detalhados os aspectos da gestão operacional que irão contribuir para os resultados financeiros, fechando o conjunto de melhorias apresentadas no centro do modelo conceitual abordado no capítulo 2.

O capítulo 4 inicia a apresentação da jornada das empresas rumo à maior produtividade, mergulhando na questão da melhoria de custo. As quatro primeiras seções dão instruções sobre como diminuir o consumo e o desperdício da matéria-prima principal, dos insumos auxiliares, dos diversos tipos de energia envolvidos no processo de fabricação e da mão de obra da produção. As quatro seções seguintes tratam da questão do custo do reprocesso, das opções para redução do valor unitário dos itens comprados, da gestão do transporte e trazem uma breve nota sobre a localização da empresa.

No capítulo 5 é abordada a gestão das operações, de forma a conseguir a maior receita possível, tanto por meio do maior volume de produção quanto da disponibilização de produtos que serão vendidos a um preço melhor. Não é objetivo deste livro discutir metodologias de precificação ou de negociação, mas debater como produzir maior quantidade, objetivando um mix de produtos de maior valor agregado e, também, como minimizar as reduções de valor dos produtos devido a problemas de qualidade e outros. As seções específicas tratam da medição da *Overall Equipment Effectiveness* (OEE) – Efetividade Global dos Equipamentos, da importância do Planejamento e Controle da Produção (PCP), da gestão de estoques, das questões de qualidade que geram perda de produção ou redução de valor dos produtos e da busca pelo mix com melhor retorno financeiro. Por fim, é discutida brevemente a questão da modernização do parque industrial.

Os conceitos relacionados à gestão das operações para a melhoria do ciclo financeiro são apresentados no capítulo 6. É discutida a questão dos estoques intermediários no processo produtivo, bem como o impacto destes e do *lead time* no ciclo financeiro.

A manutenção de equipamentos influencia o volume de produção e o custo e qualidade dos produtos, além de ser um assunto com o qual a alta administração, muitas vezes, não se envolve de forma suficiente. Por isso, dedicamos o capítulo 7 integralmente a esse assunto, discorrendo sobre o objetivo de conseguir alta disponibilidade dos equipamentos aliada a um baixo custo de manutenção. Seções específicas sobre como alcançar esses dois objetivos são o ponto alto do capítulo, que se encerra com uma nota sobre ferramentas de confiabilidade.

Apesar de não ser objetivo deste livro tratar detalhadamente de gestão de despesas, o capítulo 8 traz uma orientação importante sobre como elas devem ser gerenciadas. É apresentado um paralelo entre a gestão tradicional e a gestão matricial de despesas. Em seguida, são citados alguns conceitos do orçamento base zero e algumas dicas para a sua implantação.

O capítulo 9 apresenta os tipos de projetos de investimentos normalmente encontrados nas empresas e as metodologias para identificação daqueles que são mais rentáveis. Além disso, ele trata da implantação dos projetos e discute questões adicionais que impactam na escolha deles, como as restrições de caixa e as incertezas das premissas utilizadas nos cálculos.

O capítulo 10 trata das questões não financeiras que impactam e contribuem para a execução das iniciativas de melhoria dos indicadores operacionais. Inicialmente, discutimos sobre a importância de existir um método de gestão, que facilita o trabalho dos gestores na melhoria dos indicadores. Em seguida, é abordada a questão da agregação de conhecimento técnico para a solução dos problemas e para a perenidade da empresa. O terceiro tópico trata da estrutura organizacional, inclusive da integração entre as diversas áreas. Por fim, é discutido o alinhamento de interesses entre a empresa e os funcionários, principalmente como ele deve ser buscado por meio das políticas de remuneração variável.

Na conclusão, capítulo 11, fazemos uma recapitulação dos principais conceitos e conclusões apresentados no texto, além de dar sugestões aos leitores sobre como conduzir o trabalho de melhoria dos resultados financeiros por meio da gestão das operações nas suas empresas.

Os capítulos 3 ao 11 trazem casos reais relacionados à aplicação dos conceitos abordados. Tais casos são independentes uns dos outros e mostram exemplos de empresas que aplicaram de forma adequada, ou nem tanto, os conceitos apresentados no respectivo capítulo[4]. Além disso, os capítulos 2 ao 10 são concluídos com um exemplo teórico sequencial, retratando a gestão das operações de uma fábrica de derivados de leite. Em cada capítulo é apresentado um aspecto desse laticínio, como a receita, os custos, a manutenção, etc. Ao final do livro, o leitor tem um exemplo completo de toda a gestão das operações de uma empresa e o seu impacto no resultado financeiro. Ele serve como guia de trabalho e encoraja o gestor na condução das melhorias na sua empresa.

Vale observar que os demais capítulos se iniciam com uma seção introdutória e se encerram com um resumo. A introdução de cada capítulo recapitula brevemente o que foi discutido nos capítulos anteriores, identifica o assunto do capítulo dentro do modelo conceitual e cita os principais pontos discutidos. No resumo são listados os principais ensinamentos e as conclusões

---

4   Conforme mencionado bem no início do texto, uma vez que os casos reais não retratam exclusivamente situações positivas, além de existirem questões de confidencialidade, os nomes dos executivos e empresas foram omitidos.

do capítulo, o que auxilia o leitor na fixação do conteúdo. Por fim, são propostas questões e atividades para que o profissional teste seus conhecimentos e se prepare para a utilização dos conceitos no dia a dia. As respostas das questões são apresentadas no final do livro.

O ideal é que esta obra seja lida do início ao fim. Porém, o leitor mais afoito pode ler até o capítulo 3, depois escolher entre os capítulos de 4 a 9 aqueles de seu maior interesse e, em seguida, passar para os capítulos 10 e 11. Como mencionado, o modelo conceitual apresentado na Figura 2.5 é a espinha dorsal do livro e deve ser analisado e entendido desde a sua primeira apresentação no texto. Sempre que o modelo for apresentado nos capítulos seguintes, o leitor deve refletir sobre a parte que está sendo detalhada naquele capítulo e sobre o relacionamento dessa parte com as demais.

Boa leitura!

CAPÍTULO 2

Razão de ser das empresas, estratégia e demonstrativos financeiros

CAPÍTULO 2

Razão de ser das empresas, estratégia e demonstrativos financeiros

Introdução

No capítulo anterior ficou claro que o objetivo principal deste livro é orientar os executivos a identificar e trabalhar os principais aspectos da operação que impactam de forma mais significativa o resultado financeiro das empresas. Também, foi enfatizado que o capítulo 2 apresenta o modelo conceitual que utilizamos durante todo o livro, a fim de orientar o trabalho de melhoria da gestão das operações e, consequentemente, do resultado financeiro.

Este capítulo se inicia com dois pequenos tópicos relacionados à razão de ser das empresas e à estratégia dessas organizações. Em seguida, é feita uma revisão dos principais demonstrativos financeiros e introduzido o conceito de conexão desses demonstrativos com os indicadores operacionais, assunto que será detalhado no capítulo 3.

O ponto alto deste capítulo é o tópico 2.5, que apresenta o modelo conceitual para a melhoria dos resultados financeiros por meio da gestão das operações. Este modelo serve de guia para o trabalho dos executivos em busca de melhores resultados nas suas empresas.

O capítulo é concluído com a primeira parte de um exemplo teórico que simula a aplicação prática dos conceitos apresentados e com um resumo dos tópicos e conclusões.

2.1 Razão de ser das empresas, operações e estratégia

Todas as organizações, com fins lucrativos ou não, possuem uma razão de existir. Por exemplo, a razão de ser de uma escola pública é formar cidadãos, de um hospital filantrópico é tratar os enfermos de determinada região e de um exército é defender seu país. A razão de ser de uma empresa com fins lucrativos, além de obter lucro para a remuneração de seus acionistas, é fornecer, de maneira sustentável[5], bens e serviços relevantes para a sociedade.

---

5   O conceito atual de negócio sustentável apresentado pelos profissionais da área enfatiza que esse negócio deve não apenas remunerar o acionista, mas também promover impactos econômicos e sociais relevantes, gerar emprego e renda à sociedade e introduzir produtos de impacto positivo na saúde, na segurança e no meio ambiente, além de remunerar, de forma adequada, os funcionários e os membros de toda a cadeia produtiva. Esse conjunto de objetivos só é conseguido com resultados financeiros efetivos que são gerados, principalmente, por operações eficientes.

Neste livro, concentramos nossa atenção nessas empresas com fins lucrativos, mas os conceitos apresentados podem ser utilizados em qualquer tipo de organização.

Nas empresas com fins lucrativos, para que o lucro seja obtido, elas devem fornecer produtos ou serviços para a sociedade na qual ela está inserida com determinado nível de qualidade e preços considerados justos pelos clientes. Isso só é alcançado quando elas são eficientes em suas operações[6], transformando os insumos em produtos e serviços com alta produtividade e mínimos desperdícios.

Figura 2.1 – Eficiência das operações de uma empresa como base para o cumprimento de sua razão de ser.

No entanto, o que hoje é considerado um produto ou serviço relevante, ou uma operação eficiente, pode estar defasado daqui a quatro ou cinco anos, tendo em vista a evolução das tecnologias e as mudanças nos mercados, além dos riscos e oportunidades que o ambiente ao redor da empresa apresenta. É preciso visualizar antecipadamente as alterações das necessidades dos consumidores e, algumas vezes, alterar o produto e o serviço oferecidos, bem como as operações para fornecê-los.

Essa adequação da empresa ao ambiente externo, obedecendo aos princípios da sustentabilidade, vai garantir o seu bom posicionamento na preferência dos consumidores e no retorno financeiro para os acionistas em relação aos seus concorrentes. Para que tudo isso seja possível, é necessário executar um trabalho de formulação e implantação da estratégia de longo prazo.

---

6 É importante frisar que neste texto usamos o termo "gestão de operações" com sentido amplo, contemplando não apenas a transformação das matérias-primas em produtos finais, mas também, em um nível menor de detalhe, as atividades de logística, compras, planejamento de vendas e produção, entre outras. Apenas as atividades de suporte, como as áreas Administrativa, de TI e Jurídica, estão completamente fora do nosso escopo.

A Figura 2.2 ilustra o relacionamento entre a razão de ser de uma empresa, a eficiência das operações, os produtos e serviços relevantes fornecidos em determinado momento e a necessidade de formulação estratégica, tendo em vista as alterações do ambiente externo, a fim de garantir a continuidade do alcance dos objetivos almejados pela organização.

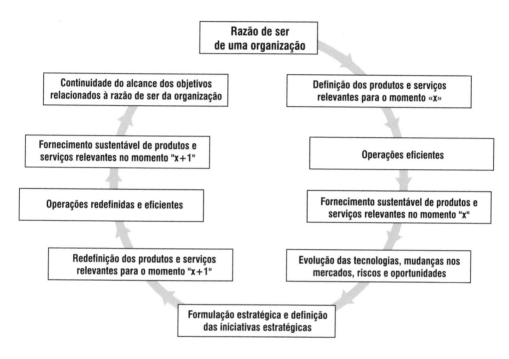

Fig. 2.2 – A razão de ser de uma empresa e a necessidade de uma formulação estratégica periódica para a continuidade do alcance dos objetivos da organização.

2.2 Desenvolvimento e implantação da estratégia

Existem várias metodologias para se realizar um trabalho de definição das estratégias de uma empresa, e grande parte delas está retratada no livro "Safári de Estratégia", de Henry Mintzberg (2010). Não é objetivo deste texto detalhar nenhuma delas, mas vale a pena mencionar que, em sua maioria, elas utilizam os objetivos de médio e longo prazos de uma organização, as suas competências, os fatos recentes no ambiente ao redor da empresa e uma estimativa de fatos futuros para desenhar a estratégia e as iniciativas estratégicas que vão possibilitar o alcance desses objetivos. O livro "8 Passos da Excelência" apresenta de forma clara as razões de falha das estratégias e fornece um roteiro para levar a organização a um novo patamar de resultados.

Uma vez que se têm definidas uma estratégia e as iniciativas estratégicas, é hora de cuidar da sua implantação[7]. Essa ação abrange não apenas a condução de projetos de investimento, mas pode envolver, também, alteração de estrutura e de incentivos e um trabalho forte de gestão de mudança, além, é claro, de modificações em suas operações.

Portanto, para que a empresa continue a alcançar os objetivos relacionados com a sua "razão de ser", a implantação de uma nova estratégia poderá levar à alteração nas operações que sustentam o fornecimento dos produtos e serviços. E é muito importante que a organização permaneça buscando a eficiência dessas novas operações.

2.3 Demonstrativos financeiros medindo os resultados da empresa

Seja na situação atual, seja na situação futura após a implantação das estratégias, os resultados da operação são medidos por demonstrativos financeiros[8] padronizados, os quais permitem comparar o resultado financeiro de uma empresa com o de outras do mesmo segmento, ou com os dela mesma ao longo dos anos. Vale mencionar que algumas organizações complementam a sua "prestação de contas aos *stakeholders*[9]" com a demonstração dos resultados "não financeiros", por meio de "balanços sociais", em que os resultados obtidos no cumprimento de seus objetivos não financeiros são explicitados. Neste texto, vamos nos concentrar nos objetivos financeiros, mas podemos afirmar que os conceitos apresentados aqui são úteis também para as organizações sem fins lucrativos, pois até estas possuem a necessidade de gerir adequadamente seus recursos, para que possam cumprir os seus objetivos sociais.

Os principais demonstrativos financeiros utilizados para medir o resultado de uma empresa são o Balanço Patrimonial (BP), o Demonstrativo de Resultados do Exercício (DRE), o Demonstrativo do Fluxo de Caixa (DFC) e o Demonstrativo das Mutações do Patrimônio Líquido (DMPL). Os dois primeiros são os mais consultados no dia a dia pelos executivos e serão apresentados, de forma sucinta, a seguir[10].

O Balanço Patrimonial apresenta as fontes de recursos financeiros utilizadas para iniciar e operar uma empresa, incluindo o lucro acumulado ao longo do tempo. Apresenta também a

---

7   Para mais detalhes, ver Bossidy, L.; Charan, R. *Execução*: a disciplina para atingir resultados. Rio de Janeiro: Elsevier, 2005; Godoy, R.; Godoy, N.; Pires, F. *8 passos da excelência*. São Paulo: Ed. Aquila, 2020; Hrebiniak, L. G. *Making strategy work*. Wharton School Publishing, 2005; Kotter, J. *Leading change*. Harvard Bussiness Review Press, 2012 .

8   Vale reforçar que, conforme dito no capítulo 1, os termos "demonstrativos financeiros", "demonstrativos contábeis", "demonstrações financeiras" e "demonstrações contábeis" são utilizados comumente como sinônimos e, neste livro, empregamos o termo "demonstrativos financeiros".

9   *Stakeholders*: partes envolvidas.

10 O detalhamento do DFC e do DMPL extrapola os objetivos deste texto.

CAPÍTULO 2 | RAZÃO DE SER DAS EMPRESAS, ESTRATÉGIA E DEMONSTRATIVOS FINANCEIROS

aplicação desses recursos, inclusive os investimentos em instalações, máquinas e estoques, além do dinheiro em caixa. A Figura 2.3 ilustra um BP com as suas principais linhas.

Balanço Patrimonial – Ano "X " - Resumido			
Ativo (R$ Mil)		Passivo (R$ Mil)	
Ativo Circulante	R$ 37.000	Passivo Circulante	R$ 28.000
Caixa e disponibilidades	R$ 10.000	Fornecedores	R$ 23.000
Estoques	R$ 15.000	Salários a pagar	R$ 2.000
Clientes	R$ 12.000	Impostos a pagar	R$ 3.000
Realizável em Longo Prazo	R$ 23.000	Exigível em Longo Prazo	R$ 32.000
Ativo Permanente	R$ 50.000	Empréstimo banco A	R$ 20.000
Máquinas e equipamentos	R$ 35.000	Empréstimo banco B	R$ 12.000
Imóveis	R$ 19.000	Patrimônio Líquido	R$ 50.000
Veículos	R$ 6.000	Capital social	R$ 40.000
Depreciação acumulada	- R$ 10.000	Reservas de lucro	R$ 10.000
Total do Ativo	**R$ 110.000**	**Total do Passivo**	**R$ 110.000**

Figura 2.3 – Exemplo de Balanço Patrimonial.

O DRE apresenta o resultado, o lucro ou o prejuízo da operação ano a ano, detalhando as receitas, os custos dos produtos vendidos ou dos serviços prestados, as despesas gerais e administrativas, o EBITDA[11], o resultado financeiro, a depreciação e os impostos.

---

11 EBITDA é uma sigla em língua inglesa que significa "Earnings Before Interest, Taxes, Depreciation and Amortization", ou "Lucros Antes de Juros, Impostos, Depreciação e Amortização – LAJIDA". Trata-se de um indicador financeiro muito utilizado, pois retrata o resultado da operação de uma organização.

Demonst. de Resultado do Exercício "X + 1" (R$ Mil) - Resumido	
Receita Líquida	R$ 100.000
Receita de produtos	R$ 80.000
Receita de serviços	R$ 20.000
Custo dos Produtos Vendidos e Serviços Prestados	- R$ 65.000
Custo de matéria-prima	- R$ 35.000
Custo de energia	- R$ 18.000
Custo de mão de obra	- R$ 10.000
Outros custos	- R$ 2.000
Despesas Gerais e Administrativas	- R$ 28.000
Despesa de pessoal	- R$ 16.000
Despesa de telefonia	- R$ 5.000
Despesa de limpeza	- R$ 1.000
Outras despesas	- R$ 6.000
EBITDA	R$ 7.000
Depreciação	- R$ 2.100
Resultado Financeiro	- R$ 1.900
Impostos	- R$ 1.000
Lucro Líquido	R$ 2.000

Figura 2.4 – Exemplo de DRE.

Vale mencionar que o BP o DRE se comunicam de várias formas. Um dos pontos de comunicação é a depreciação, que está presente no DRE, reduzindo o lucro a cada ano, e está, ao mesmo tempo, no lado do ativo do balanço, corrigindo o valor dos bens imobilizados na operação. Outro ponto de comunicação nos dois demonstrativos é o lucro líquido, última linha do DRE, que também está presente no balanço, aumentando ou diminuindo o patrimônio líquido na linha de "lucros acumulados". Mediante esses exemplos, vemos que o resultado da operação afeta tanto o DRE quanto o BP de uma empresa.

CAPÍTULO 2 | RAZÃO DE SER DAS EMPRESAS, ESTRATÉGIA E DEMONSTRATIVOS FINANCEIROS

2.4 Conexão dos demonstrativos financeiros com os indicadores operacionais

Uma vez que pretendemos demonstrar que a operação de uma empresa influencia diretamente os seus resultados financeiros, tentamos explicitar um pouco mais como as decisões e os indicadores operacionais se relacionam com as principais linhas dos demonstrativos financeiros e como a melhoria desses indicadores pode ajudar no alcance dos resultados financeiros.

No balanço patrimonial visualizamos qual é o capital inicial disponível para formar a empresa, ou seja, o patrimônio líquido mais os empréstimos de longo prazo (decisão de **financiamento**), e quanto desse capital está aplicado em ativos permanentes (decisão de **investimento**). Teoricamente e de forma simplificada, a diferença entre o capital inicial e os ativos permanentes seria o dinheiro disponível no caixa da companhia. No entanto, o caixa da empresa também é impactado por questões **operacionais**, como o nível de estoque e os prazos de pagamento aos fornecedores e de recebimentos dos clientes, influenciando diretamente o balanço patrimonial. Além disso, o resultado da operação como um todo, que é o lucro líquido de cada exercício, também impacta diretamente o balanço, uma vez que esse lucro acumulado aumenta o patrimônio líquido e, indiretamente, o saldo disponível em caixa.

Tabela 2.1 – Exemplos de decisões que impactam positivamente[12] o caixa de uma empresa.

Natureza da decisão	Exemplo de decisão	Impacto no caixa
Decisão de financiamento	Retenção de lucros de exercícios anteriores	
Decisão de investimento	Venda de imobilizado	Aumento do caixa
Decisão operacional	Redução dos prazos de recebimento Aumento dos prazos de pagamento Redução dos níveis de estoque	

No capítulo 3, aprofundamos a discussão sobre o impacto das decisões operacionais no caixa da empresa e falamos brevemente do reflexo das decisões de financiamento e investimento nos demonstrativos financeiros.

No DRE, conseguimos identificar, em praticamente[13] todas as linhas, o impacto das decisões operacionais sobre o resultado anual da empresa. As linhas de receita são impactadas pelas decisões operacionais (e pelo êxito na implantação dessas decisões) relacionadas a volume

---

12 Decisões inversas às apresentadas, como a compra de imobilizado ou o aumento dos prazos de recebimento, reduzem o valor disponível no caixa da empresa.

13 Obs.: as linhas relacionadas a depreciação, amortização e pagamento de impostos não fazem parte do escopo deste texto.

de produção, preço e mix. As linhas de custo refletem diretamente a eficiência das operações no que diz respeito ao uso das matérias-primas, da energia e da mão de obra de produção. Já nas linhas de despesa identificamos a eficiência ou não dos processos administrativos da empresa.

Tabela 2.2 – Exemplos de êxitos operacionais que impactam positivamente o Lucro no DRE[14].

Grupo de linhas do DRE	Exemplo de êxito operacional	Impacto no lucro líquido
Receita	– Crescimento do volume vendido devido ao aumento de produção das máquinas – Aumento do preço médio – Melhoria do mix de produtos vendidos devido à maior flexibilidade da área produtiva	Aumento do Lucro Líquido
Custo	– Redução do preço da matéria-prima, energia e demais insumos – Redução do desperdício de matéria-prima – Redução do consumo específico de energia – Aumento da produtividade da mão de obra	
Despesas	– Maior eficiência dos processos administrativos	

No capítulo 3, detalhamos a correlação dos indicadores que medem o desempenho operacional com linhas do DRE e o impacto da melhoria desses indicadores no resultado financeiro da empresa.

2.5 Modelo para melhoria dos resultados financeiros por meio da gestão de operações

Uma vez que o tópico anterior introduziu a conexão entre o resultado financeiro de uma empresa e a gestão de suas operações, propomos um modelo que ilustra os principais pontos da gestão das operações que devem ser trabalhados, a fim de melhorar os resultados financeiros de uma organização.

---

14 Ineficiências operacionais, como diminuição do volume vendido devido à redução na produção das máquinas ou ao aumento do consumo específico de energia, reduzem o lucro líquido.

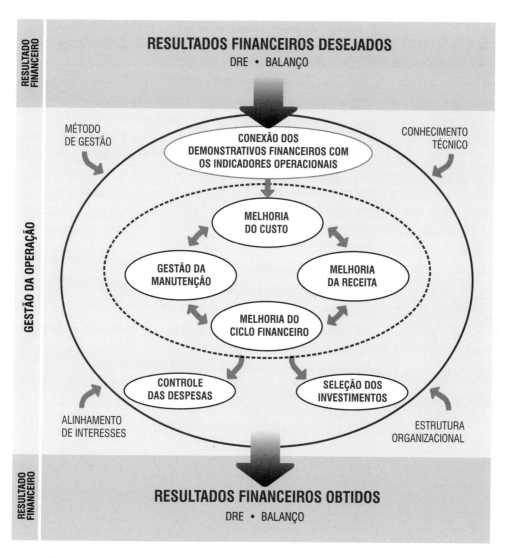

Figura 2.5 – Modelo conceitual: melhoria dos resultados financeiros por meio da gestão de operações.

Esse modelo ilustra a ideia de que, a partir de determinado resultado financeiro, podem-se identificar os indicadores operacionais mais relevantes e realizar trabalhos específicos nos custos, nas receitas, no ciclo financeiro, na manutenção, nas despesas, na seleção dos investimentos e na organização, capacitação e alinhamento de profissionais para o alcance de outro patamar de resultado financeiro.

E a fatia central desse modelo é a gestão de operações com todas as suas partes, que transforma o resultado financeiro. A primeira elipse dessa parte trata da tarefa de conectar os demonstrativos financeiros com os indicadores operacionais, facilitando a visualização dos pontos da operação mais impactantes no resultado financeiro. As quatro elipses seguintes são o cerne deste livro, em que as melhorias trazem grandes resultados no curto prazo. Mudanças e avanços em qualquer uma dessas quatro elipses causam impactos indiretos, positivos ou negativos nas outras três, de forma que essas melhorias têm que ser pensadas e implantadas considerando tanto a elipse individual quanto o conjunto das quatro. Ainda dentro da faixa central estão inseridas a elipse de controle das despesas, a qual traz benefícios a qualquer momento, na maioria das vezes, sem impactos negativos relevantes no restante das operações; e a elipse da seleção dos investimentos, que contribui para a melhoria dos resultados operacionais no momento futuro. Os aspectos relacionados à capacitação das pessoas, à organização delas dentro da empresa e ao alinhamento dos seus interesses com os interesses da empresa envolvem o modelo como um todo, potencializando as melhorias de todas as elipses anteriores.

Dessa forma, o modelo conceitual proposto na Figura 2.5 e desenvolvido pelo autor desta obra apresenta-se como um roteiro para empresários, gestores e conselheiros de empresas, em sua tarefa de melhorar os resultados financeiros por meio da gestão de operações. Os próximos capítulos detalham cada uma das partes deste modelo.

2.6 Exemplo completo – parte 1/9
Um guia de trabalho para você e sua empresa

No final de cada capítulo é apresentada parte de um exemplo que tem por objetivo ilustrar a aplicação, em uma empresa, dos conhecimentos adquiridos no capítulo em questão. Esse exemplo é sequencial, ou seja, continua de um capítulo para o outro, de forma que poderá ser observada a evolução dos demonstrativos financeiros da empresa à medida que as melhorias na gestão das operações são implantadas[15].

A empresa do exemplo é um laticínio fictício, o "Laticínio Silva e Filhos"[16], que inicialmente gera lucro muito baixo. Por isso, sua administração decidiu utilizar o "Modelo conceitual" para melhoria dos resultados financeiros por meio da gestão das operações. Uma restrição vivenciada pelo nosso laticínio é a pouca disponibilidade de leite na região, o que inviabiliza grandes aumentos de produção.

Nas Figuras 2.6 e 2.7 são apresentados o DRE e o BP[17] do "Laticínio Silva e Filhos" no momento zero[18].

---

15 Neste exemplo fictício, para fins didáticos, o intervalo de tempo entre as melhorias apresentadas entre um capítulo e outro é de apenas um mês. Na maioria das vezes, em uma empresa real a evolução dos resultados se dá em um prazo maior.

16 O nome do laticínio deste exemplo não faz referência a nenhum laticínio existente ou que venha a existir, tendo sido escolhido apenas por fazer referência ao sobrenome do autor deste livro. A existência de qualquer empresa real com o mesmo nome terá sido mera coincidência.

17 Apesar de este exemplo ser teórico, ele foi elaborado considerando valores de receitas e custos coerentes com os valores de mercado no ano 2020. Para fins de simplificação do exemplo, principalmente no que se refere aos impostos, o DRE iniciou-se com a Receita Líquida e não com a Receita Bruta. Além disso, algumas linhas foram desconsideradas e preferimos não detalhar mais os demonstrativos financeiros, bem como desconsideramos as questões de sazonalidades de preços e de volumes. Entre as simplificações efetuadas, levamos em conta apenas um tipo de insumo para cada produto. Também para fins de simplificação, consideramos que os produtos vendidos no mês foram fabricados no mesmo mês e que não existiam estoques de produtos fabricados em meses anteriores, de forma que o custo dos produtos vendidos no mês reflete o custo de produção do mês em questão.

18 Neste exemplo, designamos "momento zero" como o último mês anterior ao início dos trabalhos de melhoria, ou seja, se considerarmos que o trabalho de melhoria do exemplo teve início em janeiro de determinado ano, o momento zero é ilustrado pelos demonstrativos (BP e DRE) apresentados em 31 de dezembro do ano anterior, quando a empresa já estava em operação.

Demonstrativo de Resultado do Exercício - DRE		Mês 0
1	Receita Líquida	R$ 3.280.000,00
1.1	Receita do Leite Vitaminado	R$ 874.120,00
1.2	Receita do Doce de Leite	R$ 870.840,00
1.3	Receita do Iogurte	R$ 715.040,00
1.4	Receita do Queijo	R$ 518.240,00
1.5	Receita do Requeijão	R$ 301.760,00
2	Custo dos Produtos Vendidos	- R$ 2.796.918,76
2.1	Leite	- R$ 1.889.755,60
2.1.1	Leite cru para o Leite Vitaminado	- R$ 769.225,60
2.1.2	Leite cru para o Doce de Leite	- R$ 304.794,00
2.1.3	Leite cru para o Iogurte	- R$ 300.316,80
2.1.4	Leite cru para o Queijo	- R$ 388.680,00
2.1.5	Leite cru para o Requeijão	- R$ 126.739,20
2.2	Insumos	- R$ 255.633,36
2.2.1	Insumo para o Leite Vitaminado	- R$ 8.741,20
2.2.2	Insumo para o Doce de Leite	- R$ 104.500,80
2.2.3	Insumo para o Iogurte	- R$ 78.654,40
2.2.4	Insumo para o Queijo	- R$ 12.437,76
2.2.5	Insumo para o Requeijão	- R$ 51.299,20
2.3	Embalagens	- R$ 197.529,80
2.3.1	Embalagens para o Leite Vitaminado	- R$ 21.853,00
2.3.2	Embalagens para o Doce de Leite	- R$ 69.667,20
2.3.3	Embalagens para o Iogurte	- R$ 71.504,00
2.3.4	Embalagens para o Queijo	- R$ 10.364,80
2.3.5	Embalagens para o Requeijão	- R$ 24.140,80
2.4	Pessoal de operação e manutenção	- R$ 258.000,00
2.4.1	Pessoal de operação	- R$ 240.000,00
2.4.2	Pessoal de manutenção	- R$ 18.000,00
2.5	Peças e serviços de manutenção	- R$ 45.000,00
2.6	Transporte de matéria-prima e insumos	- R$ 36.000,00
2.6.1	Fretes	- R$ 12.000,00
2.6.2	Frota própria	- R$ 24.000,00
2.7	Energia elétrica	- R$ 50.000,00
2.8	Energia térmica	- R$ 25.000,00
2.9	Outros custos	- R$ 40.000,00
3	Lucro Bruto	R$ 483.081,24

(continua)

CAPÍTULO 2 | RAZÃO DE SER DAS EMPRESAS, ESTRATÉGIA E DEMONSTRATIVOS FINANCEIROS 39

(conclusão)

Demonstrativo de Resultado do Exercício - DRE		Mês 0
4	Despesas Gerais, Adm e de Vendas	- R$ 388.200,00
4.1	Pessoal adm e de vendas	- R$ 198.000,00
4.1.1	Pessoal adm	- R$ 162.000,00
4.1.2	Pessoal de vendas - fixo	- R$ 36.000,00
4.2	Comissões de vendas	- R$ 98.400,00
4.3	Telefonia	- R$ 4.800,00
4.4	Segurança	- R$ 50.000,00
4.5	Limpeza	- R$ 16.000,00
4.6	Outras despesas	- R$ 21.000,00
5	EBITDA	R$ 94.881,24
6	Depreciação / Amortização	- R$ 53.333,33
7	EBIT	R$ 41.547,91
8	Resultado financeiro	R$ 1.600,00
9	Lucro Antes dos Impostos	R$ 43.147,91
10	Imposto de renda / Contrib. social	- R$ 15.101,77
11	Lucro Líquido	R$ 28.046,14

Figura 2.6 – DRE[19] do "Laticínio Silva e Filhos" no momento zero.

	Ativo	Mês 0		Passivo	Mês 0
1	Ativo Circulante	R$ 2.960.000,00	1	Passivo Circulante	R$ 2.340.000,00
1.1	Caixa e disponibilidades	R$ 800.000,00	1.1	Fornecedores	R$ 1.740.000,00
1.2	Estoques	R$ 1.200.000,00	1.2	Salários a pagar	R$ 460.000,00
1.3	Clientes	R$ 960.000,00	1.3	Impostos a pagar	R$ 140.000,00
2	Realizável em Longo Prazo	R$ 240.000,00	2	Exigível em Longo Prazo	R$ 640.000,00
3	Ativo Permanente	R$ 6.580.000,00	2.1	Emprestimo banco A	R$ 400.000,00
3.1	Máquinas e equipamentos	R$ 4.000.000,00	2.2	Emprestimo banco B	R$ 240.000,00
3.2	Imóveis	R$ 3.600.000,00	3	Patrimônio Líquido	R$ 6.800.000,00
3.3	Veículos	R$ 480.000,00	3.1	Capital social	R$ 5.600.000,00
3.4	Depreciação acumulada	- R$ 1.500.000,00	3.2	Reservas de lucro	R$ 1.200.000,00
4	Total do Ativo	R$ 9.780.000,00	4	Total do Passivo	R$ 9.780.000,00

Figura 2.7 – Balanço Patrimonial do "Laticínio Silva e Filhos" no momento zero.

---

19 No DRE desse exemplo está explicitado o Lucro Bruto, que é a diferença entre a Receita Líquida e o Custo dos Produtos Vendidos, e também o EBIT, que é uma sigla em inglês para "Earnings Before Interest and Taxes" ou "Lucro Antes dos Juros e Impostos".

Vale observar que a Margem Líquida, ou seja, o Lucro Líquido sobre a Receita Líquida (LL/Rec. Líq), foi de apenas 0,86% (R$28.046,14 / R$3.280.000,00), utilizando-se os dados do mês zero. Observe também que a projeção de ROE[20], ou seja, o Lucro Líquido anual sobre o Patrimônio Líquido (LL/PL), foi de apenas 4,95% (R$28.046,14 x 12 / R$6.800.000,00). A evolução desses dois indicadores[21] e do valor absoluto do Lucro Líquido é acompanhada ao longo dos capítulos.

Indicador	Mês 0	Mês 1	Mês 2	Mês 3	Mês 4	Mês 5	Mês 6	Mês 7
Lucro Líquido do mês	R$ 28.046,14							
Margem Líquida (LL / Rec. Liq)	0,86%							
ROE (LL anual / PL)	4,95%							

Figura 2.8 – Resultados financeiros[22] do "Laticínio Silva e Filhos" no momento zero.

Para fins de comparação, foram levantados os mesmos indicadores financeiros para quatro empresas do setor de laticínios[23].

Indicador	Concorrente 1	Concorrente 2	Concorrente 3	Concorrente 4	Média dos Concorrentes	Silva e Filhos (Mês 0)
Margem Líquida (LL / Rec. Liq)	4,86%	0,23%	1,73%	3,29%	2,53%	0,86%
ROE (LL anual / PL)	17,39%	0,95%	12,36%	15,12%	11,46%	4,95%

Figura 2.9 – Comparação dos resultados de quatro concorrentes com o do "Laticínio Silva e Filhos".

Pode-se observar que o "Laticínio Silva e Filhos" apresenta, no momento zero, resultado tanto de margem líquida quanto de ROE muito abaixo da média do setor.

---

20   O "ROE" é uma sigla que significa "Return On Equity", ou seja, Retorno sobre o Patrimônio Líquido.

21   A Margem Líquida indica quanto a empresa obtém de Lucro Líquido para cada real de receita, o que é importante para medir a capacidade da firma de transformar vendas em lucro. Já o ROE indica quanto a empresa obtém de Lucro Líquido para cada real de capital próprio investido nela mesma, podendo ser comparado com a rentabilidade de outros investimentos do mercado (BARROS, 2016).

22   Formalmente, os "resultados econômicos" são relacionados ao lucro ou prejuízo em um período e os "resultados financeiros", relacionados à disponibilidade de dinheiro em caixa. Entretanto, é usual utilizar o termo "resultados financeiros" de forma genérica para se referir tanto a "resultados econômicos" quanto a "resultados financeiros".

23   Dados reais levantados no site www.valor.com.br/valor1000.

Resumo do capítulo

Neste capítulo, vimos que as organizações precisam de resultados financeiros sólidos para perenizar as suas atividades e que o caminho para alcançá-los passa, obrigatoriamente, pela gestão adequada de suas operações. Enfatizamos que:

- As empresas existem para gerar resultado financeiro a seus acionistas. Mesmo as organizações filantrópicas, igrejas, exércitos e entidades sem fins lucrativos necessitam obter recursos financeiros ou, pelo menos, utilizar de forma parcimoniosa os recursos financeiros que possuem para continuar cumprindo a sua missão. A geração desses resultados financeiros acontece por meio da gestão de suas operações.

- Toda empresa possui uma estratégia, mesmo que esta se altere ao longo do tempo e não esteja formalizada em relatórios. Porém, mais importante talvez do que ter uma estratégia formalizada seja conseguir implantá-la e ter uma operação (coerente com ela) adequadamente gerida. É a excelência da operação que produz os resultados financeiros necessários para a execução dos novos projetos estratégicos que surgem de tempos em tempos e remuneram os sócios, garantindo a perenidade das organizações.

- Os resultados financeiros das empresas são consolidados em demonstrativos financeiros que obedecem a regras e critérios. Os demonstrativos que permitem visualizar a situação financeira e econômica de uma empresa são o Balanço Patrimonial (BP), o Demonstrativo de Resultados do Exercício (DRE), o Demonstrativo do Fluxo de Caixa (DFC) e o Demonstrativo das Mutações do Patrimônio Líquido (DMPL), sendo os dois primeiros os mais consultados no dia a dia pelos executivos.

- É possível identificar a conexão dos principais indicadores operacionais de uma empresa com as linhas dos demonstrativos financeiros, especialmente com o BP e com o DRE. Melhor explicando, a excelência operacional, medida pelos indicadores operacionais, é a raiz da excelência financeira de uma empresa.

- Foi apresentado um modelo conceitual que relaciona a excelência operacional ao resultado financeiro e orienta o leitor sobre como devem ser trabalhadas as questões operacionais para alcançar o resultado financeiro desejado.

Questões e Atividades

Questões

1) Quais são os dois principais demonstrativos utilizados para medir o resultado financeiro de uma empresa?

2) Relate brevemente quais são as informações apresentadas no BP de uma empresa.

3) Relate brevemente quais são as informações apresentadas no DRE de uma empresa.

4) A seguir são listados cinco exemplos de decisões que podem ser tomadas em uma empresa, relacionadas tanto às suas atividades operacionais quanto de investimento e de financiamento. Para cada uma delas, informe qual será o impacto no caixa (aumento ou redução), guiando-se pelas informações da Tabela 2.1.

a) Distribuição do lucro do exercício anterior.

b) Venda de parte da frota de caminhões de entrega.

c) Construção de um novo prédio administrativo.

d) Redução do prazo de pagamento aos fornecedores.

e) Diminuição do nível de estoque de produtos finais.

Atividades

1) Visualizando a empresa onde você trabalha atualmente e observando a Figura 2.1, detalhe quais operações devem ser executadas com a máxima eficiência para o fornecimento dos principais produtos e serviços.

2) Observando a Figura 2.2, relate quais são as iniciativas estratégicas em andamento atualmente em sua empresa. Tais iniciativas alteram os produtos e serviços fornecidos, bem como as operações que os geram? Se sim, cite as alterações nos produtos, nos serviços e nas operações.

CAPÍTULO 3

Traduzindo resultados financeiros em indicadores operacionais

CAPÍTULO 3

Traduzindo resultados financeiros em indicadores operacionais

Introdução

Agora que já foi explicitada a razão de ser de uma empresa e foram apresentados os demonstrativos que retratam o resultado financeiro e como podemos relacioná-los com os indicadores operacionais, aqui detalhamos um pouco mais como é feita essa conexão entre demonstrativos financeiros e indicadores operacionais.

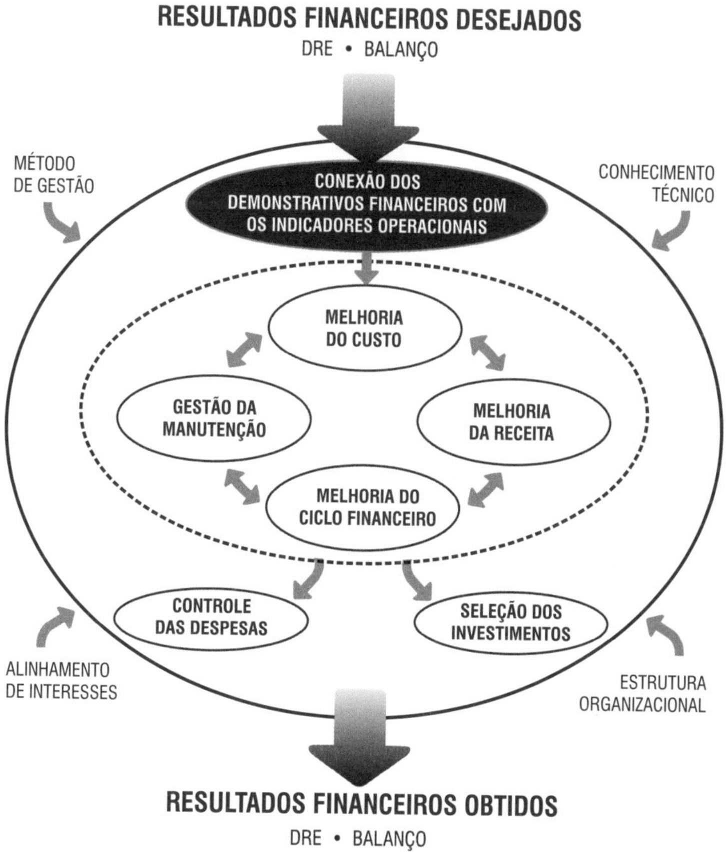

Figura 3.1 – Modelo de melhoria dos resultados financeiros por meio da gestão de operações, enfatizando a conexão dos demonstrativos financeiros com os indicadores operacionais.

Nos próximos tópicos serão apresentadas as formas de tradução do custo, da receita e das despesas[24] em indicadores operacionais. Em seguida, vem uma breve discussão sobre o relacionamento do caixa com as questões operacionais e dos investimentos com os resultados financeiros. Por fim, é feita uma apresentação visual da conexão dos indicadores operacionais com os demonstrativos financeiros. O capítulo é finalizado com um exemplo teórico de aplicação prática desses conceitos e com um resumo dos principais tópicos e conclusões.

3.1 Traduzindo o custo em indicadores operacionais

Nas empresas industriais ou de serviços com natureza industrial, o custo normalmente consome grande parte da receita líquida, sendo, por isso, que nessas organizações a sua gestão é tão importante.

Apesar de cada empresa ter seus itens de custos específicos, podemos agrupar a maioria[25] deles em três grandes grupos:

– Custos de matéria-prima e de insumos diversos.

– Custos de energia.

– Custos de mão de obra.

Qualquer que seja o custo, podemos decompor o desembolso (em reais, ou em qualquer outra moeda) em um componente de preço e outro de consumo, além da quantidade produzida, tal como exemplificado na Tabela 3.1.

Tabela 3.1 – Exemplos de abertura dos custos nos componentes de preço e de consumo

Grupo de custo	Desembolso	Componente de preço	Componente de consumo	Produção
Matéria-prima	R$ gastos com matéria-prima	R$ gastos / Unidade de matéria-prima	Unidades de matéria-prima/ Quantidade produzida	Quantidade produzida
Energia	R$ gastos com energia	R$ gastos / Unidade de energia	Unidades de energia/ Quantidade produzida	Quantidade produzida
Mão de obra	R$ gastos com mão de obra	R$ gastos / Unidade de mão de obra	Unidades de mão de obra/ Quantidade produzida	Quantidade produzida

---

24 É comum a existência de dúvidas quanto à classificação de um gasto como custo ou despesa. De forma simplificada, podemos utilizar a definição de Martins (2003) de que custo é o gasto diretamente relacionado a um bem ou serviço para produzir outros bens e serviços, como matéria-prima, mão de obra, energia elétrica (produção). Já a despesa é um bem ou serviço consumido direta ou indiretamente para obtenção de receitas.

25 Apesar de os custos poderem ser enquadrados, em sua maioria, em um desses grupos, alguns negócios podem ter custos de outra natureza.

Obviamente, pode haver mais de um tipo de matéria-prima, energia ou mão de obra envolvida na fabricação de um produto ou fornecimento de um serviço. Cada um desses tipos deve ser desdobrado de maneira independente.

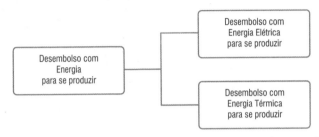

Figura 3.2 – Exemplo de separação do desembolso de energia em dois tipos específicos.

Vale enfatizar que o desdobramento de um custo em componentes de preço e de consumo deve manter a coerência entre as unidades de medida desses componentes e do desembolso, tal como explicitado na Figura 3.3.

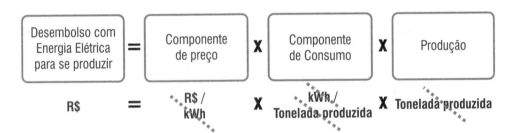

Figura 3.3 – Exemplo de manutenção da coerência das unidades de medida na decomposição de um desembolso nos componentes de preço e de consumo.

Qualquer item de custo, desde que não seja uma miscelânea de custos agrupados, pode ser decomposto em componentes de preço e consumo que são medidos por meio de indicadores operacionais[26]. Esses indicadores é que devem ser trabalhados para melhorar os resultados da empresa. Em algumas situações, a tradução do custo em indicadores operacionais pode envolver o mix de insumos utilizados.

No capítulo 4 será discutido como deve ser desenvolvido o trabalho para a melhoria dos indicadores operacionais para redução de custos nas empresas.

---

[26] Neste texto, componente e indicador estão sendo utilizados com significados muito próximos. Consideramos que o componente é ilustrado por um indicador com unidades de medida no numerador e no denominador.

CASO REAL

Uma grande empresa de carne de aves do Centro-Oeste do Brasil que possui todo o processo produtivo, desde a fase agropecuária até a distribuição do produto final, vivia um período de grande concorrência no mercado e pressão por preços baixos.

A alta administração decidiu realizar um grande esforço para redução do custo dos seus produtos. Ela desejava identificar quais pontos do processo produtivo deveriam ser prioritariamente estudados e melhorados, a fim de diminuir o custo do produto final.

O primeiro passo foi fazer o "mapeamento" de todo o processo produtivo das aves, desde o macroprocesso agropecuário, passando pelo abate e pela industrialização, até chegar à distribuição.

Cada um desses macroprocessos foi desdobrado em processos e subprocessos, e, em cada um deles, foram identificados os principais gastos e, posteriormente, os indicadores de preço e de consumo que, combinados, refletiam o desembolso naquele subprocesso. Por exemplo, no processo de crescimento das matrizes das aves, um dos principais custos identificados na contabilidade da empresa era o custo da ração. Esse custo (R$/matriz adulta) podia ser desdobrado nos seguintes indicadores:

• Indicador de consumo (grama de ração/matriz adulta).

• Indicador de preço (R$/grama de ração).

> Da mesma forma, no processo de resfriamento das carcaças logo após o abate, um dos principais gastos era com a água gelada para o resfriamento (R$/tonelada de frango resfriado), custo esse que podia ser decomposto nos seguintes indicadores:
>
> - Indicador de consumo (m3 de água gelada/t de frango resfriado).
> - Indicador de preço (R$/m3 de água gelada)[27].
>
> Dessa forma, todo o custo do processo produtivo foi desdobrado em indicadores operacionais. Com isso, a alta administração pôde identificar quais indicadores eram mais impactantes no custo do produto final, o que possibilitou a priorização dos investimentos e dos trabalhos de melhoria operacional. Assim, foi possível alcançar a tão desejada redução de custos.

3.2 Traduzindo a receita (volume, preço e mix) em indicadores operacionais

A receita líquida de uma empresa também pode ser desdobrada da mesma forma que fizemos com o custo. Esse desdobramento considera o volume vendido de cada item, ou seja, o mix de produtos[28] vendidos e o valor de venda de cada um desses itens.

O desdobramento da receita em volume e preço também deve manter a coerência das unidades de medida dos componentes e da própria receita, tal como explicitado na Figura 3.4.

Figura 3.4 – Exemplo de manutenção da coerência das unidades de medida na decomposição da receita em componentes de quantidade e preço.

---

27 Este indicador, por sua vez, ainda podia ser desdobrado em um indicador de consumo de energia (kWh/m^3 de água gelada) e em um indicador de preço de energia (R$/kWh).

28 De acordo com Kottler, P. e Keller, K. (2013), o mix é o conjunto de todos os produtos e itens que uma empresa põe à venda.

Por sua vez, a quantidade vendida também pode ser desdobrada. Simplificando[29] a situação e considerando que o montante vendido é igual ao produzido, observamos que essa quantidade é igual à capacidade de produção nominal dos equipamentos multiplicada pela "Efetividade Global dos Equipamentos" (*Overall Equipment Effectiveness* – OEE)[30] e pelo tempo planejado de produção. A Figura 3.5 ilustra a abertura da quantidade produzida nos componentes de capacidade nominal e de efetividade global, além do tempo planejado de produção.

Figura 3.5 – Desdobramento da quantidade produzida em capacidade nominal, efetividade global dos equipamentos e tempo planejado de produção.

No capítulo 5 será discutido como deve ser desenvolvido o trabalho para a melhoria dos indicadores operacionais, a fim de obter o aumento da produção e da receita.

---

29 Na maioria das situações existe um estoque de produtos acabados, razão pela qual as quantidades produzidas e vendidas são diferentes. Porém, esse fato não impede a utilização do montante produzido para explicar o desdobramento da receita.
30 No capítulo 5, explicamos, com mais detalhes, o conceito e o cálculo da OEE.

CASO REAL

Uma mineradora instalada no interior de um Estado do Norte do Brasil estava em início de operações, e a sua capacidade nominal de produção e a receita prevista ainda não tinham sido alcançadas.

Uma vez que já existiam contratos de fornecimento de longo prazo e o preço da tonelada também já estava estabelecido mediante as cotações internacionais, a forma de incrementar a receita era aumentar o volume produzido. Nesse sentido, a análise da receita apontava que o único fator que poderia ser trabalhado no curto prazo era o volume produzido.

Dessa forma, foi realizado um trabalho para identificar os indicadores operacionais que impactariam a produção e, consequentemente, a receita.

De forma simplificada, podemos dizer que a abertura do volume de minério vendido indicou que esse montante era dependente da produtividade da planta de beneficiamento (a), que dependia da disponibilidade do seu britador (a.1) e também da quantidade de minério que o alimentava (a.2). Essa quantidade, por sua vez, dependia da aderência ao plano de lavra (a.2.1) e da disponibilidade dos caminhões de transporte (a.2.2).

Assim, identificou-se que deveriam ser feitos trabalhos para cumprimento do plano de lavra e para aumento da disponibilidade dos caminhões de transporte e também do britador da planta de beneficiamento. Essas ações de melhoria contribuíram diretamente para o aumento do volume de minério vendido e, consequentemente, da receita da empresa.

3.3 Traduzindo as despesas em indicadores operacionais

Apesar de em uma empresa industrial ou de natureza industrial as despesas normalmente não serem tão significativas quanto os custos, a gestão delas também é muito importante, especialmente em períodos de baixa operação e venda, quando a relação entre as despesas e as receitas se torna mais relevante. A comparação frequente entre as despesas de um período e a receita total da empresa nesse mesmo período é muito utilizada para identificar possíveis crescimentos desproporcionais das despesas.

No caso das despesas, não é possível fazer o desdobramento do desembolso em componentes de preço, consumo e produção, tal como nos custos, simplesmente pelo fato de elas não serem proporcionais à produção. No entanto, podemos usar uma lógica similar e fazer a abertura utilizando um componente de preço e parâmetros que direcionam o consumo. O exemplo da Figura 3.6 ilustra essa situação.

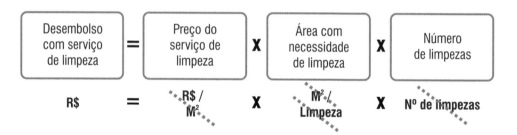

Figura 3.6 – Exemplo de desdobramento de um desembolso de despesa em um componente de preço e em parâmetros direcionadores do consumo.

Para várias despesas, esse desdobramento pode ser feito e, em algumas situações, é necessário mais de um parâmetro direcionador de consumo. No caso do serviço de limpeza, eles são a área e o número de limpezas no período. No caso do desembolso com serviço de vigilância, podemos ter o componente de preço (R$/vigilante) e dois parâmetros direcionadores do consumo, o número de portarias e o número de vigilantes por portaria.

O mais importante desse desdobramento é que a visualização dos componentes de preço e dos parâmetros direcionadores de consumo possibilita ao gestor identificar como ele pode melhorar a gestão de cada uma das despesas.

No capítulo 8 detalhamos um pouco mais a questão da gestão das despesas.

3.4 Como o caixa é impactado por questões operacionais

Nos tópicos anteriores tratamos do desdobramento da receita, do custo e das despesas em indicadores operacionais que, se bem gerenciados, contribuirão para a geração do lucro da empresa. Porém, não basta que uma empresa tenha lucro, pois ela também precisa de dinheiro em caixa para pagar seus compromissos e garantir a continuidade operacional.

Como mencionado no capítulo 2, o caixa de uma empresa é influenciado não apenas por decisões de financiamento (quais são as fontes de recursos e os valores totais desses recursos financeiros?) e por decisões de investimento (como e quanto dos recursos financeiros são imobilizados pela empresa em ativos que irão sustentar a operação?), mas também por decisões operacionais. Estas últimas incluem o prazo médio de estocagem, o prazo para pagamento aos fornecedores e o prazo de recebimento dos clientes. Esses três componentes formam o Ciclo Financeiro (CF) que impacta diretamente o caixa disponível da empresa.

Para contribuir de forma positiva para o caixa, o ciclo financeiro deve ser o menor possível ou até negativo. Como o CF = PME (Prazo Médio de Estocagem) + PMR (Prazo Médio de Recebimento) – PMP (Prazo Médio de Pagamento), o ciclo financeiro será tanto menor quanto menores forem os estoques (menor quantidade, menor valor unitário), menores forem os prazos de recebimento dos clientes e maiores forem os prazos de pagamento aos fornecedores (Figura 3.7).

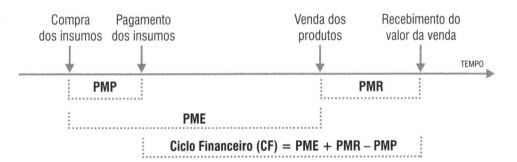

Figura 3.7 – Visualização dos componentes que formam o ciclo financeiro e impactam o caixa.

Todas as decisões relacionadas aos prazos de pagamento, recebimento e estocagem (PMP, PMR e PME) fazem parte da operação diária da empresa e impactam diretamente o caixa. Além disso, o resultado da operação (geração ou não de lucro) também o impacta. Dessa forma, podemos afirmar que o caixa é afetado fortemente pelas decisões operacionais.

3.5 Impacto dos investimentos na evolução dos indicadores operacionais e financeiros

Os investimentos realizados pela empresa impactam tanto a geração de lucro quanto a disponibilidade de caixa[31]. Obviamente, os benefícios dos investimentos devem ser maiores do que os sacrifícios relacionados à implantação destes.

A Tabela 3.2 traz alguns exemplos de investimentos, os benefícios operacionais obtidos e o impacto desses benefícios no resultado financeiro.

Tabela 3.2 – Exemplos de investimentos, seus benefícios operacionais e impactos financeiros

Exemplo de investimento	Benefício operacional do investimento	Impacto no resultado financeiro
Compra de novos equipamentos	Aumento da produção	Aumento da receita e do lucro
	Produção de novos produtos com maior margem	Aumento da receita e do lucro
	Redução de custos com energia, mão de obra ou matéria-prima	Redução do custo do produto vendido e aumento do lucro
Perfuração de poço em terreno próprio para captação de água	Redução do custo dos insumos	Redução do custo do produto vendido e aumento do lucro
Implantação de um sistema de geração de energia elétrica a partir da energia solar ou eólica	Redução do custo de energia elétrica	Redução do custo do produto vendido e aumento do lucro
Implantação de um sistema de vigilância eletrônica	Redução ou eliminação de despesas de vigilância	Redução das despesas e aumento do lucro
Contratação de um *software* de planejamento da produção e de estoques	Redução do ciclo financeiro	Aumento do caixa disponível
	Aumento da produção	Aumento da receita e do lucro
	Redução dos atrasos de entrega	Redução das multas e descontos com aumento da receita e do lucro
Contratação de um *software* de gestão de clientes e de vendas	Aumento de vendas	Aumento da receita e do lucro
Compra de veículos para entrega	Maior flexibilidade e capacidade de entregas	Aumento da receita e do lucro
	Redução do custo de frete	Redução do custo do produto vendido e aumento do lucro

---

31 Obviamente, existem investimentos específicos que não trazem retorno financeiro imediato, mas que, mesmo assim, devem ser implantados. Como exemplos, citamos os investimentos relacionados à redução de riscos de acidentes de trabalho ou de eventos com impacto ambiental indesejado.

CAPÍTULO 3 | TRADUZINDO RESULTADOS FINANCEIROS EM INDICADORES OPERACIONAIS

Como já foi dito, um investimento não traz apenas benefícios, mas também sacrifícios para a empresa, e estes podem refletir de duas formas nos resultados financeiros da empresa, de acordo com o tipo de financiamento escolhido. A primeira é a redução do caixa disponível na empresa, que acontece quando o desembolso do investimento é feito com recursos da própria organização. A segunda forma é o aumento das despesas financeiras, diminuindo o lucro, que ocorre quando o investimento é feito com recursos de terceiros (além de ocorrer o desembolso ao longo do tempo para pagamento do valor principal do investimento).

Como os recursos financeiros para investimentos são limitados e os sacrifícios são certos, é preciso escolher os investimentos que tragam os maiores benefícios operacionais e financeiros. E podemos afirmar que um investimento só dará retorno financeiro adequado quando ele contribuir, de forma significativa, para a melhoria dos indicadores da operação da empresa[32].

No capítulo 9 entramos com mais detalhes nas metodologias de cálculo de retorno sobre os investimentos e na verificação da coerência das premissas de ganhos operacionais de cada um deles.

3.6 Visualização dos indicadores operacionais nos demonstrativos financeiros

Neste ponto já mostramos como se podem desdobrar a receita, o custo e as despesas em indicadores operacionais. Também já discutimos as decisões operacionais relacionadas aos estoques, aos prazos de pagamento e de recebimento e como essas decisões influenciam o caixa disponível na empresa. E, por fim, apresentamos brevemente a questão da escolha dos investimentos que possibilitarão melhorias operacionais que impactam o lucro e o caixa da empresa.

Para consolidar esses conceitos, apresentamos as Figuras 3.8 e 3.9, as quais ilustram, de maneira simples, a tradução dos resultados financeiros em indicadores operacionais.

A Figura 3.8 mostra um DRE com a abertura de algumas de suas linhas em indicadores operacionais.

---

32 Relembramos que neste texto estamos nos referindo à operação de uma empresa em sentido amplo, contemplando, inclusive, a área de vendas e a área financeira.

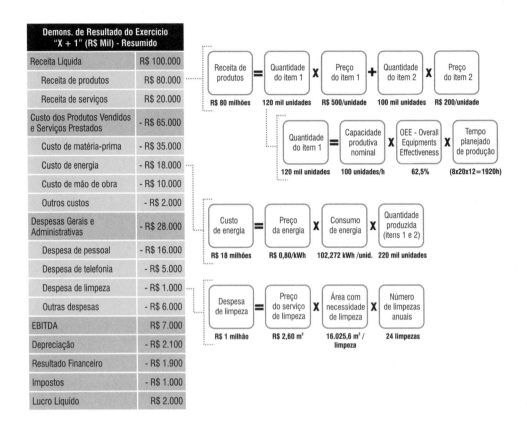

Figura 3.8 – Exemplo de abertura de linhas do DRE em indicadores operacionais.

A partir dessa abertura, conseguimos simular quanto o resultado financeiro pode ser mais significativo com a melhoria de um indicador operacional.

Várias outras linhas do DRE podem ser abertas dessa mesma forma. Cabe a cada empresa identificar quais são as mais relevantes e abri-las nos indicadores operacionais, que constituirão as alavancas para a melhoria do resultado financeiro.

A Figura 3.9 mostra a evolução de um Balanço Patrimonial de um ano para o outro, explicitando a modificação do caixa disponível. Na parte inferior da figura, observamos que a variação desse caixa é impactada por alterações nas atividades de financiamento (expressas pelas variações de "Patrimônio Líquido" e "Exigível em Longo Prazo") e nas atividades de investimento[33] (expressas pelas variações nas linhas "Ativo Permanente" e "Realizável em Longo Prazo"). No entanto, vemos

---

33 As variações nas atividades de financiamento são aquelas relacionadas ao montante e à fonte de recursos, próprios e, ou, de terceiros, utilizados em uma empresa. Já as variações nas atividades de investimento são aquelas relacionadas à aplicação desses recursos na compra e venda de ativos de longo prazo (p. ex.: imóveis e equipamentos).

CAPÍTULO 3 | TRADUZINDO RESULTADOS FINANCEIROS EM INDICADORES OPERACIONAIS 59

também que parte importante da diferença de caixa é devida às atividades operacionais, incluindo os prazos de pagamento, recebimento e estocagem, que possuem relação direta com as rubricas "Fornecedores", "Salários a Pagar", "Impostos a Pagar", "Clientes" e "Estoques" do Balanço.

Balanço Patrimonial – Ano "X" - Resumido			
Ativo (R$ Mil)		**Passivo (R$ Mil)**	
Ativo Circulante	R$ 37.000	Passivo Circulante	R$ 28.000
Caixa e disponibilidades	R$ 10.000	Fornecedores	R$ 23.000
Estoques	R$ 15.000	Salários a pagar	R$ 2.000
Clientes	R$ 12.000	Impostos a pagar	R$ 3.000
Realizável em Longo Prazo	R$ 23.000	Exigível em Longo Prazo	R$ 32.000
Ativo Permanente	R$ 50.000	Empréstimo banco A	R$ 20.000
Máquinas e equipamentos	R$ 35.000	Empréstimo banco B	R$ 12.000
Imóveis	R$ 19.000	Patrimônio Líquido	R$ 50.000
Veículos	R$ 6.000	Capital Social	R$ 40.000
Depreciação acumulada	- R$ 10.000	Reservas de Lucro	R$ 10.000
Total do Ativo	R$ 110.000	Total do Passivo	R$ 110.000

Balanço Patrimonial – Ano "X + 1" - Resumido			
Ativo (R$ Mil)		**Passivo (R$ Mil)**	
Ativo Circulante	R$ 39.000	Passivo Circulante	R$ 29.000
Caixa e disponibilidades	R$ 19.000	Fornecedores	R$ 24.000
Estoques	R$ 11.000	Salários a pagar	R$ 2.000
Clientes	R$ 9.000	Impostos a pagar	R$ 3.000
Realizável em Longo Prazo	R$ 23.000	Exigível em Longo Prazo	R$ 34.000
Ativo Permanente	R$ 53.000	Empréstimo banco A	R$ 20.000
Máquinas e equipamentos	R$ 40.100	Empréstimo banco B	R$ 14.000
Imóveis	R$ 19.000	Patrimônio Líquido	R$ 52.000
Veículos	R$ 6.000	Capital social	R$ 40.000
Depreciação acumulada	- R$ 12.100	Reservas de lucro	R$ 12.000
Total do Ativo	R$ 115.000	Total do Passivo	R$ 115.000

$$\begin{array}{c} \text{Variação do caixa} \\ \text{e} \\ \text{disponibilidades} \end{array} = \begin{array}{c} \text{Variação gerada} \\ \text{pelas atividades} \\ \text{de financiamento} \end{array} - \begin{array}{c} \text{Variação gerada} \\ \text{pelas atividades} \\ \text{de investimento} \end{array} + \begin{array}{c} \text{Variação gerada} \\ \text{pelas atividades} \\ \text{operacionais} \end{array}$$

Ano	Caixa e disponibilidades	Patrimônio Líquido + Exigível em Longo Prazo	Ativo Permanente + Realizável em Longo Prazo	(Fornecedores + Salários a pagar + Impostos a pagar) - (Estoques + Clientes)
Ano "X+1"	R$ 19.000	R$ 86.000	R$ 76.000	R$ 9.000
Ano "X"	R$ 10.000	R$ 82.000	R$ 73.000	R$ 1.000
Variação: Ano "X+1"- Ano "X"	R$ 9.000	R$ 4.000	R$ 3.000	R$ 8.000

Figura 3.9 – Exemplo do impacto das atividades operacionais no caixa da empresa.

Em determinado ano, dependendo do valor das entradas e saídas de caixa relacionadas aos financiamentos e aos investimentos, as atividades operacionais podem ser mais ou menos representativas na variação total do caixa disponível. No entanto, elas sempre terão impacto no caixa e, por isso, a gestão dos indicadores de prazos médios de pagamento, de recebimento e de estocagem deve ser parte da rotina diária dos executivos.

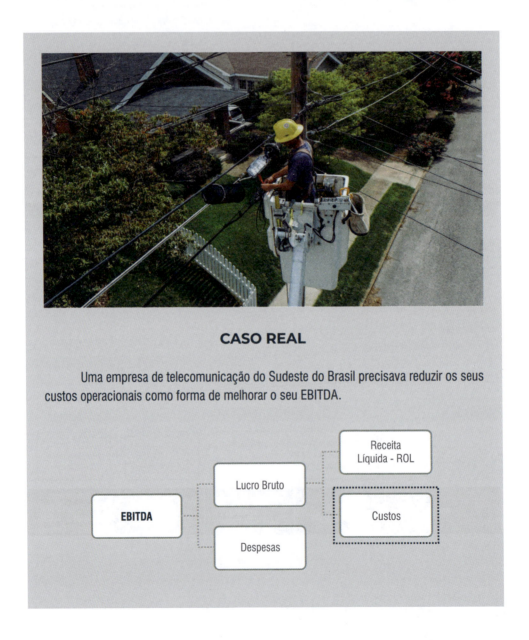

CASO REAL

Uma empresa de telecomunicação do Sudeste do Brasil precisava reduzir os seus custos operacionais como forma de melhorar o seu EBITDA.

CAPÍTULO 3 | TRADUZINDO RESULTADOS FINANCEIROS EM INDICADORES OPERACIONAIS

Para isso, foi realizado um trabalho que começou com a priorização de cinco grupos de contas que representavam 81% dos custos operacionais da empresa, eram eles: pessoal, frota de veículos, materiais, combustíveis e terceirizações. Dentro de cada grupo de contas, outra priorização foi realizada, de forma que se fechou o escopo do trabalho com contas que representavam 44% do custo total.

As contas de cada um dos grupos foram abertas em indicadores de consumo e de preço. Assim, o EBITDA da empresa pôde ser apresentado em formato de "árvore", em que se visualizavam os indicadores operacionais de preço e de consumo mais importantes. Uma dessas aberturas mostrava que o custo com técnicos (R$) era expresso em um indicador de preço (R$/técnico) e em um indicador de consumo, ou produtividade do trabalho (serviços/técnico). As análises subsequentes mostraram alguns pontos importantes, como a variabilidade no indicador de "serviços/técnico" entre as diversas regiões de atuação da empresa e a consequente possibilidade de melhoria do indicador das áreas mais deficientes.

$$\underset{\text{com técnicos}}{\text{R\$ gastos}} = \underset{\text{Nº Técnicos}}{\overset{\overset{\text{Indicador de preço}}{\text{R\$ Salários}}}{}} \div \underset{\text{Nº Técnicos}}{\overset{\overset{\text{Indicador de consumo}}{\text{Nº de Serviços}}}{}} \mathbf{X} \text{ Nº de Serviços}$$

Com a "'árvore de EBITDA" expressa dessa forma, foi possível visualizar o impacto das variações de cada indicador em uma conta específica e também no EBITDA e no Lucro da empresa[34].

Essa visualização possibilitou o direcionamento dos investimentos e dos trabalhos de melhoria operacional para os indicadores mais impactantes no EBITDA da empresa. O sucesso desses trabalhos foi refletido na redução do custo operacional da empresa e no aumento do EBITDA.

---

34 Mesmo quando o resultado global da empresa é satisfatório, a abertura em indicadores de preço e de consumo pode mostrar possibilidades de melhoria no resultado global.

3.7 Exemplo completo – parte 2/9
Um guia de trabalho para você e sua empresa

De acordo com o modelo proposto, o primeiro passo para melhoria dos resultados financeiros é a conexão dos demonstrativos financeiros com os indicadores operacionais. Dessa forma, a Figura 3.10 ilustra essa conexão e a abertura dos valores[35] para a maioria das linhas do DRE[36] do laticínio "Silva e Filhos".

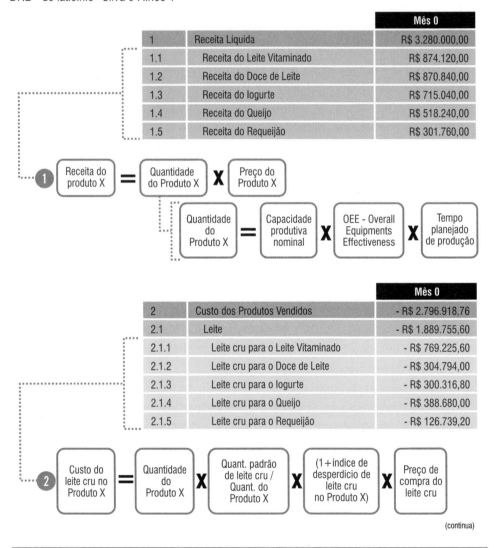

(continua)

---

35 A abertura das diversas contas do DRE em componentes feita neste exemplo é, para muitas das contas, apenas uma das possibilidades de abertura. Algumas contas podem ser abertas com mais detalhes e outras com menos. O nível de abertura das contas depende da necessidade da empresa em entender e analisar mais ou menos cada gasto. O importante é que sempre seja possível identificar os componentes de preço e de consumo em cada situação.

36 Para fins didáticos, foram abertas apenas as linhas que serão trabalhadas no decorrer do exemplo.

CAPÍTULO 3 | TRADUZINDO RESULTADOS FINANCEIROS EM INDICADORES OPERACIONAIS

		Mês 0
2.2	Insumos	- R$ 255.633,36
2.2.1	Insumo para o Leite Vitaminado	- R$ 8.741,20
2.2.2	Insumo para o Doce de Leite	- R$ 104.500,80
2.2.3	Insumo para o Iogurte	- R$ 78.654,40
2.2.4	Insumo para o Queijo	- R$ 12.437,76
2.2.5	Insumo para o Requeijão	- R$ 51.299,20

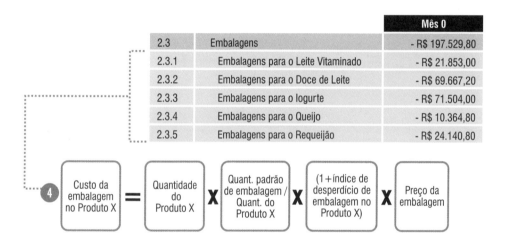

		Mês 0
2.3	Embalagens	- R$ 197.529,80
2.3.1	Embalagens para o Leite Vitaminado	- R$ 21.853,00
2.3.2	Embalagens para o Doce de Leite	- R$ 69.667,20
2.3.3	Embalagens para o Iogurte	- R$ 71.504,00
2.3.4	Embalagens para o Queijo	- R$ 10.364,80
2.3.5	Embalagens para o Requeijão	- R$ 24.140,80

		Mês 0
2.4	Pessoal de operação e manutenção	- R$ 258.000,00
2.4.1	Pessoal de operação	- R$ 240.000,00
2.4.2	Pessoal de manutenção	- R$ 18.000,00

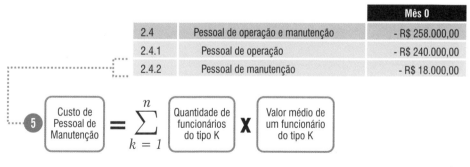

(continua)

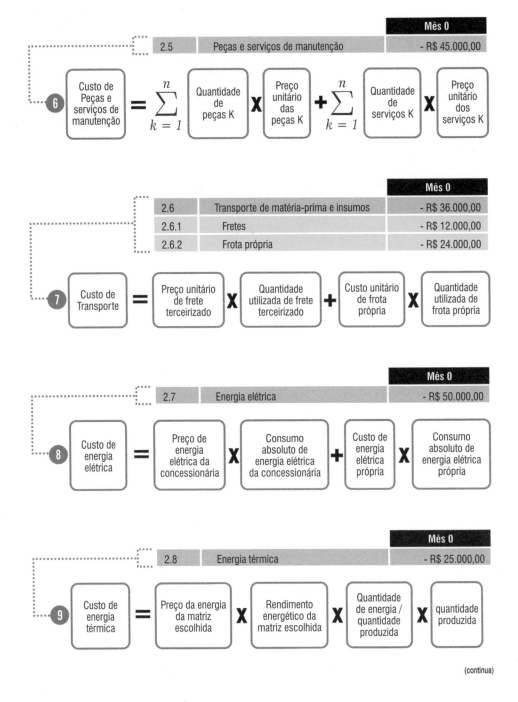

(continua)

CAPÍTULO 3 | TRADUZINDO RESULTADOS FINANCEIROS EM INDICADORES OPERACIONAIS

		Mês 0
2.9	Outros custos	- R$ 40.000,00
3	Lucro Bruto	R$ 483.081,24
4	Despesas Gerais, Adm e de Vendas	- R$ 388.200,00
4.1	Pessoal adm e de vendas	- R$ 198.000,00
4.1.1	Pessoal adm	- R$ 162.000,00
4.1.2	Pessoal de vendas - fixo	- R$ 36.000,00

10 Despesas de Pessoal Adm. $= \displaystyle\sum_{k=1}^{n}$ [Quantidade de funcionários do tipo K] **X** [Valor médio de um funcionário do tipo K]

		Mês 0
4.2	Comissões de vendas	- R$ 98.400,00
4.3	Telefonia	- R$ 4.800,00

11 Despesas de Telefonia $= \displaystyle\sum_{k=1}^{n}$ [Quantidade utilizada do serviço K] **X** [Preço unitário do serviço K] **+** [Assinatura e outras taxas fixas]

		Mês 0
4.4	Segurança	- R$ 50.000,00

12 Despesas de Segurança $= \displaystyle\sum_{k=1}^{n}$ [Preço unitário do vigilante do tipo K] **X** [Número de vigilantes do tipo K] [Número de portarias] **X** [Número de vigilantes do tipo K por portaria]

		Mês 0
4.5	Limpeza	- R$ 16.000,00

13 Despesas com limpeza $=$ [Preço da limpeza por m^2] **X** [Área com necessidade de limpeza] **X** [Número de limpezas no período]

(continua)

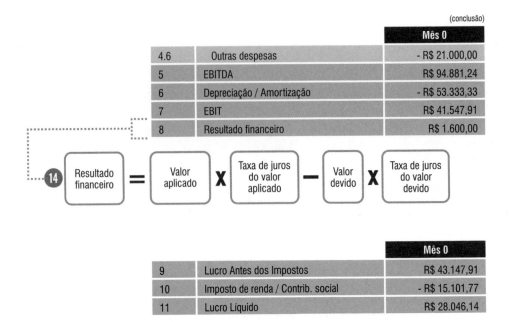

Figura 3.10 – Abertura dos resultados financeiros em indicadores operacionais.

É a partir das 14 equações apresentadas[37] na Figura 3.10 que iremos identificar os indicadores operacionais mais relevantes e trabalhar passo a passo em cada um dos capítulos, para que os resultados desses indicadores melhorem e, consequentemente, os financeiros também.

---

37 Para fins didáticos, foi considerado que existe apenas um insumo por produto.

Resumo do capítulo

A tradução dos resultados financeiros em indicadores operacionais merece algum cuidado, mas em sua essência é algo simples. As principais orientações para se realizar essa conexão da maneira adequada são as seguintes:

- O lucro obtido pela empresa é consequência do seu desempenho na geração de receita, na otimização dos custos e na boa gestão das despesas. Nesses três grupos de contas é possível correlacionar o resultado financeiro com indicadores operacionais.

- Um gasto em reais (ou em dólares, euros ou em qualquer outra moeda) com determinado insumo pode ser aberto em três componentes: (i) o consumo específico daquele insumo por unidade de produto final, (ii) o preço unitário daquele insumo e (iii) o volume produzido.

- A receita total pode ser aberta como um somatório de receitas de vários produtos. Cada produto tem a sua receita a partir do seu volume vendido e do seu preço de venda unitário. Dessa forma, a receita total é o resultado do *mix* de produtos vendidos, da quantidade vendida de cada um deles e dos preços de cada um dos produtos.

- As despesas gerais e administrativas não têm relação direta com a produção. Apesar disso, normalmente essas despesas são comparadas com a receita total da empresa para identificar possíveis crescimentos descontrolados. A orientação é geri-las com mãos de ferro. Além disso, as despesas podem ser desdobradas em componentes de preço e em parâmetros direcionados do consumo, mas o volume produzido não influencia o valor final.

- Para a geração e manutenção do caixa da empresa, o Ciclo Financeiro (CF) deve ser o menor possível, desde que isso não prejudique as margens do negócio. Como o CF = PME (Prazo Médio de Estocagem) + PMR (Prazo Médio de Recebimento) – PMP (Prazo Médio de Pagamento), o ciclo financeiro será menor quanto menores forem os estoques (menor quantidade e menor valor unitário), menores forem os prazos de recebimento dos clientes e maiores forem os prazos de pagamento aos fornecedores.

- Os investimentos têm papel fundamental na mudança de patamar dos indicadores de receita e de custos e, consequentemente, na continuidade operacional da empresa ao longo dos anos. Os cuidados que devemos ter são relacionados à seleção dos investimentos – que devem ter os melhores retornos – e também à fonte de financiamento dos investimentos, tomando-se o cuidado para que estes não deixem a empresa sem caixa no presente ou com elevada despesa financeira no futuro.

- Muitos indicadores operacionais podem ser visualizados a partir do desdobramento de linhas dos demonstrativos financeiros. E pode-se simular o ganho financeiro obtido com a melhoria dos indicadores operacionais.

Questões e Atividades

Questões

1) Uma empresa panificadora tem como um de seus maiores custos a farinha de trigo. Faça a abertura do desembolso com essa farinha nos componentes de preço, de consumo e de produção.

2) Qual é a receita total mensal de uma empresa que produz 200 produtos por mês (20% do tipo A, 30% do tipo B e 50% do tipo C), sendo o produto do tipo A vendido por R$ 50, o do tipo B por R$ 60 e o do tipo C por R$ 40? Uma vez que não existe demanda adicional para os produtos A e C e o produto B possui demanda total mensal de 100 unidades, qual a alteração que deve ser feita no *mix* de forma a aumentar ao máximo a receita? Qual é a receita máxima? (Obs.: os produtos são feitos na mesma máquina, gastam o mesmo tempo de processamento para cada unidade e não existe a possibilidade de aumento do tempo de funcionamento do equipamento).

3) De acordo com a fórmula apresentada na Figura 3.5, qual é a eficiência global de uma linha de envase de refrigerante que apresenta produção real de 2.000 garrafas em um tempo planejado de produção de uma hora e cuja produção nominal é de 2.500 garrafas por hora?

4) As seguintes variações no PMP, PME e PMR causam aumento ou redução do ciclo financeiro?

   a) Aumento do PME.

   b) Redução do PMR.

   c) Redução do PMP.

Atividades

1) Identifique as principais linhas de custo no DRE da sua empresa (ou no DRE publicado por outra empresa). Escolha dois custos relevantes (que não sejam uma miscelânea de itens) e faça a abertura deles em componentes de preço e de consumo.

2) Pegue o balanço do último e do penúltimo ano da sua empresa (ou os balanços publicados por outra empresa). Identifique a variação do "caixa e disponibilidades" de um ano para o outro. Observe as alterações de um ano para o outro das demais linhas do ativo e do passivo. Reflita sobre quais mudanças nessas outras linhas mais contribuíram para a variação da linha "caixa e disponibilidades". (Obs.: a Figura 3.9 ajuda a guiar este raciocínio).

CAPÍTULO 4

Melhorando os indicadores de custo

CAPÍTULO 4

Melhorando os indicadores de custo

Introdução

No capítulo anterior, vimos como é feita a conexão dos resultados financeiros com os indicadores operacionais, de custo, de receita e de despesa. Agora, detalharemos como melhorar os diversos indicadores relacionados ao custo dos produtos comercializados.

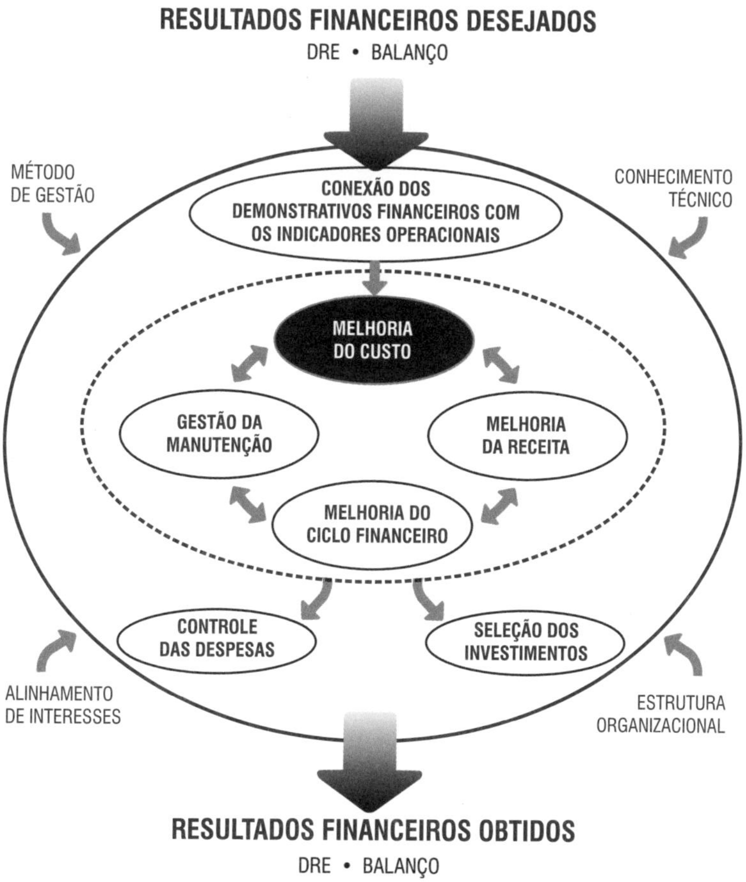

Figura 4.1 – Modelo de melhoria dos resultados financeiros por meio da gestão de operações, enfatizando a melhoria do custo.

Nos tópicos iniciais serão apresentadas formas de trabalhar os custos de matéria-prima, insumos em geral, energia e mão de obra, a fim de reduzi-los. Em seguida, será mostrado como o reprocesso impacta todos os custos e, ainda, penaliza a capacidade produtiva. O tópico 4.6 entra na questão dos preços dos itens comprados e nas opções de ajuste do *mix* e de substituição de insumos. Posteriormente, trataremos a questão do custo do transporte de matérias-primas, insumos e produtos finais. Por fim, será feita uma breve discussão sobre a localização da empresa, e o capítulo é concluído com um exemplo teórico de aplicação prática desses conceitos e com o resumo dos tópicos.

4.1 Matéria-prima

Inicialmente, para fins didáticos, será apresentada uma distinção entre as matérias-primas principais de um produto e as secundárias.

Os produtos fabricados possuem normalmente várias matérias-primas em sua composição. Por exemplo, uma placa de aço produzida a partir de ferro-gusa líquido possui em sua composição o próprio ferro-gusa líquido – matéria-prima principal que contribui com o maior peso no produto final – e ligas de metais mais nobres e valiosos, como cromo, níquel e outros que, para fins didáticos, chamamos de matérias-primas secundárias.

Neste tópico discutimos as formas de se analisarem os desperdícios de matérias-primas, independentemente se estas são principais ou secundárias, pois se trata, em última análise, de um balanço de massa. No entanto, as secundárias merecem uma análise adicional, pois elas estão presentes no produto final em quantidade bem menor e o seu valor específico normalmente é maior. Essa análise adicional do custo das demais matérias-primas, que no caso são as ligas metálicas, requer tratamento similar ao de outros insumos produtivos, como refratários e eletrodos.

Outro exemplo é o caso de um bolo sabor baunilha fabricado em uma panificadora. Suas matérias-primas principais são a farinha de trigo e o açúcar, que contribuem com grande parte do peso do produto final. Mas existem nesse bolo outras, como o fermento e a essência de baunilha, que estão presentes em quantidade menor no produto final. Esses últimos ingredientes possuem valor específico maior, e uma análise adicional de seus custos pode ser feita de maneira similar à de outros insumos produtivos, como a manteiga utilizada para untar as formas a fim de evitar que o bolo fique aderido a elas. Entendido isso, vamos começar a discutir como se melhora o indicador geral de consumo das matérias-primas, sejam elas principais, sejam secundárias.

Os indicadores que medem o consumo da matéria-prima, normalmente, relacionam a quantidade dela na entrada do processo produtivo com a sua quantidade total no produto acabado. A diferença de matéria-prima no início e no final do processo está na perda, conforme ilustrado na Figura 4.2.

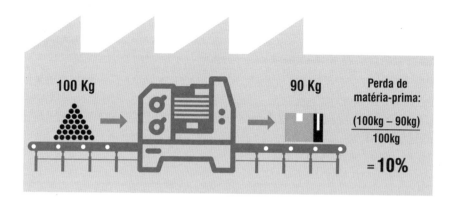

Figura 4.2 – Exemplo simplificado[38] de cálculo de perda de matéria-prima.

Simplificando um pouco as situações reais, damos alguns exemplos de fácil entendimento. Em uma laminação que transforma tarugos de aço em vergalhões, temos a "perda metálica", que é a razão entre o peso das perdas que ocorrem no processo e o peso dos tarugos utilizados. Em uma fábrica de cerveja, temos a "perda de extrato", que é a diferença entre o potencial de extrato dos cereais utilizados e a quantidade de cerveja efetivamente produzida. Em uma envasadora de gás GLP, temos a "falta de gás", que é a diferença entre o gás recebido da refinaria e o gás vendido nos botijões. Em uma indústria têxtil, temos a "perda de algodão e de poliéster" ou "estopa", que é a diferença entre as matérias-primas que entram no processo e a quantidade de tecido produzido[39].

O consumo total da matéria-prima é facilmente convertido em um desembolso financeiro[40], tal como apresentado na Figura 4.3.

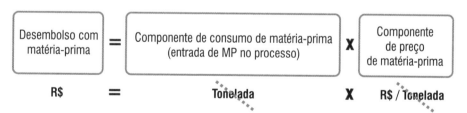

Figura 4.3 – Exemplo do cálculo do desembolso de matéria-prima.

---

38 Em muitas situações, o cálculo da perda de matéria-prima é um pouco mais elaborado, levando em conta características específicas do processo produtivo. No entanto, em todas as situações o conceito básico por trás do cálculo das perdas é o que está apresentado na Figura 4.2.

39 O cálculo dessas perdas pode não ser tão simples, pois, muitas vezes, são feitas correções para compensar impurezas na matéria-prima, diferenças de umidade ou outros fatores.

40 Para fins de simplificação, estamos considerando o desembolso como um sinônimo do custo da matéria-prima, independentemente da data em que ocorre o seu pagamento aos fornecedores.

Quando são utilizadas várias matérias-primas, o preço a ser usado no cálculo é o preço médio ponderado pela quantidade de cada uma das matérias-primas e o consumo é a soma do consumo de todas as matérias-primas[41].

Uma parte da matéria-prima utilizada estará dentro do produto vendido. Já a outra parte será perdida no decorrer do processo. Quando sabemos o custo total da matéria-prima e o seu percentual de perda obtido, tal como apresentado na Figura 4.2, podemos calcular o custo dessa matéria-prima utilizada e o das suas perdas, sendo esse último justamente o que deve ser analisado a fundo e combatido pelos gestores.

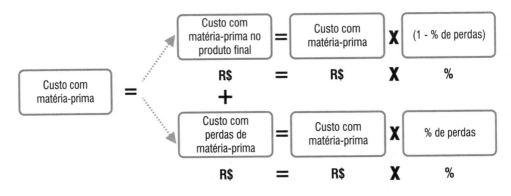

Figura 4.4 – Desdobramento do custo da matéria-prima em custo no produto final e custo das perdas.

Uma situação um pouco mais complexa acontece nos frigoríficos, onde se calculam indicadores relacionados ao "rendimento da carcaça", fazendo relação entre o peso dos animais abatidos e o peso dos produtos finais embalados. Nessa situação, as perdas de rendimento podem ser causadas tanto por deficiências no processo produtivo, tal como nos exemplos anteriores, quanto por características físicas do animal abatido, o que pode ser considerado como algo semelhante à qualidade da matéria-prima.

---

41 Também, pode-se fazer o cálculo do desembolso com cada matéria-prima (quantidade x preço) e, em seguida, somar os valores.

CASO REAL

Uma empresa da América do Norte, fabricante de cerveja, tinha grande sazonalidade em sua demanda. No verão, as vendas eram muito elevadas e havia a necessidade de aproveitar 100% da capacidade produtiva. Para isso, deveriam ser minimizadas as "perdas de extrato", que também podem ser entendidas como perdas do potencial de cerveja a ser envasada a partir da quantidade de cereais utilizados no início do processo produtivo. Essas perdas reduzem a quantidade de cerveja envasada no final do processo ou fazem necessária a compra de mais cereais para produzir quantidade adicional de extrato, o qual, depois, será transformado em cerveja.

Nessa empresa, os dados históricos mostravam que as perdas de extrato estavam concentradas no setor chamado de "cervejaria" e não na "linha de envase". Dentro desse setor, a cervejaria nº 2 era a que apresentava o maior índice de perdas de extrato. Foi, então, montado um grupo de trabalho para localizar essas perdas adequadamente, identificar as causas e bloqueá-las.

Para facilitar o entendimento do problema, o grupo realizou análises e sessões de "brainstorming" separadas para três tipos de perdas: vazamentos, perdas na água de transporte e perdas na filtração. Várias causas foram encontradas e, em seguida,

> bloqueadas com ações específicas. Entre essas ações, podemos citar a troca de vedações e retentores, a calibração dos equipamentos de medição, o ajuste de parâmetros do processo, o estabelecimento de rotas de inspeção para partes do processo e o treinamento dos operadores.
>
> Todas as ações contribuíram para que a meta de redução de perdas de extrato de 4,4% para 3,3% fosse alcançada com facilidade.

É importante mencionar que qualquer que seja o ramo de atuação da empresa existem perdas análogas às apresentadas. A função dos gestores é identificar e medir tais perdas, priorizá-las e minimizar as mais relevantes[42]. De acordo com a experiência do autor deste livro, as principais causas das perdas de matéria-prima são:

– Impurezas na matéria-prima.

– Matéria-prima recebida em quantidade inferior à comprada, sem que a diferença seja identificada ou sem que ocorra o devido ressarcimento.

– Produtos rejeitados por questões de qualidade.

– Perdas de início e final de processo, que podem ser relacionadas ao *set-up* e a ajustes do processo.

– Paradas inesperadas dos equipamentos com a consequente perda do produto que está sendo processado.

– Restrições técnicas do processo.

– Padrões operacionais inadequados ou o não cumprimento deles.

– Problemas com embalagens danificadas tanto das matérias-primas quanto dos produtos finais, que geram vazamentos, perdas devido à umidade, etc.

– Roubo de matéria-prima.

– Problemas relacionados aos equipamentos de medição da matéria-prima recebida ou dos produtos finais, como balanças e outros instrumentos.

– Quantidade adicional fornecida ao cliente (*Given Weight*).

Esta última causa de perda merece uma discussão mais aprofundada. Normalmente é designada como *Given Weight*, ou "peso dado", sendo que essa quantidade a mais pode ser

---

42 Com a eliminação das perdas mais relevantes, a atenção da gerência deve se voltar para as perdas que anteriormente eram menos significativas. Em uma situação extrema, as perdas podem ser tão baixas que o custo para eliminá-las pode ser maior do que as próprias perdas, razão por que nem são atacadas.

CAPÍTULO 4 | MELHORANDO OS INDICADORES DE CUSTO

medida em metros, litros ou em qualquer outra unidade utilizada pela empresa. Toda vez que uma empresa vende um produto com quantidade superior à especificada, ela está aumentando o seu custo com matéria-prima devido ao *Given Weight*. As principais causas do *Given Weight* são a já mencionada imprecisão dos equipamentos de medição e a instabilidade do processo produtivo, o que gera alta variabilidade da quantidade do produto final e a consequente necessidade de estabelecer uma sobrequantidade nesse produto para absorver essa variabilidade.

A imprecisão dos equipamentos deve ser mensurada com análises periódicas de repetibilidade e reprodutibilidade[43] das medidas fornecidas por eles e minimizada mediante a calibragem periódica dos equipamentos, algumas vezes até da sua substituição, além do treinamento dos funcionários que os operam. A instabilidade do processo produtivo deve ser atacada com a manutenção dos equipamentos, a padronização das operações e o treinamento dos profissionais envolvidos.

4.2 Insumos

Para fabricar o produto final não precisamos apenas da matéria-prima, precisamos também de insumos produtivos que, apesar de não "embarcarem" com o produto final, têm custos significativos. Como exemplos de insumos utilizados na indústria metalmecânica, podemos citar os eletrodos e demais materiais de solda, as ferramentas de corte nos processos de usinagem, os desengraxantes, etc. Na indústria alimentícia, podemos citar as formas descartáveis e, na indústria têxtil, os produtos químicos utilizados para o clareamento do tecido cru.

Quanto menor for o desperdício dos insumos, menor será o custo final do produto. A análise do uso desses insumos segue uma lógica específica que apresentamos neste tópico. Vale mencionar que essa lógica também pode, e deve, ser utilizada para analisar o consumo de matérias-primas secundárias, que estão presentes em quantidades pequenas no produto final, mas que possuem alto valor específico, como é o caso das ligas na placa de aço, dos corantes nos tecidos, do gás CO_2 na cerveja e nos refrigerantes ou da essência de baunilha em um bolo.

Para cada um desses insumos ou matérias-primas secundárias, devemos criar indicadores que retratam o consumo desses itens por quantidade de produto final fabricado. Por exemplo:

- Na cimenteira: kg de refratário / tonelada de cimento produzido.
- Na siderurgia: kg de liga especial / t de aço produzido.
- Na indústria têxtil: kg de soda cáustica / t de tecido produzido

---

43 A repetibilidade de um instrumento de medição é a variação das medidas quando um operador utiliza o instrumento para medir repetidas vezes a característica de interesse dos mesmos itens. A reprodutibilidade de um instrumento de medição é a variação da média das medidas quando diferentes operadores usam o instrumento para mensurar repetidas vezes a característica de interesse dos mesmos itens (WERKEMA, 1996).

- Na indústria de bebidas: gramas de CO_2 / hectolitro de cerveja produzida.
- Na indústria alimentícia: gramas de essência de baunilha / kg de bolo produzido.
- No envase de gás GLP: ml de tinta de botijão / botijão envasado.
- Na litografia: ml de verniz / m^2 de chapa litografada.
- No serviço de telefonia fixa: metro de fio / ligação de novo cliente.

Vale enfatizar que cada tipo de indústria pode ter vários desses indicadores, um para cada insumo ou matéria-prima, e todos esses indicadores técnicos podem ser facilmente convertidos em dinheiro ao multiplicá-los pelo preço do insumo e pela quantidade produzida, tal como apresentado no capítulo 3. O exemplo da Figura 4.5 ilustra novamente essa conversão.

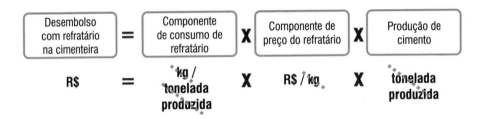

Figura 4.5 – Exemplo de conversão do indicador de consumo em desembolso financeiro.

Em qualquer processo produtivo podemos identificar e gerenciar os indicadores relacionados ao consumo das matérias-primas secundárias e dos insumos.

CAPÍTULO 4 | MELHORANDO OS INDICADORES DE CUSTO

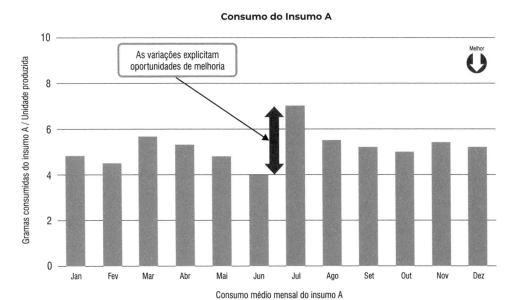

Figura 4.6 – Exemplo simplificado do acompanhamento de consumo de um insumo.

Obviamente, antes de tirarmos conclusões sobre as possibilidades de economias provenientes da comparação dos indicadores entre empresas, ou em uma mesma empresa ao longo do tempo, devemos ressaltar que as diferenças nos processos produtivos e principalmente no *mix* de produtos podem influenciar as diferenças de consumo. Porém, isso não inviabiliza as comparações e a busca por melhores resultados.

Como exemplo de situação em que o mix de produção pode influenciar o indicador de consumo, vale destacar o caso de uma estamparia de tecidos. O consumo das tintas e dos demais produtos químicos vai depender das cores e das estampas produzidas em dado período. Nessa situação, no acompanhamento do indicador deve-se levar em conta essa variação do *mix* de produção, estipulando não uma meta fixa, mas uma meta que varia com o produzido e que, mês a mês, evolui em relação ao consumo histórico desse mesmo *mix*. O gráfico da Figura 4.7[44] ilustra essa situação de acompanhamento de consumo de um insumo que pode variar conforme o *mix* produzido.

---

44 Neste caso, como se trata do consumo consolidado de vários insumos, o indicador é expresso em R$/t de tecido. Quando se acompanha um único insumo, deve-se utilizar um indicador expresso em kg de insumo/t de tecido.

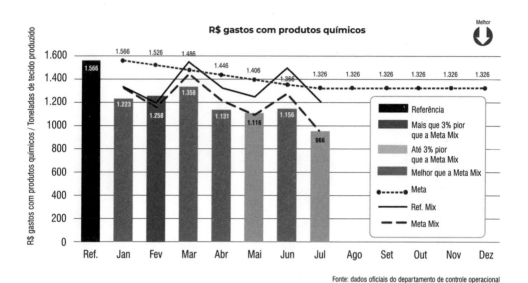

Figura 4.7 – Exemplo de acompanhamento de um indicador de consumo de um insumo que varia com o mix produzido.

Uma vez identificada uma oportunidade de redução do consumo de um insumo ou matéria-prima secundária, é hora de buscar as causas do consumo excessivo. De acordo com a experiência do autor deste livro, algumas causas de consumo em excesso de insumos e de matérias-primas secundárias se repetem em muitas empresas. A seguir, listamos algumas dessas causas:

- Padrão de utilização especificando uma quantidade excessiva do insumo ou matéria-prima secundária ("sobre especificação").
- Não cumprimento do padrão de utilização, com uso além do especificado.
- Problemas na concentração ou qualidade do insumo ou matéria-prima.
- Perdas do insumo ou da matéria-prima no armazenamento e no manuseio.
- Pouca precisão dos equipamentos utilizados na medição da quantidade de matéria-prima secundária adicionada ao produto em processo.
- Excessos de *set-up* ou de outras interrupções no processo produtivo.
- Problemas com as embalagens dos insumos ou do produto final.
- Furtos.

Atenção especial deve ser dada à "sobre especificação", que é o fornecimento de um produto com características superiores à especificação oficial. Isso pode ser tão dispendioso quanto o fornecimento de um sobrepeso (*Given Weight*).

CASO REAL

Certa vez, durante um trabalho de consultoria em uma fábrica de cimento no Nordeste do Brasil, fomos surpreendidos com uma situação inusitada: eram fabricados dois tipos de cimento, um com especificação "básica" e outro com especificação "premium", que conferia maior resistência ao concreto. Porém, a "formulação" do cimento de especificação básica era mais rica do que o necessário e os testes de laboratório indicavam que o produto final era quase tão resistente quanto o cimento premium. Essa "sobre especificação" foi aumentando ao longo do tempo por pressão da área comercial, que a utilizava como argumento de venda para um único cliente de pré-moldados. Porém, nunca tinha sido pensado no custo dessa "sobre especificação", a qual utilizava formulação com matérias-primas mais nobres. Após a interferência gerencial, a formulação do cimento básico voltou a ser a original e o cliente que fabricava pré-moldados passou a comprar o cimento premium com um preço intermediário, o que gerou grande economia para a empresa, sem perda de receita.

Outra situação que também gera desperdício é a utilização de insumos nobres em quantidade menor do que a especificada. Nesse caso, corre-se o risco de o produto final não alcançar os limites de especificação estabelecidos pela legislação ou pelo controle de qualidade interno, gerando a rejeição dos produtos finais com desperdício não apenas do insumo que se desejava economizar, mas de todas as matérias-primas e insumos. Ou seja, ao invés de melhorar o consumo específico das matérias-primas secundárias, obtém-se o efeito inverso e indesejado.

No caso das embalagens, podemos apresentar alguns problemas que ocorrem. O primeiro acontece naquelas que acondicionam os insumos ou as matérias-primas. A danificação dessas embalagens não gera custo por conta da embalagem em si perdida, pois ela não faz parte do produto final, mas é uma das causas do desperdício dos insumos ou matérias-primas que elas acondicionam.

Já as embalagens dos produtos finais podem ser consideradas como qualquer outro insumo da empresa e possuem valor definido. A perda delas é muito relevante, pois, além de aumentar o custo do produto devido ao valor da própria embalagem perdida, a perda de uma embalagem pode envolver também a perda do produto embalado, ou seja, trata-se de perda dupla. Um caso ainda mais significativo é o das embalagens retornáveis. Pense nas garrafas de cerveja retornáveis ou dos botijões de gás em um período de alta demanda do produto embalado (cerveja e gás GLP), coincidindo com uma oferta escassa de embalagens novas. Nessa situação, as embalagens perdidas geram um triplo prejuízo, pois o seu custo intrínseco é alto; algumas vezes, perde-se também o produto já envasado e a falta dessa embalagem inviabiliza o envase e a venda do produto no futuro próximo.

Outras situações de desperdícios de insumos e matérias-primas, além dessas apresentadas, podem ser importantes no processo produtivo de uma empresa. O conhecimento dos profissionais da operação, manutenção e engenharia de processos é fundamental para identificar essas perdas e suas causas. E, assim que essas causas são identificadas, devem ser tomadas as ações para bloqueá-las.

Por fim, vale mencionar que também se pode economizar com os insumos e as matérias-primas secundárias por meio da negociação de preços e das possibilidades de sua substituição. Esse assunto é tratado no tópico 4.6.

No próximo tópico, tratamos do consumo de energia, que também é um insumo produtivo, mas que, devido à sua importância, merece um tópico independente.

4.3 Energia

As empresas utilizam energia para várias funções em seu processo produtivo, entre elas:
– Funcionamento das máquinas (com motores elétricos ou motores de combustão interna).
– Geração de calor (com energia elétrica e queima de combustíveis fósseis ou de biomassa).
– Refrigeração (com energia elétrica ou gás).
– Movimentação interna e empilhamento (com empilhadeiras com motores de combustão interna ou elétricas).
– Transporte (com veículos com motores de combustão interna utilizando vários combustíveis).
– Iluminação (com energia elétrica).

Com tantas necessidades e utilizações, o custo da energia torna-se um dos principais gastos das empresas industriais. Além disso, existe uma particularidade interessante no uso desse insumo: em várias situações, é possível substituir um combustível por outro. O caso mais simples que ilustra essa situação são os motores de combustão interna dos veículos de transporte, que podem utilizar tanto gasolina quanto etanol. Cada combustível possui preço diferente e gera rendimento diferente no motor. Com isso, o componente preço deve ser aberto em dois subcomponentes, o "preço da energia escolhida" e o "rendimento da energia escolhida". Veja na Figura 4.8 um exemplo simples da abertura do gasto de combustível em uma frota.

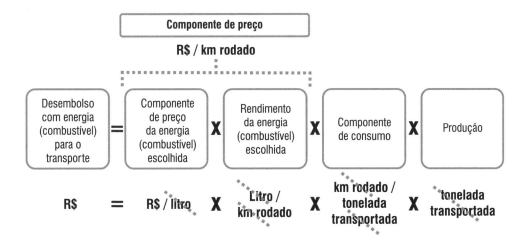

Figura 4.8 – Exemplo de abertura do desembolso de energia, explicitando a abertura do componente preço em "preço da energia escolhida" e "rendimento da energia escolhida".

Um exemplo um pouco mais completo é o da utilização de combustíveis em caldeiras para geração de vapor. Nesta situação, o gasto total envolve um componente de preço, que tal como no exemplo anterior também pode ser aberto em "preço da energia escolhida" e "rendimento da energia escolhida", um componente de consumo e a produção. Porém, nesse caso, cada fonte de energia é comprada em uma unidade diferente (litro no caso do óleo BPF[45], kg para o gás GLP, metro estéreo para a lenha e m^3 no caso do cavaco de madeira – além de outras possibilidades) e o poder energético de cada uma dessas fontes também é apresentado em relação a uma unidade de medida diferente. Dessa forma, assim como no do combustível veicular, o trabalho da administração deve ser não apenas na otimização do consumo, mas também na escolha do combustível que vai ter o "menor preço da energia escolhida x rendimento da energia escolhida".

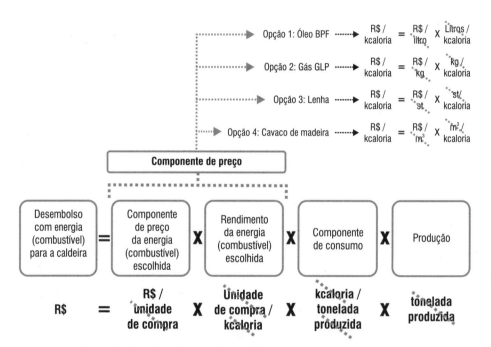

Figura 4.9 – Exemplo de abertura do desembolso com energia, explicitando o preço e rendimento de quatro opções de energia.

A substituição de um combustível por outro pode ser simples e sem investimento (como no caso da frota), ou pode ser necessária alguma adaptação e, até mesmo, vários equipamentos em paralelo, como no caso da queima das diferentes biomassas, de óleo BPF ou de Gás (GN ou GLP) nas caldeiras.

---

45 O óleo BPF é um óleo combustível derivado do petróleo, de baixo ponto de fluidez, também conhecido como óleo combustível pesado.

A questão do preço da energia[46] também tem particularidades e muitas opções para se trabalhar. Pode-se simplesmente fazer uma negociação de preço entre os diversos fornecedores e as várias modalidades de fornecimento, como acontece com a energia elétrica, que pode ser contratada com preços uniformes durante o dia (contrato convencional) ou com preços diferenciados de acordo com o horário de consumo (contrato horossazonal). Além disso, em algumas situações pode ser estudada a viabilidade de se gerar a própria energia elétrica por meio de fontes diversas, em vez de adquiri-la das distribuidoras. Em outras situações, pode ser viável utilizar geradores movidos por motores a diesel nos horários de pico de preço da energia elétrica. No caso da energia térmica, algumas empresas também podem produzir a sua própria biomassa em vez de comprá-la de terceiros ou utilizar gás ou óleo BPF.

CASO REAL

Durante a realização de um projeto de consultoria para redução de custos em uma fábrica de tecidos, localizada no Centro-Oeste do Brasil, analisamos a fundo o consumo de energia térmica (vapor) da empresa e a geração desse vapor. Além de serem tomadas ações para o melhor uso dessa energia e a redução das suas perdas, examinamos dados históricos sobre os custos da geração de vapor, utilizando três combustíveis: o óleo BPF e o cavaco de madeira, comprados de terceiros, e a lenha de eucalipto produzida

---

46 A questão do preço dos insumos de forma geral é tratada no tópico 4.6, no entanto, por questões didáticas, foi conveniente inserir este parágrafo neste ponto, tratando especificamente das alternativas a serem buscadas para obter o melhor preço da energia.

em uma fazenda da empresa. A análise mostrou que a lenha própria possuía o melhor custo em quase 100% do período histórico. A compra de cavaco e de óleo BPF acontecia apenas em momentos de alto consumo que não era suprido pela produção de lenha da fazenda. Discutindo os dados com o Diretor Industrial daquela unidade, mencionei que aquela possibilidade de usar energia da fazenda própria era uma "bênção", pois, mesmo computando o custo do capital empregado na propriedade, a energia da lenha de eucalipto ainda era a opção mais barata.

Vale mencionar que, quando a fábrica foi vendida para um fundo de investimentos, os novos proprietários queriam vender todos os imobilizados possíveis, inclusive a fazenda de eucaliptos. O diretor mencionou que teve um trabalho enorme para postergar a venda, uma vez que os executivos do fundo de investimento pensavam apenas no retorno imediato do capital utilizado na compra da empresa e não no impacto negativo que isso teria no custo de produção de tecidos no futuro. Segundo ele, felizmente, o fundo vendeu a fábrica para um grande grupo têxtil, o qual, conhecendo o negócio e com uma visão de longo prazo, decidiu manter a fazenda.

As decisões relacionadas aos tipos de energia mais econômicos em cada situação e às negociações de preço dessa energia são pontuais e acontecem poucas vezes durante um ano ou, às vezes, com frequência até menor. Já a gestão do consumo, que é o outro componente do desembolso, deve ocorrer no dia a dia da operação de uma empresa. Os gestores das áreas de produção e de utilidades devem ter metas relacionadas ao consumo de energia e trabalhar no dia a dia para a otimização do resultado, com suporte inclusive do Departamento de Manutenção.

O acompanhamento dos indicadores relacionados ao consumo de energia segue a mesma lógica dos demais insumos. Normalmente é feito o acompanhamento do consumo parametrizado pela produção (Figura 4.10). Tal como mencionamos no tópico sobre insumos gerais, o mix de produção pode influenciar o consumo de energia, de forma que as análises sobre a evolução dos indicadores só podem gerar conclusões se a questão do mix de produção tiver sido avaliada.

CAPÍTULO 4 | MELHORANDO OS INDICADORES DE CUSTO

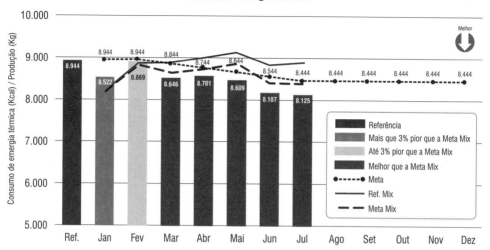

Figura 4.10 – Exemplo de acompanhamento do indicador de consumo de energia em uma situação em que o consumo varia com o mix produzido.

A seguir estão listados alguns pontos que podem ser atacados para otimizar o consumo de energia elétrica nas empresas[47]:

– Iluminação desnecessária.
– Uso de lâmpadas pouco eficientes.
– Motores elétricos obsoletos.
– Máquinas ou motores elétricos rodando em vazio.
– Vazamentos de ar comprimido (que é gerado por energia elétrica).
– Equipamentos de refrigeração obsoletos.
– Despesas desnecessárias com energia reativa nas contas de luz.
– Mau dimensionamento da demanda de energia contratada.
– Motores elétricos ou sistemas de iluminação com anomalias de manutenção.

---

47 Esta listagem é apenas um exemplo e serve apenas como referência básica. Profissionais das áreas de energia elétrica e de energia térmica podem apresentar formas de atuação mais específicas para cada empresa.

Os problemas listados a seguir[48] devem ser atacados tanto para otimizar o consumo de energia térmica quanto de energia elétrica ou dos combustíveis que geram a energia térmica. São eles:

- Máquinas com sistema de aquecimento ligado desnecessariamente.

- Máquinas com sistema de aquecimento funcionando com anomalias de manutenção.

- Máquinas com sistema de aquecimento funcionando de forma intermitente quando se poderia concentrar a produção em determinado período.

- Perdas de calor ou frio provocadas pela abertura das portas das máquinas desnecessariamente ou pelos isolamentos insuficientes.

- Uso de matérias-primas ou de embalagens que precisam de quantidade maior de energia para serem trabalhadas.

- Vazamentos de vapor.

Os processos produtivos que envolvem energia térmica são muito sujeitos à perda de energia, por isso é primordial um bom planejamento da produção, pois, se ele for inadequado, pode causar interrupções desnecessárias nos equipamentos de aquecimento ou de refrigeração e, com isso, aumentar demasiadamente o consumo. Infelizmente, nos deparamos, muitas vezes, com situações em que a programação da produção é feita para otimizar os *set-ups* em determinada área ou, mesmo, os níveis de estoque, mas não se leva em conta a situação ótima para o consumo de energia em processos anteriores ou posteriores. Nessas situações, antes de realizar o planejamento da produção com o objetivo de otimizar os *set-ups* de uma área, os níveis de estoque ou o consumo de energia térmica em determinado equipamento, é preciso levantar os ganhos que podem ser obtidos com cada uma dessas otimizações, a fim de realizar um planejamento que otimize o custo de maneira global.

---

48 Esta listagem é apenas um exemplo e serve apenas como referência básica. Profissionais das áreas de energia elétrica e de energia térmica podem apresentar formas de atuação mais específicas para cada empresa.

CASO REAL

Um caso interessante de redução do consumo de energia térmica ocorreu em uma usina siderúrgica na Europa. A usina possuía uma aciaria que produzia tarugos de aço de diferentes composições químicas, os quais, em seguida, eram armazenados em um estoque intermediário, onde consequentemente eles perdiam calor. O processo seguinte, de laminação, iniciava-se com um forno de reaquecimento dos tarugos, para que pudessem ser laminados em várias grossuras e formatos, como vergalhões, cantoneiras e barras de seção redonda ou quadrada. Cada formato poderia ser fabricado com tarugos de aço de várias especificações, dependendo dos pedidos dos clientes e das necessidades do estoque de produtos finais. Muito raramente existia a coincidência de um conjunto de tarugos sair da aciaria e ser carregado ainda quente na laminação, o que era denominado "carregamento a quente". Esse carregamento gerava grande economia de energia térmica no forno de reaquecimento e também maior velocidade de atravessamento do tarugo no forno, possibilitando o aumento da produção. Infelizmente, as ocorrências de carregamento a quente não eram frequentes, pois a sequência de formatos a serem produzidos na laminação tinha sido fixada para minimizar os "set-ups" de trocas de formatos da laminação. Qualquer inversão de ordem gerava acréscimo no tempo de "set-up" e, consequentemente, perda de tempo na laminação. Essa lógica de sequência de produção para minimizar os "set-ups" tinha sido desenvolvida sem levar em consideração o gasto de energia térmica no forno de reaquecimento. A partir desse ponto, foram feitas análises detalhadas que mostraram que, em algumas situações, seria vantajoso realizar inversão de ordem de laminação, mesmo com o aumento do tempo de "set-up" nesse processo, pois o que se economizava de gás no forno de reaquecimento e o aumento de velocidade da laminação representavam uma economia muito maior do que as perdas relacionadas ao aumento do tempo do "set-up". A nova sistemática de análise e alterações da sequência de fabricação foi implantada com sucesso, gerando grande economia para a empresa.

4.4 Mão de obra

Antes de entrarmos em detalhes sobre os custos com a mão de obra de operação da empresa, vale a pena enfatizar que as questões relacionadas aos gastos com pessoal de manutenção e da área administrativa são tratadas, respectivamente, no capítulo 7 e brevemente no capítulo 9. Dessa forma, este tópico foca sua atenção no custo com pessoal na área de produção da empresa.

A mão de obra que desenvolve a produção da empresa é composta, principalmente, pelos operadores e pelos supervisores. A seguir são relatadas algumas análises úteis para se identificarem oportunidades de reduzir o gasto com esses profissionais.

O custo com os operadores é tão menor quanto maior for a produtividade do trabalho de cada funcionário. Quando o trabalho de cada operador é relativamente independente, ou seja, quando um deles trabalha em paralelo com seus colegas, como no caso de uma confecção, a produtividade de seu trabalho depende quase que exclusivamente da sua habilidade e da sua concentração. Já nas situações em que os operários atuam em uma linha, a produtividade deles depende também do ritmo de trabalho dos seus colegas, pois o mais lento é que determina o ritmo dessa linha.

O indicador mais utilizado e mais simples para medir a produtividade do trabalho dos operários é a razão entre a produção[49] realizada em determinado período e o número de homem-hora utilizado naquele período, tal como apresentado na Figura 4.11.

---

49   Apesar do exemplo (figura 4.11) utilizar como medição da produção a unidade "peças produzidas", esta poderia ser "toneladas produzidas", "litros produzidos", "m2 produzidos" ou qualquer outra unidade de produção.

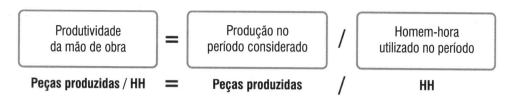

Figura 4.11 – Exemplo de um indicador simples de produtividade de mão de obra.

A comparação desse indicador entre áreas semelhantes, entre operários de uma mesma área (no caso de trabalho independente) ou entre turnos de uma mesma área fornece uma boa indicação dos ganhos potenciais. Obviamente, devem ser feitas considerações sobre o mix que está sendo produzido por cada funcionário, por cada turno ou por cada linha antes de se concluir algo sobre as diferenças de produtividade.

Uma forma interessante de lidar com a questão do mix é utilizar um indicador mais complexo, mas que já leva em conta o mix produzido. Temos um indicador deste tipo, por exemplo, quando fazemos a correlação entre o "tempo-padrão para a produção daquele mix" e o "tempo real para a produção do mix". Para que isso seja possível, já devem estar definidos os tempos-padrão para a produção de cada um dos itens do mix.

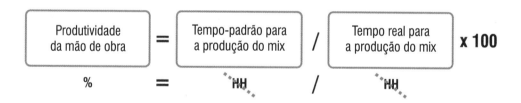

Figura 4.12 – Exemplo de um indicador de produtividade de mão de obra que considera o mix.

CASO REAL

Certa vez, auxiliávamos uma confecção interessada em aumentar a produtividade da sua mão de obra nas áreas de costura e embalagem. Um dos primeiros problemas identificados foi que o indicador utilizado (Produção/Homem-hora) não considerava as questões relacionadas à variação do mix e, consequentemente, o mix era usado como desculpa para os eventuais resultados ruins do indicador em determinados meses, encobrindo, assim, os problemas que deveriam ser atacados. A primeira ação tomada foi a construção de um novo indicador, no qual já estava embutida a questão relacionada ao mix. Esse novo indicador de produtividade era um percentual, calculado como os "minutos-padrão previstos" para concluir a produção conseguida, dividido pelos "minutos reais utilizados para se produzir". Esse indicador permitiu eliminar as desculpas relacionadas ao mix e concentrar-se nos problemas reais de produtividade da área e na sua solução. Entre as ações tomadas, podemos citar: (i) cálculo antecipado de funcionários necessários a cada mês e disponibilização do excedente para outras áreas; (ii) alocação dos funcionários mais aptos para cada máquina; (iii) capacitação de alguns funcionários para mais de um posto de trabalho, de forma a minimizar as perdas de produtividade quando eles eram convocados para cobrir faltas de outros funcionários; (iv) revisão das dimensões de partes das embalagens, para facilitar o manuseio; e v) preparação com antecedência dos aviamentos necessários para a costura. Essas e outras ações possibilitaram um ganho de eficiência significativo, tal como pode ser visto no gráfico da Figura 4.13.

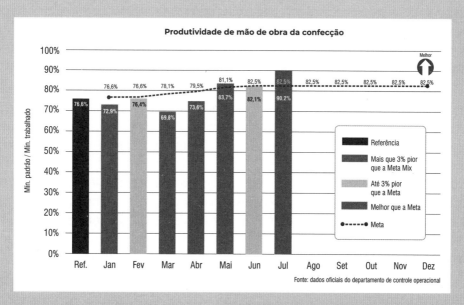

Figura 4.13 – Evolução do indicador de produtividade de mão de obra na confecção do exemplo.

Nessa empresa já existia uma tabela com os tempos-padrão para a costura e embalagem de cada produto. Em situações em que essa tabela não existe, ela deve ser desenvolvida no início do trabalho, para só depois começar a acompanhar o indicador.

No caso dos funcionários que trabalham em uma linha de produção, outra análise a ser feita é a do "balanceamento da linha", verificando se em determinados pontos existem funcionários ociosos, enquanto em outros há funcionários adequadamente ocupados ou sobrecarregados. Em uma indústria automobilística, as linhas de montagem são frequentemente analisadas e, quando se identificam ociosidades, as atividades são redistribuídas entre os operadores, de forma a eliminar os tempos ociosos e, por consequência, os funcionários desnecessários.

Um trabalho mais minucioso, que tem utilidade tanto para as situações de trabalho em linha quanto em paralelo, é a realização de medições de tempos e movimentos, nas quais os movimentos dos operadores e os tempos gastos em cada movimento são medidos e analisados. Com isso, conseguem-se encontrar oportunidades de suprimir movimentos desnecessários e otimizar os remanescentes.

Com relação aos supervisores, a análise e otimização do seu trabalho seguem uma lógica diferente. A principal avaliação que se faz do trabalho dos supervisores é quanto ao "spam de controle"[50], que é uma análise da quantidade de subordinados de cada supervisor. Muitas vezes, existem supervisores em excesso em determinadas áreas ou discrepâncias entre os turnos. Vale mencionar que o corte indiscriminado de supervisores pode trazer consequências muito negativas, principalmente relacionadas à qualidade do produto. Entretanto, o excesso de supervisores é um desperdício que deve ser atacado.

Há situações em que, apesar de existir um número grande de supervisores, eles não são capazes de efetivamente supervisionar os operadores. Muitas vezes, isso ocorre devido a uma transferência inadequada de atividades das áreas administrativas para os supervisores realizarem, a exemplo de controlar horas-extras, realizar comunicações institucionais, etc. Nesses casos, devem-se analisar quais dessas atividades administrativas precisam realmente ser realizadas pelos supervisores e quais necessitam voltar às suas áreas de origem, por exemplo a área de Recursos Humanos. Assim, consegue-se liberar tempo para os supervisores se dedicarem às suas principais atividades[51]. Esse tempo adicional pode ser utilizado para reforçar as suas tarefas de orientação e supervisão ou para aumentar o número de operadores sob sua supervisão (aumento do *spam* de controle), com a consequente eliminação dos supervisores excedentes.

A Figura 4.14 resume as formas de atuação para otimizar o custo de mão de obra de operadores e supervisores.

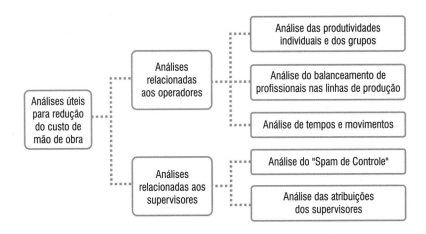

Figura 4.14 – Formas de atuação para redução do custo com mão de obra de operadores e supervisores.

---

50 Mais informações sobre os conceitos do *spam* de controle, ou amplitude de controle, podem ser vistas em *Barkdull, C. W.* (1963).
51 De acordo com a "Tabela de Nemoto", as atividades principais dos supervisores são: orientar o trabalho dos operadores (na situação de normalidade) e analisar as causas das anomalias do processo e relatar para a gerência (na situação de anormalidade) – ver Godoy, R; Bessas, C. (2021).

CASO REAL

Uma empresa de distribuição de energia elétrica precisava reduzir os seus custos operacionais. Então, fomos contratados para realizar um diagnóstico, a fim de identificar as principais oportunidades de economia.

O diagnóstico demonstrou oportunidades na gestão dos contratos de serviços de rede, na gestão de estoques e, principalmente, nos processos de instalação para novos clientes e de manutenção da rede.

Cada acionamento de uma equipe para resolver um problema de manutenção envolve um custo significativo, pois, além do material eventualmente utilizado, o deslocamento e as horas de mão de obra envolvidas são dispendiosos.

Analisando os acionamentos de manutenção e o seu fechamento, identificou-se que mais de 25% dos chamados eram fechados como "improdutivos", ou seja, o defeito efetivamente não existia e o acionamento nem deveria ter sido feito.

Esse fato se traduzia em baixa produtividade da mão de obra e, consequentemente, em custo elevado.

A própria equipe da distribuidora de energia identificou as causas desses acionamentos improdutivos, as quais estavam relacionadas a deficiências na triagem das reclamações dos clientes e também a deficiências na comunicação dos defeitos que ou já tinham sido solucionados ou para os quais já havia sido acionada uma equipe, o que gerava chamados duplicados.

Um plano de ação foi elaborado e implantado, o que melhorou significativamente o indicador de acionamentos improdutivos, aumentando a produtividade da mão de obra e reduzindo o custo da empresa.

A quantidade de funcionários é o direcionador não apenas do custo com salários, mas de uma série de outros gastos proporcionais ao salário, como FGTS, INSS, férias e outros. Além disso, existe outro gasto relacionado à mão de obra que é muito importante e deve ser gerenciado a cada dia, que é a quantidade de horas-extras. A principal recomendação com relação ao gerenciamento dessas horas é que elas devem ser "circunstanciais" e não "estruturais". Quando existe realmente uma necessidade de mais horas de trabalho, na maioria das vezes é mais barato contratar mais funcionários do que executar horas-extras de maneira descontrolada. Além disso, os funcionários que fazem essas horas-extras não podem enxergar os valores recebidos referentes a elas como parte fixa dos seus salários. Quando isso acontece, corre-se o risco de se criarem mecanismos para que surjam artificialmente necessidades de realizar essas horas-extras.

CASO REAL

Uma empresa de entrega de encomendas não estava cumprindo o seu orçamento com horas-extras, o que impactava negativamente no seu resultado financeiro.

O primeiro passo para solucionar esse problema foi a identificação dos departamentos e setores da empresa que contribuíam de forma mais expressiva para esse resultado indesejado. Para os departamentos e setores mais críticos, foi feito um levantamento dos cargos que mais contribuíam para a execução de horas-extras e até dos colaboradores individuais que mais as faziam.

Com o problema focado nas áreas, cargos e colaboradores críticos, foram feitas reuniões de "brainstorming" para identificar as causas das horas-extras e, em seguida, definir ações de bloqueio.

Entre as causas de horas-extras levantadas e as respectivas ações de bloqueio, podemos citar: (1) Contingente reduzido aos sábados (bloqueada com a alocação de algumas turmas trabalhando de terça a sábado e tendo folga aos domingos e às segundas-feiras); (2) Inexistência de procedimento formal para autorização dessas horas (bloqueadas com a implantação de um procedimento para autorização). Essas e várias outras ações de bloqueio surtiram efeito e, após alguns meses, o montante de horas-extras retornou aos patamares históricos.

4.5 Custo do reprocesso

Toda vez que um produto é reprocessado, o seu custo aumenta, o que ocorre de duas formas.

A primeira é devida à necessidade de mais matéria-prima, insumos ou energia para se reprocessar um item que já deveria estar pronto. Dessa forma, aumentam-se todos os consumos específicos, tanto da matéria-prima principal quanto dos insumos e da energia.

A segunda forma de aumento do custo é relacionada à ocupação desnecessária da mão de obra e das máquinas para se reprocessar um item. Em situação de alta demanda, esse mesmo pessoal e esses mesmos equipamentos poderiam estar produzindo um novo item. O reprocesso, portanto, impede uma produção mais alta e, com isso, o custo fixo da empresa é diluído em uma quantidade menor de produtos, fazendo que o custo fixo diluído seja maior em cada unidade produzida.

Outro inconveniente do reprocesso é que, em algumas situações, o produto reprocessado não alcança o mesmo nível de qualidade do produto-padrão, sendo classificado com um produto de 2ª qualidade[52]. Esses produtos normalmente são vendidos a um preço inferior ao do produto normal, o que gera perdas para a empresa.

Por fim, o reprocesso também pode gerar atrasos nas entregas, uma vez que é necessário mais tempo para fabricar um lote quando uma parte dele precisa ser processada duas ou mais vezes.

A utilização do método PDCA/SDCA[53] contribui de forma muito efetiva para a diminuição do reprocesso, pois orienta o trabalho de identificação das causas desse reprocessamento, de definição de contramedidas técnicas ou administrativas e de implantação dessas contramedidas. A padronização das operações e o treinamento dos funcionários também são fortes aliados no trabalho de minimização do reprocesso.

---

52 No capítulo 5 falamos mais dos produtos de 2ª qualidade.

53 O capítulo 10, seção 10.1, traz uma breve explicação sobre o método PDCA/SDCA.

CASO REAL

Uma indústria automobilística multinacional com fábricas no Brasil nos contratou para ajudá-la na redução dos defeitos de pintura nas carrocerias dos automóveis. Um dos indicadores atacados foi o percentual de repintura das carrocerias. A melhoria foi conseguida com a aplicação dos ciclos PDCA e SDCA, contemplando a identificação das causas dos problemas mais críticos, a definição de ações de correção e a sua implantação.

Alguns processos de trabalho foram padronizados. Um exemplo interessante a ser ressaltado foi relacionado à diminuição do defeito "sujeira de gancho", que se referia a um aglomerado de tinta que se desprendia dos ganchos que mantinham o capô aberto em determinadas etapas do processo de pintura e aderia à pintura dos carros. Foi desenvolvida uma sistemática para retirar da linha os ganchos que apresentassem esse excesso de tinta (a qual poderia se desprender e aderir à pintura dos veículos), o que era identificado pelo uso de um padrão visual (um gancho real que ficava exposto em um quadro e indicava o limite de continuidade de uso do gancho). Quando o operador tinha dúvida se o gancho poderia continuar na produção, ele o comparava com o "padrão visual" e, caso estivesse em condições piores do que as do padrão visual, o gancho era enviado para o jateamento.

Essa sistemática ajudou a diminuir esse defeito em mais de 50%.

4.6 Preço dos itens

Todos os custos que mencionamos, sejam de matérias-primas e insumos, sejam de energia ou mão de obra, possuem um componente de consumo e outro de preço. Nos tópicos anteriores, focamos a nossa atenção no primeiro. Neste tópico, concentramos na questão do preço do item em foco, seja este uma matéria-prima ou insumo, seja energia ou mão de obra. É importante notar que muitas das formas de trabalhar com os preços dos itens de custo podem ser utilizadas também com os itens de despesas (tratados no capítulo 8), que normalmente possuem menor complexidade de análise.

Podemos agrupar as formas de trabalhar a questão do preço dos itens de custo em quatro tipos básicos: a negociação pura dos preços, a análise das opções de fabricação interna do insumo ou da sua compra, a substituição de um item por outro com função semelhante e, no caso das formulações, a otimização do mix de matéria-prima usando técnicas matemáticas específicas (Figura 4.15).

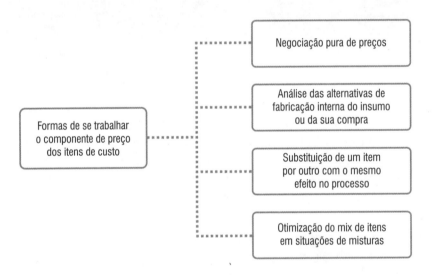

Figura 4.15 – Formas de trabalhar o componente preço dos itens de custo.

A negociação pura de preços pode ser utilizada em praticamente todas as situações. Até no caso de itens cujos preços eram regulamentados no passado, hoje já existem opções para negociar os valores das compras[54]. Aspectos que sempre devem ser observados pelo departamento de

---

[54] Um exemplo é o caso da energia elétrica, que no passado se comprava apenas de uma concessionária com preço tabelado e hoje já pode ser adquirida no mercado livre com diferentes preços e condições contratuais. Obs.: no item 4.3, também foram mencionadas algumas formas específicas de trabalhar o componente preço da energia.

compras são a eventual sazonalidade da oferta de determinados itens e a consequente variação dos preços. Não é objetivo deste livro detalhar técnicas de negociação de preços, mas vale a pena enfatizar que em uma negociação de preço devemos estar em situação confortável para negociar. Esse conforto é possível, principalmente, quando se têm duas situações: (i) um estoque de segurança do item que está sendo negociado e (ii) algumas opções de fornecedores diferentes e qualificados. É função dos departamentos de operações e de suprimentos trabalharem juntos para que essas duas condições estejam presentes, a fim de colocar a empresa em situação vantajosa na negociação.

Olhando as negociações de itens a partir de uma visão mais ampla, vemos que ela faz parte de um processo maior, que vai desde a requisição de um item até o seu pagamento. A negociação é uma das partes principais desse processo. Porém, em uma empresa com grande volume de compras, é preciso que todo o processo funcione bem para que a negociação seja conduzida da melhor forma possível. A Figura 4.16 apresenta de forma macro esse processo de requisição de item até o seu pagamento.

Figura 4.16 – Negociação como parte do processo de "requisição – pagamento".

Cada empresa deve desenhar com bom nível de detalhe um processo ótimo para a sua realidade e implantá-lo. Por fim, além do processo bem desenhado e das pessoas treinadas, é preciso que a empresa conte com um sistema de gestão de material confiável e com ampla gama de fornecedores cadastrados.

Uma segunda forma de trabalhar o preço dos itens é a substituição da sua compra pela fabricação interna destes. Alguns itens comprados podem ser fabricados internamente na empresa com a realização de alguns investimentos. Em dadas situações, isso pode ser viável. Como exemplos, podemos citar:

- Fábricas de bebidas que decidem fabricar alguns itens, como tampas metálicas ou garrafas, em vez de comprá-los de terceiros.
- Fábricas de produtos de limpeza, em algumas situações, também fabricam as suas embalagens plásticas.
- Muitas empresas também realizam investimentos para gerar a sua própria energia, tanto elétrica quanto térmica, como forma de reduzir o componente preço do seu gasto com energia.

Essa decisão pela primarização leva em conta tanto a questão de espaço para armazenamento de itens – que normalmente é menor quando o processo é mais verticalizado (por exemplo: armazenar embalagens plásticas prontas ocupa muito mais espaço do que armazenar o granulado plástico que ainda vai ser transformado em embalagens) – quanto o seu preço final, que na maioria das vezes fica mais barato quando produzidos internamente. As principais restrições para a verticalização são o poder de investimento da empresa e a sua capacidade de gestão para lidar com um processo mais longo e complexo. Vale mencionar que a situação oposta também pode ocorrer, ou seja, o custo pode ser reduzido pela terceirização da fabricação de um item em vez de produzi-lo internamente. Isso acontece principalmente quando o fornecedor possui maior escala de produção, melhor acesso às matérias-primas ou vantagens tributárias.

A terceira forma de trabalhar o custo das matérias-primas ou dos insumos é a substituição deles por outros que geram o mesmo efeito no processo produtivo. Um exemplo na siderurgia é a substituição da adição de uma liga metálica por outra em determinado aço. O que importa, muitas vezes, não é a liga metálica que é adicionada, mas a propriedade que ela confere ao produto final. Assim, podemos substituir a adição da liga do "metal A" pela liga do "metal B" e obter a mesma propriedade requerida no produto final e a um custo menor.

Em determinados processos se usa soda cáustica líquida, que pode ser substituída por soda cáustica em escamas, que é diluída no processo. Outro exemplo é com relação aos corantes, que muitas vezes podem ser substituídos por similares de fornecedores diferentes, mas que, após serem misturados nas proporções adequadas, conferem as mesmas características ao produto final.

Por fim, temos a quarta forma de trabalhar o custo das matérias-primas, que é por meio da otimização das misturas utilizando técnicas matemáticas de programação linear. Um exemplo clássico de uso dessas técnicas é para otimizar as formulações de rações, que podem ser compostas por milho, farelo de soja, casca de arroz, sorgo, entre outros. Cada um desses itens tem uma quantidade de vitaminas, cálcio, ferro e outros nutrientes que compõem a especificação da ração. Esta não precisa ter um percentual fixo de cada uma das matérias-primas, mas, sim, quantidades mínimas de cada um dos nutrientes. Uma vez que cada ingrediente possui preço diferente e quantidade de nutrientes também diferentes, é possível misturá-los em uma proporção ótima, em que se alcançam os níveis especificados de cada um dos nutrientes com custo mínimo. Como os preços de cada um dos itens varia ao longo do tempo, essa mistura ótima também se altera no decorrer do tempo. As fábricas de ração normalmente utilizam *softwares* específicos ou as funções de programação linear das planilhas eletrônicas para a realização desses cálculos.

Outros exemplos de utilização dessas técnicas são na siderurgia, para se escolher o mix ótimo de sucatas para abastecer um forno elétrico, a fim de gerar um aço específico; na indústria de pisos cerâmicos, para escolha do mix ótimo de argilas e outros materiais para obter uma cerâmica com determinadas propriedades; entre outras. Essas técnicas matemáticas se disseminaram nas agroindústrias de primeira linha e geraram muitos benefícios. Infelizmente, elas ainda não são muito utilizadas em outros setores industriais, de forma que esse "baú do tesouro" ainda está escondido para muitas empresas.

CASO REAL

Durante a execução de um projeto de consultoria para a redução de custo em uma siderúrgica situada na América do Sul, identificamos que o maior potencial para o alcance desse objetivo era mediante a utilização de matérias-primas (sucatas) mais baratas. Existia um plano de longo prazo para a aquisição e implantação de um "software" específico de programação linear para fazer a otimização do mix de sucata em todas as unidades do grupo. No entanto, aquela unidade não podia esperar tanto tempo para a compra e instalação de um "software" específico. Então, a equipe de consultores e os engenheiros de processo da empresa resolveram descrever as equações que direcionavam os custos e as restrições técnicas das misturas de sucata. Essas equações foram inseridas em uma ferramenta de programação linear de uma planilha eletrônica comum e, após alguns ajustes, resultados ótimos foram obtidos em termos de custo, com obediência às restrições metalúrgicas (limites de resíduos no aço produzido), além das restrições ambientais e operacionais. Esse trabalho possibilitou a geração de formulações (mix de sucatas) com custos mais baixos do que os das formulações-padrão. E tudo foi feito em uma planilha eletrônica, provando que não são os sistemas sofisticados que geram os resultados, mas, sim, o conhecimento dos profissionais envolvidos no trabalho.

A seguir, reapresentamos o DRE da Figura 3.8, porém com detalhamento da abertura dos componentes de preço e consumo das linhas de custo.

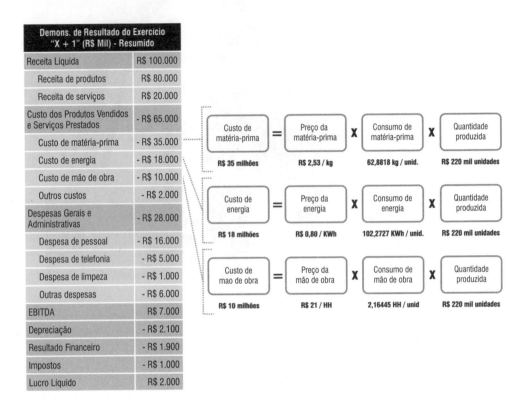

Figura 4.17 – Abertura dos itens de custo em componentes de preço e consumo.

Neste ponto, vemos que praticamente todos os custos podem ser abertos facilmente em componentes de preço e consumo, tal como apresentados na Figura 4.17. Para fins didáticos, essa figura mostra a abertura para uma única matéria-prima, uma única energia e um único tipo de mão de obra. Nas situações reais, essas linhas de custos devem ser detalhadas em custos individuais antes de se fazer a abertura em componentes de preço e consumo.

4.7 Gestão do transporte

O gasto total com transporte é diretamente proporcional ao custo da frota própria para transportar uma tonelada por um quilômetro[55] ou ao valor cobrado por um terceiro para realizar esse serviço. Para transformar esse "componente de preço" em desembolso, basta multiplicá-lo pela distância percorrida e pelas toneladas transportadas. Uma vez que as toneladas transportadas e a distância das entregas são uma consequência das vendas realizadas, a gestão da despesa de transporte deve ser focada na negociação do valor da "tonelada x km" com transportadores terceirizados ou na redução do custo dessa "tonelada x km" da frota própria[56] (Figura 4.18).

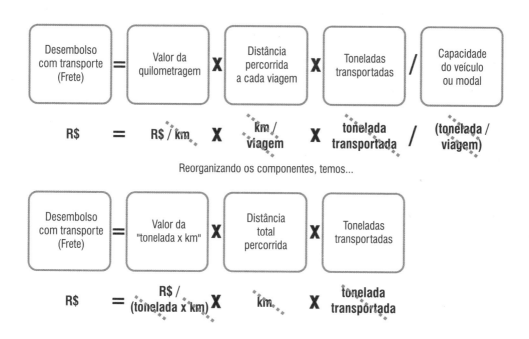

Figura 4.18 – Abertura do "desembolso com transporte" em seus componentes.

---

55 Apesar de termos mencionado o componente de preço como "R$/(t x km)", existem cargas que não são cobradas por tonelada, mas, sim, por volume (m³) ou "unidade do produto". Em qualquer das situações, o raciocínio continua o mesmo.

56 No caso de vendas que devem ser entregues em distâncias muito grandes e cujo valor dessa entrega está embutido no preço, é função da área de vendas calcular o preço com o custo da entrega embutido, para não correr o risco de ocorrer prejuízo na venda devido ao elevado custo do frete. E é função da área de transporte trabalhar para que o custo efetivo do transporte não ultrapasse o valor considerado no momento da venda.

O valor da "tonelada x km" pode ser reduzido de quatro formas:

- Alterando o modal de transporte ou o tipo de equipamento utilizado em determinado modal, tanto quando o transporte for próprio quanto for terceirizado.
- Analisando a viabilidade de utilizar frota própria ou terceirizada.
- Negociando o valor do frete quando o transporte for executado por terceiros.
- Reduzindo o custo com combustível, motoristas, manutenção e otimizando a utilização da capacidade dos veículos, no caso da frota própria.

A escolha do modal de transporte e dos equipamentos que serão utilizados é a mais estratégica das decisões relacionadas à gestão do transporte. Isso porque os trabalhos para redução de custo da frota própria ou de valores de frete com os fornecedores terceirizados são atividades rotineiras, ao passo que a análise e definição do modal de transporte adequado, bem como dos equipamentos de transporte específicos[57], são decisões tomadas apenas após longos períodos. No caso de frota própria, uma vez escolhidos o modal e o tipo específico de equipamento de transporte, é possível alterá-los apenas quando for feita a renovação da frota. Essa escolha deve ser a mais acertada possível, para garantir o menor custo em cada situação.

---

57 Neste texto, consideramos as possibilidades de escolha tanto do modal de transporte quanto dos equipamentos dentro de um mesmo modal, a exemplo dos equipamentos "caminhão toco", "caminhão truck" e "carreta", dentro do modal "rodoviário".

CASO REAL

Uma empresa de envase e distribuição de gás GLP tinha como um de seus maiores custos o transporte dos botijões de gás de 13 kg, chamados de "P13", das suas centrais de envase para os diversos distribuidores. Dessa forma, seus gestores sempre estavam atentos às possibilidades de economia nesse transporte.

Existiam três tipos de veículos (considerados na empresa como três modais diferentes) que faziam o transporte: os caminhões toco (de pequeno porte), os caminhões truck (de médio porte) e as carretas (caminhões de grande porte). A fim de identificar a real possibilidade de ganho, foi feito um levantamento de dados referente ao modal utilizado e ao valor pago para cada uma das distâncias (destinos), de forma a identificar oportunidades de economia no valor do frete por "P13" transportado. Esse levantamento de dados gerou o gráfico da Figura 4.19, que ilustra as diferenças de preço para transportar um "P13".

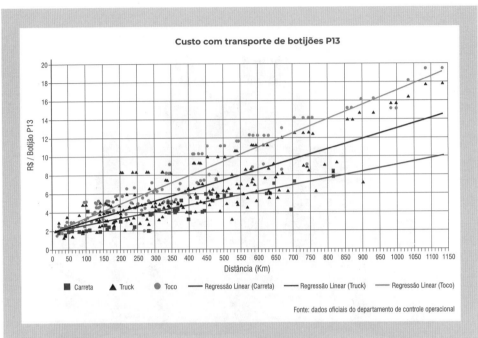

Figura 4.19 – Diferença de preços de transporte para determinada distância entre diferentes modais (linhas) e dentro de um mesmo modal (figuras idênticas na mesma vertical).

Foi possível observar possibilidades de reduzir o preço para determinada distância utilizando o mesmo modal, pois existiam ocorrências de um mesmo modal (figuras idênticas) na mesma vertical, ou seja, preços diferentes para a mesma distância em um mesmo modal.

Também foram observadas possibilidades de economia com a alteração do "modal" de caminhão toco para caminhão truck e deste para carreta, pois os caminhões de maior porte transportavam mais botijões e o custo unitário era menor.

Cerca de 50% das oportunidades identificadas não apresentavam empecilhos para a sua implantação, como limitações de espaço nos distribuidores de destino para armazenar todos os botijões de um caminhão maior, ou dificuldades para estacionar ou descarregar caminhões maiores. Assim, essas oportunidades puderam ser convertidas em economias reais após as negociações da empresa envasadora com os transportadores.

CAPÍTULO 4 | MELHORANDO OS INDICADORES DE CUSTO

Outra decisão que é tomada apenas de tempos em tempos é sobre a utilização de frota própria ou terceirizada[58]. Esta decisão deve levar em conta o aspecto de custo e o aspecto estratégico. No que se refere ao custo, basta comparar o custo do transporte contratado com aquele que a empresa efetivamente consegue obter gerenciando a frota própria. Em determinados períodos, a aquisição de frota própria pode estar sendo facilitada pelas políticas governamentais[59], já em outros momentos a disponibilidade de veículos terceirizados no mercado é tão grande que o preço do frete se torna muito competitivo. Vale mencionar que a gestão de uma frota própria traz uma complexidade muito grande por envolver pessoas, risco de sinistros diversos, capital empregado e gestão de manutenção. Com relação ao aspecto estratégico, pode ser conveniente trabalhar com frota própria para garantir a entrega do produto aos clientes no momento adequado, porém, por outro lado pode existir na empresa restrição de recursos financeiros, o que torna o uso de frota terceirizada mais interessante, uma vez que essa decisão libera recursos financeiros para a compra de equipamentos da linha de produção, ou de estoque de matéria-prima ou para outras finalidades.

A negociação do valor do frete, qualquer que seja o modal, é uma negociação de preço, como qualquer outra mencionada no tópico 4.6. A situação "confortável" e que deve ser buscada para a empresa negociar os valores de frete é obtida quando existem várias opções de transportadores qualificados.

A redução do custo com a frota própria por meio da diminuição dos custos com combustíveis (energia) e motoristas (mão de obra) deve ser trabalhada de forma análoga ao que já foi discutido nos tópicos 4.3 e 4.4. A parte relacionada ao custo de manutenção da frota deve ser trabalhada segundo técnicas específicas de gestão de manutenção, que estão detalhadas no capítulo 7. Por fim, a equipe de transporte deve estar atenta à utilização máxima da carga dos veículos, a fim de conseguir o menor custo possível. Por exemplo: um veículo que tem capacidade para transportar 20 toneladas deve ser carregado com um peso próximo de 20 toneladas em todas as viagens[60].

---

58 Caso decida utilizar uma frota terceirizada, a implantação desta operação deve seguir as recomendações da área jurídica da empresa para que se minimizem os riscos de ações trabalhistas.

59 Por exemplo, redução de impostos, uso de créditos de ICMS para compra de veículos e financiamentos subsidiados.

60 Apesar de esta questão de custo da frota própria ter sido exemplificada com o transporte rodoviário, os mesmos conceitos valem para outros modais de transporte (ferroviário, aéreo, dutoviário e hidroviário), apesar de serem raras as empresas industriais que possuem frota própria destes outros modais de transporte.

CASO REAL

Uma empresa produtora de embalagens plásticas no Sudeste do Brasil trabalhou durante anos com uma frota própria de mais de 100 caminhões que faziam entregas em todo o País. No entanto, não se conseguia um baixo custo de transporte em razão, principalmente, da baixa produtividade dos caminhões e dos motoristas (pequeno número de viagens por semana). A empresa, então, resolveu vender a frota para os próprios motoristas, que passaram a trabalhar como autônomos. Como resultado, além de a empresa ter se livrado de um peso administrativo, o custo total do transporte diminuiu, resultado da maior produtividade dos motoristas e dos caminhões, que passaram a fazer um número maior de viagens por semana. Nesse caso, a terceirização da frota promoveu um alinhamento de interesses entre os motoristas e a empresa, com a redução dos tempos improdutivos da frota, maior ganho para os motoristas e menor custo para a empresa.

Por fim, vale mencionar outro custo relacionado ao transporte que deve ser gerenciado com atenção pelas empresas, que são os custos relacionados à *demurrage*. Esses custos são multas decorrentes dos atrasos no carregamento ou descarregamento de frotas contratadas[61].

---

61 O conceito de *demurrage* surgiu para designar as multas por atrasos nos carregamentos e descarregamentos em operações portuárias. No entanto, em outros modais de transporte esses atrasos e custos também podem ocorrer, mesmo que não sejam designados como *demurrage*.

CAPÍTULO 4 | MELHORANDO OS INDICADORES DE CUSTO

113

A minimização desses atrasos é possível, inicialmente, com o melhor planejamento dos carregamentos e descarregamentos[62]. Em um segundo momento, as melhorias são conseguidas com maior planejamento e maior coordenação entre as áreas de venda e de planejamento da produção e do transporte.

4.8 Nota sobre a localização da empresa

Neste capítulo, comentamos sobre todos os fatores que compõem o custo de um produto fabricado por uma empresa. No entanto, ainda precisamos discutir brevemente sobre a localização da empresa e sobre o impacto dessa localização nos custos e tributos que incidem sobre os insumos comprados ou sobre a venda do produto.

Cada empresa deve considerar alguns fatores de atratividade, como acesso a matérias-primas, insumos, mão de obra e energia, facilidade logística e proximidade com o mercado consumidor, para definir a sua localização, com a ressalva de que a importância relativa desses fatores varia com as características da empresa. Uma empresa cujo mercado é global e cujo produto ou serviço é intensivo em conhecimento considera mais os fatores relacionados ao acesso a talentos e menos os fatores logísticos e relacionados à energia. Já uma indústria pesada leva em consideração, antes de qualquer análise, a proximidade com a matéria-prima e o mercado, bem como aspectos logísticos, de custo e de acesso à energia.

Além disso, é importante mencionar que um fator impacta transversalmente todas as atividades econômicas: o tributário. Uma diferença de tributos pode fazer uma localização pouco atrativa se tornar a mais competitiva, ou uma localização adequada se tornar inviável. Por essas razões, é conveniente que, antes de escolher a localização de uma empresa, seja feita uma pesquisa das regiões geográficas que têm tributação conveniente para o negócio em questão.

Apesar de este livro não ter nenhuma pretensão de fornecer orientação tributária, é nosso dever ressaltar ao leitor que considere as questões tributárias quando decidir sobre a localização de uma empresa.

No Brasil, há algumas décadas, as regiões da Sudene e da Zona Franca de Manaus atraem investimentos por conta dos seus incentivos fiscais. Posteriormente, surgiram outras áreas incentivadoras, inclusive algumas Zonas de Processamento de Exportação (ZPEs), que também oferecem incentivos. Empresas de alguns setores, principalmente de plásticos e confecções, consideram realizar parte da produção no Paraguai que, além de ser membro do Mercosul e possuir energia elétrica barata, oferece regimes de tributação que tornam o preço do produto final muito competitivo. Mais recentemente, foi regulamentado o parque industrial aeroportuário de

---

62 *Softwares* de simulação podem ser utilizados neste planejamento.

Belo Horizonte, que, além de benefícios fiscais, oferece para as empresas grande facilidade de acesso ao modal de transporte aéreo e redução da burocracia na apuração de impostos.

Além de existirem entidades de classe e escritórios de direito tributário que podem orientar sobre a localização das empresas, tendo em vista a tributação e os incentivos fiscais, é importante mencionar que os próprios órgãos de governo que organizam essas áreas incentivadas fornecem todas as informações necessárias e precisas sobre os incentivos fiscais.

CASO REAL

Uma empresa produtora de equipamentos elétricos e eletrônicos apresentava crescimento consistente, de forma que seria necessária a implantação de uma segunda unidade industrial.

Uma vez que a empresa utilizava muitos componentes importados na fabricação dos seus produtos, parcela relevante da sua produção era exportada e os produtos tinham elevado valor específico, as variáveis mais importantes para a definição da localização da nova unidade industrial eram o acesso ao modal de transporte aéreo e a existência de incentivos fiscais.

Um longo trabalho de análise de localizações, incluindo várias possibilidades de áreas com incentivos fiscais, foi conduzido e, por fim, decidiu-se pela instalação da nova unidade industrial no parque industrial aeroportuário de Belo Horizonte.

> De acordo com o presidente da empresa, não foi apenas a questão dos incentivos fiscais que definiu a localização, mas também a simplificação do processo de exportação (que reduz o custo de administração e controle), o pagamento dos impostos relativos à importação de matérias-primas apenas quando o produto for vendido no mercado interno (o que contribui para a melhoria do ciclo financeiro), a facilidade do desembaraço aduaneiro, a segurança fiscal e a eficiência logística (o que reduz os custos de transporte e o prazo de atendimento aos clientes).
>
> Todos esses aspectos considerados pela empresa mostram que a decisão da localização industrial deve ser tomada com base em vários fatores, que acabam por impactar a operação como um todo e, consequentemente, a rentabilidade da empresa.

Exemplos de sucesso como o desse caso real citado são frequentes em todos os setores. Um contraexemplo e que vale a pena ser citado é o de uma empresa do setor de plásticos que decidiu a sua localização apenas com base nos incentivos fiscais, sem considerar adequadamente outros fatores. Quando a operação se iniciou, a empresa percebeu que a dificuldade logística associada àquela localização era maior do que a visualizada anteriormente. A grande distância dos fornecedores de matéria-prima gerava a necessidade de um enorme volume de matéria-prima "em trânsito" para garantir o abastecimento da firma. E esse fato aumentava o ciclo financeiro da empresa, reduzia a disponibilidade de dinheiro em caixa e corroía parte da rentabilidade obtida com os incentivos fiscais.

4.9 Exemplo completo – parte 3/9
Um guia de trabalho para você e sua empresa

Neste ponto, a equipe do nosso laticínio começa a identificar e implantar as melhorias operacionais, iniciando-se por aquelas relacionadas ao custo do produto.

As linhas do DRE e as respectivas equações da Figura 3.10 trabalhadas constituem o custo da matéria-prima (leite), dos insumos, das embalagens, do transporte e da energia térmica. A Figura 4.20 reapresenta as equações relacionadas a cada um desses gastos, destacando-se com bordas grossas os componentes trabalhados de cada equação.

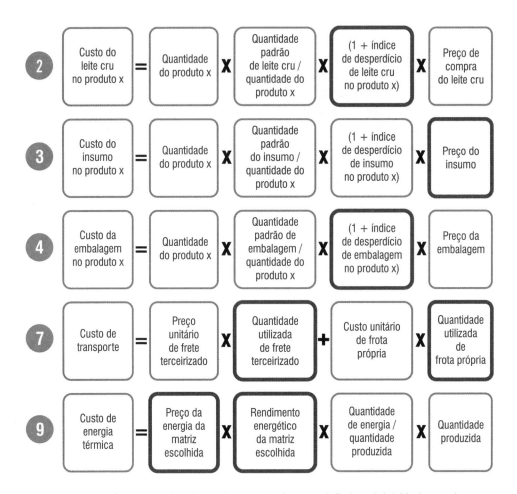

Figura 4.20 – Componentes de cada uma das equações de custo trabalhados pelo laticínio do exemplo.

A administração do "Laticínio Silva e Filhos" montou grupos de trabalho envolvendo o pessoal do chão de fábrica e implantou ações que possibilitaram a redução dos desperdícios de forma que o consumo de matéria-prima diminuiu em 0,5% para o leite vitaminado, 0,5% para o doce de leite, 0,4% para o iogurte, 1% para o queijo e 1,2% para o requeijão[63]. Além disso, a área de compras negociou o preço dos insumos do iogurte e os do requeijão, reduzindo-os em 2% e em 1%, respectivamente. Melhorias nas linhas de envase permitiram a diminuição dos desperdícios

---

[63] Para facilidade de entendimento, a redução dos desperdícios de matéria-prima só será convertida em aumento de produção no próximo capítulo. Dessa forma, a diminuição dos desperdícios gerou queda no custo do leite nos produtos, mas não causou aumento de receita no mês atual. Nas empresas reais que possuem demanda suficiente, todo desperdício é convertido em aumento de produção imediatamente. Nesse exemplo, isso elevaria a quantidade de cálculos no DRE de uma só vez, prejudicando o entendimento.

CAPÍTULO 4 | MELHORANDO OS INDICADORES DE CUSTO

de embalagem, o que levou a uma queda no custo da embalagem do doce de leite de 3% e de 5% na do queijo. O aumento de dois para três veículos terceirizados e a redução de três para dois veículos próprios diminuíram 5,56% o custo do transporte. Por fim, a alteração do mix de energia térmica, reduzindo o uso de gás e aumentando o consumo de lenha de eucalipto, permitiu queda no custo da energia térmica em 10%. Como consequência indireta de todas essas melhorias, a receita financeira aumentou em 59,85% (devido ao aumento do caixa) e o valor absoluto do imposto de renda e da contribuição social aumentou em 51,29% (devido ao aumento do lucro antes dos impostos). Todas essas melhorias levaram a um impacto direto no lucro líquido, tal como pode ser visto na Figura 4.21.[64]

Demonstrativo de Resultado do Exercício - DRE		Mês 0	Variação	Mês 1
1	Receita Líquida	R$ 3.280.000,00		R$ 3.280.000,00
1.1	Receita do Leite Vitaminado	R$ 874.120,00		R$ 874.120,00
1.2	Receita do Doce de Leite	R$ 870.840,00		R$ 870.840,00
1.3	Receita do Iogurte	R$ 715.040,00		R$ 715.040,00
1.4	Receita do Queijo	R$ 518.240,00		R$ 518.240,00
1.5	Receita do Requeijão	R$ 301.760,00		R$ 301.760,00
2	Custo dos Produtos Vendidos	- R$ 2.796.918,76		- R$ 2.775.745,39
2.1	Leite	- R$ 1.889.755,60		- R$ 1.877.776,56
2.1.1	Leite cru para o Leite Vitaminado	- R$ 769.225,60	- 0,50%	- R$ 765.379,47
2.1.2	Leite cru para o Doce de Leite	- R$ 304.794,00	- 0,50%	- R$ 303.270,03
2.1.3	Leite cru para o Iogurte	- R$ 300.316,80	- 0,40%	- R$ 299.115,53
2.1.4	Leite cru para o Queijo	- R$ 388.680,00	- 1,00%	- R$ 384.793,20
2.1.5	Leite cru para o Requeijão	- R$ 126.739,20	- 1,20%	- R$ 125.218,33
2.2	Insumos	- R$ 255.633,36		- R$ 253.547,28
2.2.1	Insumo para o Leite Vitaminado	- R$ 8.741,20		- R$ 8.741,20
2.2.2	Insumo para o Doce de Leite	- R$ 104.500,80		- R$ 104.500,80
2.2.3	Insumo para o Iogurte	- R$ 78.654,40	- 2,00%	- R$ 77.081,31
2.2.4	Insumo para o Queijo	- R$ 12.437,76		- R$ 12.437,76
2.2.5	Insumo para o Requeijão	- R$ 51.299,20	- 1,00%	- R$ 50.786,21

(continua)

64 A coluna "variação" nesta tabela (e em todas as tabelas equivalentes nos próximos capítulos) apresenta o percentual de aumento ou redução do valor de cada uma das linhas diretamente trabalhadas nesta parte do exemplo. Estas melhorias acabam gerando reflexos indiretos em outras linhas do DRE como por exemplo, nas linhas consolidadoras, na receita financeira, nas comissões de vendas e nos impostos. Para não confundir o leitor com valores pouco relevantes, nem todas as variações indiretas estão com o percentual de aumento ou redução explicitado na coluna "variação".

(conclusão)

Demonstrativo de Resultado do Exercício - DRE		Mês 0	Variação	Mês 1
2.3	Embalagens	- R$ 197.529,80		- R$ 194.921,54
2.3.1	Embalagens para o Leite Vitaminado	- R$ 21.853,00		- R$ 21.853,00
2.3.2	Embalagens para o Doce de Leite	- R$ 69.667,20	- 3,00%	- R$ 67.577,18
2.3.3	Embalagens para o Iogurte	- R$ 71.504,00		- R$ 71.504,00
2.3.4	Embalagens para o Queijo	- R$ 10.364,80	- 5,00%	- R$ 9.846,56
2.3.5	Embalagens para o Requeijão	- R$ 24.140,80		- R$ 24.140,80
2.4	Pessoal de operação e manutenção	- R$ 258.000,00		- R$ 258.000,00
2.4.1	Pessoal de operação	- R$ 240.000,00		- R$ 240.000,00
2.4.2	Pessoal de manutenção	- R$ 18.000,00		- R$ 18.000,00
2.5	Peças e serviços de manutenção	- R$ 45.000,00		- R$ 45.000,00
2.6	Transporte de matéria-prima e insumos	- R$ 36.000,00	- 5,56%	- R$ 34.000,00
2.6.1	Fretes	- R$ 12.000,00	50,00%	- R$ 18.000,00
2.6.2	Frota própria	- R$ 24.000,00	- 33,33%	- R$ 16.000,00
2.7	Energia elétrica	- R$ 50.000,00		- R$ 50.000,00
2.8	Energia térmica	- R$ 25.000,00	- 10,00%	- R$ 22.500,00
2.9	Outros custos	- R$ 40.000,00		- R$ 40.000,00
3	Lucro Bruto	R$ 483.081,24		R$ 504.254,61
4	Despesas Gerais, Adm e de Vendas	- R$ 388.200,00		- R$ 388.200,00
4.1	Pessoal adm e de vendas	- R$ 198.000,00		- R$ 198.000,00
4.1.1	Pessoal adm	- R$ 162.000,00		- R$ 162.000,00
4.1.2	Pessoal de vendas - fixo	- R$ 36.000,00		- R$ 36.000,00
4.2	Comissões de vendas	- R$ 98.400,00		- R$ 98.400,00
4.3	Telefonia	- R$ 4.800,00		- R$ 4.800,00
4.4	Segurança	- R$ 50.000,00		- R$ 50.000,00
4.5	Limpeza	- R$ 16.000,00		- R$ 16.000,00
4.6	Outras despesas	- R$ 21.000,00		- R$ 21.000,00
5	EBITDA	R$ 94.881,24		R$ 116.054,61
6	Depreciação / Amortização	- R$ 53.333,33		- R$ 53.333,33
7	EBIT	R$ 41.547,91		R$ 62.721,28
8	Resultado financeiro	R$ 1.600,00	59,85%	R$ 2.557,65
9	Lucro Antes dos Impostos	R$ 43.147,91		R$ 65.278,92
10	Imposto de renda / Contrib. social	- R$ 15.101,77	51,29%	- R$ 22.847,62
11	Lucro Líquido	R$ 28.046,14		R$ 42.431,30

Figura 4.21 – Melhoria conseguida no DRE a partir das melhorias de custo implantadas.

CAPÍTULO 4 | MELHORANDO OS INDICADORES DE CUSTO

O DRE comunica-se com o Balanço Patrimonial por meio do lucro do período e da depreciação, de forma que podemos ver indicado nos valores destacados no ativo do BP, mostrados na Figura 4.22, um aumento do caixa devido ao lucro acrescido da depreciação do período[65], além da elevação do valor absoluto da depreciação acumulada. No passivo ocorre o aumento das reservas de lucro e, consequentemente, do patrimônio líquido.[66]

	Ativo	Mês 0	Mês 1
1	Ativo Circulante	R$ 2.960.000,00	R$ 3.055.764,63
1.1	Caixa e disponibilidades	R$ 800.000,00	R$ 895.764,63
1.2	Estoques	R$ 1.200.000,00	R$ 1.200.000,00
1.3	Clientes	R$ 960.000,00	R$ 960.000,00
2	Realizável em Longo Prazo	R$ 240.000,00	R$ 240.000,00
3	Ativo Permanente	R$ 6.580.000,00	R$ 6.526.666,67
3.1	Máquinas e equipamentos	R$ 4.000.000,00	R$ 4.000.000,00
3.2	Imóveis	R$ 3.600.000,00	R$ 3.600.000,00
3.3	Veículos	R$ 480.000,00	R$ 480.000,00
3.4	Depreciação acumulada	- R$ 1.500.000,00	- R$ 1.553.333,33
4	Total do Ativo	R$ 9.780.000,00	R$ 9.822.431,30

	Passivo	Mês 0	Mês 1
1	Passivo Circulante	R$ 2.340.000,00	R$ 2.340.000,00
1.1	Fornecedores	R$ 1.740.000,00	R$ 1.740.000,00
1.2	Salários a pagar	R$ 460.000,00	R$ 460.000,00
1.3	Impostos a pagar	R$ 140.000,00	R$ 140.000,00
2	Exigível em Longo Prazo	R$ 640.000,00	R$ 640.000,00
2.1	Emprestimo banco A	R$ 400.000,00	R$ 400.000,00
2.2	Emprestimo banco B	R$ 240.000,00	R$ 240.000,00
3	Patrimônio Líquido	R$ 6.800.000,00	R$ 6.842.431,30
3.1	Capital social	R$ 5.600.000,00	R$ 5.600.000,00
3.2	Reservas de lucro	R$ 1.200.000,00	R$ 1.242.431,30
4	Total do Passivo	R$ 9.780.000,00	R$ 9.822.431,30

Figura 4.22 – Melhorias operacionais refletidas no Balanço Patrimonial.

---

65 Uma explicação mais criteriosa para o aumento do caixa envolve o cálculo do lucro líquido do período, que é reduzido pela depreciação, que na verdade não é um desembolso. Dessa forma, quando calculamos o aumento de caixa, devemos somar o lucro e também a depreciação que diminuiu o lucro no DRE, mas não impactou o caixa da empresa, por não constituir desembolso.

66 Para fins didáticos, estamos considerando que entre esses dois períodos não houve alteração nos prazos de pagamento, recebimento ou estocagem e nem movimentações relacionadas aos investimentos e financiamentos. Também, não foram consideradas no balanço as eventuais variações nas contas de fornecedores e clientes.

A melhora obtida pode ser verificada pelos indicadores de rentabilidade, Margem Líquida e ROE.

Indicador	Mês 0	Mês 1	Mês 2	Mês 3	Mês 4	Mês 5	Mês 6	Mês 7
Lucro Líquido do mês	R$ 28.046,14	R$ 42.431,30						
Margem Líquida (LL / Rec. Liq)	0,86%	1,29%						
ROE (LL anual / PL)	4,95%	7,44%						

Figura 4.23 – Evolução do lucro e dos indicadores de rentabilidade.

Melhoria similar a essa pode ser obtida na sua empresa, trabalhando não apenas os itens mencionados nesse exemplo, mas todas as oportunidades exploradas no capítulo 4 e aquelas específicas da sua empresa.

Resumo do capítulo

Este capítulo trouxe quantidade significativa de conclusões e sugestões, que estão resumidas a seguir:

- O consumo da matéria-prima principal deve ser analisado em rendimento total, considerando a quantidade de entrada e a quantidade de saída como produto final. Fazendo as correções necessárias devido a alterações de umidade ou a outros fatores, podemos afirmar que a diferença entre a entrada e a saída é um desperdício que deve ser minimizado. O trabalho de reduzir o desperdício começa com a sua estratificação e medição nas várias etapas do processo produtivo.

- Um tipo específico de perda de matéria-prima que deve ser atacado é o *Given Weight*, que é a quantidade adicional de produto embalada e enviada ao cliente além do que foi especificado na venda e na embalagem. A calibração das balanças e dos demais instrumentos de medição é essencial para minimizar esse tipo de desperdício.

- Os insumos para fabricação do produto podem representar gastos muito relevantes no total de custos do produto final. Adicionalmente, as matérias-primas secundárias, presentes em pequenas quantidades no produto final, normalmente possuem preços superiores ao da matéria-prima principal. A utilização em excesso dos insumos e matérias-primas secundárias traz aumento de custo. No caso das matérias-primas secundárias, o uso em quantidades diferentes pode alterar as características do produto final além dos limites de especificação. Quando os limites de especificação mínimos não são atingidos, o produto pode ser rejeitado e o desperdício é grande. Quando os limites superiores de especificação são ultrapassados, é agregado um custo desnecessário ao produto.

- A energia é um dos insumos mais caros no processo produtivo e merece atenção especial qualquer que seja o tipo de energia envolvido. Os processos produtivos que contemplam energia térmica são especialmente sujeitos a perdas. O acompanhamento do consumo energético por unidade produzida é muito importante e deve ser feito na menor periodicidade possível. As possibilidades de alteração da matriz energética também devem ser analisadas com frequência.

- A análise da utilização da mão de obra pode ser feita por intermédio de indicadores do tipo "produção/(homem x hora)" para os funcionários que têm atividades relacionadas diretamente à produção. Outras análises são relacionadas ao balanceamento de profissionais nas linhas de produção e aos estudos de tempos e movimentos. Para os supervisores, devem-se analisar o "spam de controle" e as eventuais atribuições extras que tenham sido delegadas a eles.

- A gestão dos índices de reprocesso dos produtos é outra medida importante para reduzir custos. Quando um produto é reprocessado, parte da matéria-prima, da energia, dos insumos e da mão de obra utilizados no primeiro processamento é perdida. Além disso, o reprocesso ocupa as máquinas e, ou, operadores desnecessariamente, diminuindo a capacidade total de produção.

- Apesar de este livro ter foco maior na questão do consumo dos insumos do que no preço deles, este último não pode ser esquecido. As principais formas de reduzir o preço dos itens comprados para a produção (a matéria-prima principal, os insumos, a energia ou a mão de obra) são: (i) a negociação do valor dos itens comprados; (ii) a análise econômica das opções de fabricar internamente os insumos (primarizar) ou comprá-los de terceiros; (iii) a substituição de um item por outro que forneça as mesmas características ao produto final; e (iv) a análise do mix ótimo de insumos, no caso das formulações, usando ferramentas de programação linear.

- Os custos de transporte das matérias-primas, dos insumos e do produto final podem ser significativos e, por isso, também merecem a atenção dos gestores. A escolha dos modais de transporte mais adequados, as decisões sobre trabalhar com frota própria ou contratada, a busca incessante da máxima utilização dos veículos em todos os trajetos e a gestão dos custos da frota, especialmente manutenção e motoristas, além da gestão dos carregamentos e descarregamentos com vistas a evitar as multas relacionadas à *demurrage*, são os pontos principais que devem ser trabalhados.

- A localização de uma empresa deve ser definida levando-se em conta tanto fatores logísticos, como o custo do transporte, a disponibilidade de matéria-prima e a proximidade do mercado, quanto o preço da energia e da mão de obra e as diferenças de tributação entre estados e países. A diferença de tributos pode fazer uma localização pouco atrativa tornar-se muito atrativa e vice-versa.

Questões e Atividades

Questões

1) Cite três causas de perdas de matérias-primas.

2) A piscina do clube que você frequenta pode ser aquecida com gás natural (GN) ou com gás liquefeito de petróleo (GLP). O poder calorífico do GN é de 8.800 kcal/m³ e o do GLP, 11.100 kcal/kg. Em determinado mês, o preço do GN era R\$3,64/m³ e do GLP, R\$5,76/kg. Qual combustível o diretor do clube deve ter usado no mês em questão?

3) Cite uma análise útil para a redução do custo com mão de obra dos operadores e outra para a diminuição do custo com mão de obra dos supervisores.

4) Por que o reprocesso gera aumento do custo dos produtos?

5) De acordo com a Figura 4.15, quais são as quatro formas básicas de trabalhar o componente preço das matérias-primas e dos insumos?

Atividades

1) Baseando-se na Figura 4.7, construa um gráfico a ser utilizado em uma siderúrgica para acompanhamento do indicador de consumo do insumo "kg de liga de manganês / t de aço produzido", que varia com o mix de aços produzidos. No período de referência, 50% da produção era de um aço menos nobre (que consumia 5 kg de liga / t de aço) e 50% da produção era de um aço mais nobre (que consumia 10 kg de liga / t de aço), de forma que o consumo do período de referência era de 7,5 kg de liga / t de aço produzido. Para cada um dos cinco meses de acompanhamento seguintes, o mix de produção foi este: mês 1 (40% do aço menos nobre e 60% do aço mais nobre), mês 2 (60% do aço menos nobre e 40% do aço mais nobre), mês 3 (70% do aço menos nobre e 30% do aço mais nobre), mês 4 (30% do aço menos nobre e 70% do aço mais nobre) e mês 5 (50% do aço menos nobre e 50% do aço mais nobre). Inicialmente, calcule a referência de consumo em função do mix ("referência mix") para cada um dos meses. Em seguida, considere que um estudo mostrou que o desperdício de liga nesse processo é elevado e existe a possibilidade de, em cinco meses, reduzir em 10% o consumo de liga nos dois tipos de aço. Dessa forma, calcule a meta em função do mix ("meta-mix") de cada um dos meses, sendo a meta do primeiro mês 2% melhor do que a "referência-mix", a do segundo mês 4% melhor, a do terceiro 6% melhor, a do quarto 8% melhor e a do quinto 10% melhor. Depois, com os valores das "referências-mix" e das "metas-mix" mês a mês, trace as linhas de "referência-mix" e de "meta-mix" tal como mostrado na Figura 4.7. Por fim, complete o seu gráfico com a barra de consumo no período de referência (7,5 kg/t) e com as barras indicando os valores reais mês a mês.

2) Verifique o custo de transporte dos produtos finais da empresa onde você trabalha (seja ele próprio, seja terceirizado). Questione ao Departamento de Transporte se já foram feitos levantamentos de viabilidade econômica para alterar a estratégia de transporte (primarizar, terceirizar, alterar o modal, alterar o fornecedor, etc.). Em caso positivo, analise esses levantamentos e verifique se as conclusões e definições provenientes deles continuam válidas no momento atual.

CAPÍTULO 5

Aumento da receita por meio de melhorias operacionais

CAPÍTULO 5
Aumento da receita por meio de melhorias operacionais

Introdução

No capítulo 4 foi detalhada a questão da melhoria dos indicadores de custo, contemplando os de matéria-prima, dos demais insumos, da energia e da mão de obra, tanto em termos de consumo desses itens quanto de seu preço específico. Além disso, foi tratada a questão do reprocesso e dos gastos de transporte. Agora, neste capítulo, detalhamos como melhorar a receita de uma empresa trabalhando a sua operação (Figura 5.1).

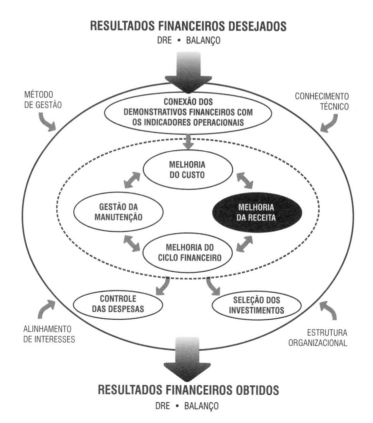

Figura 5.1 – Modelo de melhoria dos resultados financeiros por meio da gestão de operações, enfatizando a melhoria da receita.

Este capítulo está organizado em dois blocos. O primeiro trata do aumento da receita a partir do incremento do volume produzido e vendido. O segundo bloco aborda o aumento da receita com a melhoria do mix de produtos e com a diminuição dos descontos.

No primeiro bloco, os tópicos tratam do aproveitamento da capacidade produtiva da empresa, de como o seu setor de Planejamento e Controle da Produção (PCP) pode contribuir para a minimização das perdas de Efetividade Global dos Equipamentos (OEE – *Overall Equipment Effectiveness*), da importância dos estoques intermediários para resguardar de imprevistos que podem prejudicar a OEE e da redução das perdas de qualidade. Esses primeiros tópicos, portanto, tratam da questão do aumento do volume produzido e disponibilizado de bons produtos para venda.

O segundo bloco trata da contribuição da operação para a melhoria do preço dos produtos, trazendo à discussão a otimização do mix e os descontos oferecidos por causa de problemas de qualidade ou dos prazos de validade insuficientes.

O capítulo é concluído com um exemplo teórico de aplicação prática desses conceitos e com um resumo dos tópicos e conclusões. Não faz parte do escopo deste capítulo nem deste livro discutir os trabalhos de aumento de receita conduzidos por um Departamento Comercial, como a questão da precificação. O livro "O Poder da Excelência Comercial" (Godoy *et al.* 2020) orienta trabalhos de melhoria de receita por meio desses esforços específicos.

5.1 Trabalhando para o aumento do volume

Nos subtópicos seguintes, apresentamos brevemente um indicador utilizado em larga escala na indústria para medir o aproveitamento da capacidade produtiva da empresa, bem como os trabalhos que devem ser feitos para identificar e eliminar os desperdícios de produção.

5.1.1 Entendendo a OEE e suas perdas

A receita de uma empresa é diretamente proporcional à quantidade de produtos fabricados[67] e vendidos. E a quantidade de produtos fabricados é relacionada à capacidade nominal das máquinas e das linhas de produção.

Logo, um aspecto muito importante quando analisamos a quantidade de produtos fabricados é o real aproveitamento da capacidade nominal das máquinas e das linhas de produção. Muitas vezes, a produção real é bem inferior à capacidade nominal das máquinas, pois uma

---

67 Apesar de fazermos referência ao fornecimento de produtos, os conceitos apresentados neste capítulo podem, com alguma adaptação, ser utilizados também para o fornecimento de serviços.

CAPÍTULO 5 | AUMENTO DA RECEITA POR MEIO DE MELHORIAS OPERACIONAIS

série de ineficiências impacta negativamente a produção. Nos momentos em que a demanda por produtos está alta, a eventual ocorrência de baixa produção impede a obtenção de maior receita e melhor resultado financeiro. Assim, torna-se primordial identificar e eliminar essas ineficiências que impactam negativamente a produção.

Uma forma tradicional de medir a eficiência de um equipamento ou de uma linha de produção é pelo uso de um indicador denominado OEE (*Overall Equipment Effectiveness*, ou Efetividade Global do Equipamento)[68]. Esse indicador pode ser calculado de duas formas: (i) dividindo a produção real em determinado período pela produção esperada (considerando a capacidade nominal no mesmo intervalo de tempo); e (ii) realizando a multiplicação dos seus três componentes, que são a disponibilidade, o desempenho e a qualidade.

OEE = Disponibilidade do equipamento x Desempenho do equipamento x Qualidade.

Vejamos um caso em que, das 16 horas planejadas para a produção, ocorreram paradas devido à manutenção e ao *setup*, que totalizaram 1,6 hora, de forma que o equipamento esteve disponível apenas 14,4 horas; logo, a disponibilidade é de 14,4/16 = 90%. Das 14,4 horas disponíveis, foram perdidas 2,88 horas com pequenas paradas e reduções de velocidade; logo, o desempenho é 11,52/14,4 = 80%. E, das 11,52 horas efetivamente trabalhadas, em 0,576 hora foram produzidos produtos defeituosos; logo, a qualidade é 10,944/11,52 = 95%. Assim, neste exemplo, temos que:

OEE = Disponibilidade (90%) x Desempenho (80%) x Qualidade (95%) = 68,4%.

Chegaríamos a esse mesmo valor se verificássemos que o equipamento do exemplo tinha capacidade nominal para produzir 500 produtos nas 16 horas planejadas e, no final destas horas, teriam sido produzidos 342 produtos de acordo com a especificação.

OEE = Produção real no período / Produção nominal no período = 342/500 = 68,4%.

A medição da disponibilidade e da qualidade no dia a dia não apresenta grandes desafios, porém a medição do desempenho, quando não é feita automaticamente, se torna complexa, pois é impactada por pequenas paradas e por reduções de velocidade do equipamento, que são difíceis

---

68 O OEE foi apresentado, inicialmente, como um elemento central do *Total Productive Maintenance* (TPM) por Seiichi Nakajima. No final dos anos de 1980, seus livros foram traduzidos para o inglês, o que colaborou para a disseminação dos conceitos de TPM e de OEE no ocidente.

de medir. Dessa forma, muitas empresas calculam o desempenho como uma conta de chegada, para que o cálculo via multiplicação de disponibilidade, desempenho e qualidade coincida com o cálculo via divisão da produção real pela produção nominal (Figura 5.2).

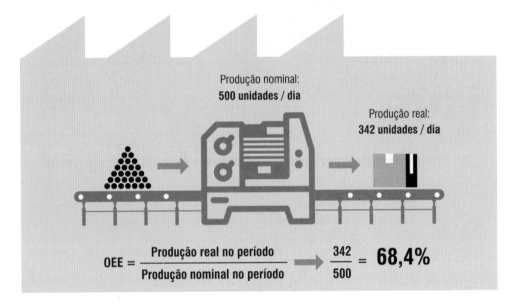

Figura 5.2 – Ilustração do cálculo da OEE.

Uma vez que, para aumentar a produção de um equipamento ou linha produtiva[69], temos que elevar o seu OEE, é primordial entender e atacar as perdas de disponibilidade dos equipamentos, de desempenho deles e de qualidade dos produtos.

As perdas de disponibilidade dos equipamentos por conta das paradas para manutenção são discutidas no capítulo 7. Já as perdas de disponibilidade relacionadas às paradas operacionais, às perdas de desempenho dos equipamentos e às perdas ocasionadas pela qualidade dos produtos são discutidas nos três tópicos seguintes deste capítulo[70].

---

69 Quando a produção é executada não apenas por um equipamento, mas por uma linha de produção ou por uma sequência de equipamentos, deve-se medir o OEE no equipamento gargalo, ou seja, naquele que tem a menor capacidade de produção, pois é ele que define a produção da linha.

70 Algumas empresas consideram as paradas operacionais (*setups*, falta de matéria-prima, entre outras) como perdas de desempenho em vez de considerá-las perdas de disponibilidade. Essa alternativa altera os valores da disponibilidade e do desempenho em relação ao cálculo tradicional, mas o valor do OEE é mantido, pois o aumento da disponibilidade é compensado pela redução do desempenho. A vantagem de considerar as paradas operacionais como perdas de desempenho é que a disponibilidade passa a ser impactada apenas por problemas de manutenção, de forma que o Departamento de Manutenção se torna responsável pelo indicador de disponibilidade como um todo. Ao mesmo tempo, o Departamento de Produção e o Planejamento e Controle da Produção (PCP) ficam focados nos indicadores de desempenho e qualidade.

CASO REAL

Uma fabricante de cerveja possuía demanda para os seus produtos alinhada à capacidade nominal da sua linha de envase. Porém, a produção real estava bem abaixo da produção nominal da linha, o que fazia que a receita e o lucro da empresa fossem menores do que os possíveis.

Uma equipe foi designada para realizar um trabalho de aumento do OEE da linha de produção mais crítica.

Ao analisar as perdas de OEE, verificou-se que a maior parte estava concentrada em problemas de manutenção e em paradas operacionais. O gargalo produtivo da linha era a enchedora, e uma parte de suas paradas era consequência de seus próprios problemas mecânicos e operacionais. Outra parte era causada pela impossibilidade da enchedora de continuar trabalhando, uma vez que outras máquinas da linha apresentavam problemas operacionais ou de manutenção. Entre essas outras máquinas, destacavam-se o inspetor eletrônico de garrafas e a encaixotadora. Dessa forma, todo o trabalho de melhoria foi focado nessas três máquinas: enchedora, inspetor eletrônico e encaixotadora.

O grupo de trabalho levantou o histórico detalhado das paradas e também informações qualitativas com os operadores e os técnicos da manutenção, a fim de identificar os problemas, suas causas e ações de bloqueio.

> Entre as várias causas de problemas atacadas, podemos citar: a limpeza deficiente dos sensores do inspetor eletrônico, a má regulagem do parafuso de entrada das garrafas na enchedora e a falta de ventosas reservas para a encaixotadora.
>
> A maioria das causas dos problemas, tanto operacionais quanto de manutenção, foi solucionada, e o reflexo positivo na OEE da linha de envase aconteceu logo após a implantação das ações.

5.1.2 Importância do PCP

O desempenho dos equipamentos é influenciado por reduções de velocidade e pequenas paradas. A disponibilidade dos equipamentos, além de ser influenciada por problemas de manutenção, é impactada negativamente por vários tipos de paradas operacionais, entre as quais podemos citar:

– Falta de matéria-prima ou de produto em processo;

– Falta de energia;

– Falta de operadores;

– *Setup*.

A ocorrência de muitos desses motivos de parada pode estar associada a deficiências do processo de Planejamento e Controle da Produção (PCP). É o PCP que faz o sequenciamento das ordens de produção[71] de forma a alcançar os objetivos da alta administração, os quais, normalmente, são a minimização dos atrasos de entrega e a máxima utilização da capacidade produtiva.

O PCP deve, então, realizar a programação da produção, tanto das máquinas gargalos[72] quanto das que alimentam ou recebem o produto dessa máquina, de forma que nunca faltem matéria-prima e, ou, operadores para a máquina gargalo. O PCP também trabalha para minimizar os *setups*, ou seja, as trocas frequentes de produtos que exigem ajustes e, consequentemente, a perda de tempo de produção, além de coordenar com a área de Planejamento e Controle da Manutenção (PCM) o calendário de paradas programadas para manutenção.

---

71 Outro motivo de parada operacional é o atraso do PCP, por deficiência dos seus processos internos de trabalho, na liberação de ordens de produção ou a não liberação de ordens para alguma máquina ou linha de produção.

72 A máquina-gargalo, em um processo produtivo, é o equipamento que possui a menor capacidade de produção em relação aos demais e à demanda de produção e, por isso, dita o ritmo da produção.

CAPÍTULO 5 | AUMENTO DA RECEITA POR MEIO DE MELHORIAS OPERACIONAIS

Alcançar todos esses objetivos não é tarefa fácil. Os profissionais do PCP utilizam técnicas e conceitos relacionados a políticas de fila, teoria das restrições e identificação dos insumos necessários aos produtos, para conseguir o sequenciamento adequado da produção. Em fábricas de pequeno porte, ainda é possível realizar esse trabalho de forma manual, apenas utilizando os conceitos mencionados anteriormente para tomada de decisões. No entanto, em fábricas de grande porte, é imprescindível a utilização de *softwares* que fazem esse sequenciamento da produção de forma a otimizar a variável desejada (por exemplo, a produção total ou os atrasos de entrega), utilizando os conceitos já mencionados. Nessa última situação, o trabalho dos profissionais da área de PCP fica focado na alimentação das necessidades de produção, das capacidades de cada máquina e dos tempos de produção de cada produto, além da análise dos resultados fornecidos pelo *software* e da execução de eventuais ajustes na alimentação dos dados de entrada.

Também vale mencionar que, independentemente da utilização de um *software* específico de sequenciamento da produção ou não, o importante é que exista uma área de PCP com profissionais capazes de tomar as decisões corretas. Grande parte das perdas de tempo ocasionadas por questões operacionais, o que leva a uma baixa disponibilidade, baixo desempenho, baixo OEE e, consequentemente, baixa produção, ocorre por causa de deficiências no processo de planejamento da produção. Esse planejamento bem executado possibilita ganhos de produção que, além de melhorarem os resultados financeiros daquele período, postergam ou evitam investimentos em compra de máquinas ou em contratação de mão de obra.

Por fim, não pode ser esquecida a função de controle da produção que, algumas vezes, fica em segundo plano, com o Departamento de PCP focado apenas no planejamento. O controle é importantíssimo para identificar se a produção planejada foi efetivamente realizada com as matérias-primas e no tempo planejado e, de acordo com as eventuais diferenças, realizar os ajustes adequados no planejamento do período seguinte, a fim de minimizar as consequências dessas diferenças.

CASO REAL

Em certa ocasião, fui designado para realizar um diagnóstico em uma empresa gráfica do Sul do Brasil, que produzia panfletos de supermercados, revistas, livros didáticos, entre outros produtos. O gargalo da produção era a área de impressão, onde várias máquinas imprimiam os textos e figuras no papel desejado pelo cliente. Frequentemente, as máquinas de impressão, mesmo as mais modernas, não produziam o máximo de sua capacidade especificada, apesar de existirem pedidos suficientes dos clientes e, consequentemente, muitos deles eram entregues com atraso. Esse problema gerava insatisfação dos clientes e faturamento mais baixo do que o desejado pela alta administração. Durante o diagnóstico, percebemos que a fábrica tinha crescido, mas a área de PCP não havia assumido o protagonismo necessário na tomada de decisão sobre o sequenciamento da produção e no tratamento das emergências. Ainda mais grave era o fato de a área de PCP ter assumido funções que não faziam parte do escopo original do departamento, o que impedia o foco total na melhoria do planejamento da produção. Como a empresa já possuía porte considerável, era imprescindível o suporte de um "software" para realizar esse planejamento, mas isso nunca havia sido cogitado.

A primeira providência tomada foi a formalização das atribuições do PCP, retirando dessa área as atividades que não eram da sua atribuição. Em seguida, foram redesenhados os processos de trabalho do PCP, de forma a torná-los mais eficientes. Por fim, foi escolhido e contratado um "software" especializado em sequenciamento de produção. Após a implantação dessas ações, a produção média mensal aumentou significativamente, e os atrasos de entrega foram praticamente eliminados.

Em algumas situações, a área de PCP possui objetivos específicos, além do aumento da produção e da diminuição de atrasos. Um desses intuitos pode ser, por exemplo, a redução do custo, que é obtida com sequenciamentos da produção que evitam o desperdício de matérias-primas e insumos ou o gasto elevado de energia ou de horas trabalhadas. Outro pode ser a conclusão, dentro da semana, de produtos nas quantidades adequadas para montar um *kit*, o qual será vendido de forma consolidada.

CASO REAL

Uma indústria têxtil de um país vizinho ao Brasil tinha grande perda financeira com as sobras de produção que eram vendidas a quilo, chamadas de "produtos sortidos".

O preço de venda destes era bem abaixo do valor dos "kits" de jogos de cama e também mais baixo do que o preço das peças vendidas avulsas que faziam parte do catálogo de produtos da empresa. O que causava o aumento do volume de mercadoria vendida como "produtos sortidos" era, principalmente, o descasamento da quantidade produzida de cada uma das quatro peças do "kit" de jogo de cama (um lençol de cima, um lençol de baixo e duas fronhas). Qualquer sobra de peças após os "kits" serem montados era vendida como "produto sortido". O diagnóstico da situação indicou que existiam problemas tanto no acompanhamento e reprogramação da produção quanto no planejamento do portfólio de produtos. Foram tomadas duas ações que minimizaram o problema. A primeira foi o estabelecimento de um acompanhamento mais rigoroso da produção, de forma que passou a ser feita, pelo PCP, uma reprogramação das quantidades de alguns itens dos jogos de cama quando era observado algum desvio na quantidade produzida de outro item. Essa ação reduziu mais de 70% do problema. A segunda foi a inserção, no catálogo de produtos avulsos, das mesmas peças que eram vendidas em jogos de cama. Dessa forma, quando ainda existiam peças descasadas, elas podiam ser vendidas como peças avulsas (com pequeno deságio), em vez de serem comercializadas a quilo como "produtos sortidos" (com grande deságio). Ao final da implantação das duas ações, 90% do problema foi eliminado.

5.1.3 Gestão dos estoques sob a perspectiva da OEE

Uma das causas da perda de OEE é a falta de material (matéria-prima ou material em processo) para alimentar a máquina, que é o gargalo da área de produção. É sabido que os estoques escondem ineficiências e representam capital imobilizado desnecessariamente. Porém, a falta de material para ser trabalhado no equipamento gargalo gera prejuízos ainda maiores, como a redução da produção e, eventualmente, o aumento do desperdício e do gasto de determinados insumos devido à interrupção do processo produtivo.

Na maioria das empresas, existe uma justificada pressão da área financeira para que se reduzam os estoques de matéria-prima e de produto em processo, pois eles, quando elevados, aumentam o ciclo financeiro, o que pode ocasionar despesas financeiras desnecessárias. Entretanto, essa decisão de redução dos estoques tem que ser tomada com uma visão não apenas do ciclo financeiro, mas também do processo produtivo, para evitar que os estoques insuficientes gerem as perdas citadas no parágrafo anterior. Analisando sob essas duas perspectivas, chegamos à conclusão de que o que deve ser evitado é o estoque de itens desnecessários ou em quantidades superestimadas. Os itens que garantem o abastecimento da máquina gargalo devem ter estoque suficiente para que se assegure o seu abastecimento.

Muitas vezes, a máquina gargalo trabalha com diferentes matérias-primas, que variam em função do produto que está sendo fabricado. Uma prática eficaz para garantir o abastecimento desse equipamento, sem que se aumente exageradamente o estoque, é escolher, entre as diversas matérias-primas utilizadas, apenas um ou dois tipos para serem abastecidos em momentos em que as demais estiverem em falta. A escolha das que terão o estoque mais alto deve ser feita em função do volume de vendas dos produtos elaborados com as diferentes matérias-primas. O caso a seguir ilustra essa situação.

CASO REAL

Uma confecção de uniformes tinha em seu processo produtivo uma máquina que realizava o corte do tecido plano e, em seguida, uma série de máquinas em paralelo que faziam a costura das peças. A que cortava o tecido plano era o gargalo da produção e a empresa estava com elevada demanda e trabalhando em três turnos para atender aos pedidos.

Os produtos fabricados eram uniformes de seis cores diferentes (branco, bege, azul, verde, cinza e marrom) com modelagem-padrão, que representavam 85% das vendas, ou com modelagem customizada para alguns clientes.

Para garantir o abastecimento da máquina de corte, não era necessário um grande volume de tecidos das seis cores em estoque. Uma vez que 60% dos uniformes vendidos eram azuis, decidiu-se manter um estoque um pouco mais elevado apenas do tecido azul. Em caso de falta dos tecidos de outras cores para cumprir ordens de produção específicas, era gerada uma ordem de produção para estoque (sem cliente previamente definido) de uniformes azuis na modelagem-padrão. Como esse produto possuía vendas elevadas, não se corria o risco dele ficar parado no estoque. Além disso, a máquina gargalo, assim como toda a confecção, não perdia tempo de produção.

Essa é uma prática que mostra que é possível usar os estoques de forma racional para garantir a continuidade produtiva sem aumentá-los exageradamente.

5.1.4 Eliminando as perdas por problemas de qualidade

Já mencionamos que a melhoria do OEE e o aumento da produção são alcançados por meio de trabalhos de melhoria da disponibilidade dos equipamentos; de melhoria de desempenho; e também por meio de trabalhos de melhoria da qualidade, a fim de evitar a fabricação de produtos defeituosos que não são vendidos e geram desperdícios e perdas de produção e de faturamento. Neste tópico, vamos discutir as formas de identificar e minimizar as perdas por problemas de qualidade.

A ocorrência de um problema de qualidade gera perda de OEE em duas situações:

- O produto é perdido, ocasionando desperdício dos materiais e dos insumos utilizados em sua fabricação e também impactando negativamente o OEE, pois esse produto ocupou tempo das máquinas, mas não gerou receita para a empresa.

- O produto é retrabalhado na própria máquina que o fabricou[73]. Nessa situação existe perda de OEE, uma vez que esse item ocupa a máquina duas vezes, mas é expedido como um "produto conforme" apenas na segunda vez. Soma-se a isso o fato de que, quando ele é reprocessado, o tempo para esse reprocessamento tende a ser maior do que o tempo do processamento original, inclusive porque o reprocesso na maioria das vezes não é um trabalho padronizado. Além da perda de OEE, podem ocorrer custos adicionais relacionados ao eventual uso adicional de mão de obra e insumos.

---

73 Quando o retrabalho é feito em uma área paralela, não existe perda de OEE da máquina principal, mas na maioria das vezes existe custo de mão de obra ou de insumos necessários para o retrabalho.

CAPÍTULO 5 | AUMENTO DA RECEITA POR MEIO DE MELHORIAS OPERACIONAIS

As duas situações, a de perda do produto e a de retrabalho, devem ser analisadas a fundo para que os problemas de qualidade sejam adequadamente identificados e eliminados[74].

Como não é possível atacar simultaneamente todos os tipos de problemas de qualidade, devem-se priorizar os problemas mais frequentes. Para isso, é preciso coletar os dados dos produtos defeituosos, classificando os problemas de acordo com uma lista de tipos de defeito. Informações adicionais, como turno ou máquina em que ocorreu o defeito, matéria-prima utilizada, entre outras, também devem ser coletadas, pois elas ajudarão na identificação das causas do problema.

Quando os principais tipos de defeito estiverem priorizados, a partir das informações adicionais coletadas se deve proceder à identificação de características específicas da ocorrência desses defeitos, para o levantamento das suas causas, a definição e implantação de ações para bloqueá-las e para o acompanhamento dos resultados[75].

---

74 Existe uma situação específica em que o problema de qualidade não gera perda de OEE. É quando o produto com defeito não é perdido nem é retrabalhado, mas é vendido com desconto. Nessa situação, não existe a perda de OEE, mas há a perda de receita. Essa situação é tratada em mais detalhes no tópico 5.2.2.

75 As empresas mais estruturadas possuem equipes de melhoria contínua que orientam esse trabalho de coleta de dados, levantamento de causas, definição de ações e acompanhamento de resultados, utilizando o método PDCA. No capítulo 10, descrevemos um pouco mais o uso deste método.

CASO REAL

A área de pintura de uma indústria automobilística[76] trabalhava intensamente para diminuir os defeitos de pintura nos veículos. Eles podiam gerar reprocesso completo na própria linha (repintura de toda a carroceria), o que gerava perda de OEE, pois a carroceria que estava sendo repintada ocupava o lugar de uma outra, ou podia gerar um reprocesso em uma área paralela à linha principal (retoque de pintura em uma parte específica da carroceria), que não gerava perda de OEE, mas, assim como a repintura, causava perdas de mão de obra e de insumos.

A empresa já possuía uma "lista de defeitos padrão" que era usada para classificá-los quando estes ocorriam e formar um banco de dados com os tipos mais frequentes nos últimos anos (que originavam tanto repintura quanto retoques). No entanto, os trabalhos para a redução dos problemas mais frequentes não vinham dando resultado, e os níveis de repintura e retoques continuavam elevados.

A equipe designada para o projeto de melhoria analisou os trabalhos anteriores que não obtiveram sucesso e verificou que eles tentavam atacar os problemas sem que

---

76 Este caso ocorreu na mesma indústria automobilística citada no caso real do capítulo 4.

estivessem adequadamente delimitados. Por exemplo, um dos defeitos era denominado "martelado" e se caracterizava como pequenas cavidades na superfície da pintura (como se uma pequena bolha tivesse estourado). Nas reuniões anteriores já haviam surgido dezenas de possíveis causas para esse defeito, mas as ações tomadas nunca deram resultado. Na verdade, o problema não estava focado o suficiente para fazer o levantamento de suas causas, quanto mais para definir ações de bloqueio. Algumas informações importantes sobre a ocorrência do problema (como a cor da carroceria, o fornecedor da tinta, a temperatura e umidade da cabine no momento da pintura) não estavam sendo utilizadas para entender as características da ocorrência do defeito, apesar de esses dados estarem disponíveis em sistemas da produção ou da engenharia de processos.

Os profissionais da equipe de melhoria realizaram análises com os dados adicionais e identificaram que o defeito "martelado" ocorria prioritariamente na cor branco-pérola quando esta era fornecida por determinado fabricante. Com o problema mais focado (martelado nas carrocerias branco-pérola do fornecedor de tintas "x") foi mais fácil para as equipes de operações e de engenharia de processos identificarem as causas (relacionadas a propriedades da tinta e a parâmetros de aplicação) e tomar as ações corretivas necessárias.

Atuando dessa forma, ou seja, coletando dados detalhados, focando o problema específico antes de atacá-lo e agregando conhecimento técnico dos especialistas da empresa, tanto o problema "martelado" da cor branco-pérola quanto vários outros foram minimizados.

5.2 Melhoria do preço via otimização do mix e redução dos descontos

Na primeira parte deste capítulo, tratamos a questão da elevação da receita de uma empresa a partir do aumento do volume produzido e vendido. Nesta parte, abordaremos o incremento da receita via melhoria do *mix* de produtos e do preço destes.

O subtópico 5.2.1 trabalha as questões relacionadas à melhoria do *mix* de produtos, e o subtópico 5.2.2 enfatiza como os elevados níveis de qualidade contribuem diretamente para a redução dos descontos e, indiretamente, para a melhoria do preço efetivo dos produtos[77].

---

77 Conforme já mencionado anteriormente, os trabalhos executados pelo Departamento Comercial para aumentar o preço dos produtos, como as técnicas de precificação e as políticas de comissionamento, não fazem parte do escopo deste livro.

5.2.1 Melhorando o mix

Toda empresa possui um limite na sua capacidade de produção, e nos tópicos anteriores discutimos muito sobre as formas de trabalhar para reduzir as perdas de capacidade, aproveitando esta ao máximo, a fim de contribuir para a geração de receita para a organização.

Quando a capacidade de produção de uma empresa, ou de uma linha específica, já foi alcançada, a forma de melhorar a receita e a margem de contribuição[78] é por meio da melhoria do *mix* de produtos fabricados. Vale ressaltar que esses trabalhos de melhoria de *mix* podem ser feitos também em situações em que a capacidade produtiva máxima ainda não foi alcançada. Em algumas situações, a capacidade das máquinas não é a restrição, mas, sim, a disponibilidade de mão de obra, de energia ou de matéria-prima. A otimização do *mix* deve ser feita de forma que se definam os produtos a serem produzidos que trarão maior margem de contribuição à empresa, levando-se em conta as restrições existentes.

Vamos a um primeiro exemplo, que tem como restrição a capacidade de uma linha produtiva. Essa linha pode produzir os produtos A e B, e ambos usam o mesmo tempo da linha para que se produza uma caixa de cada um deles. O produto A possui margem de contribuição duas vezes maior do que o produto B, mas a sua demanda de mercado é suficiente para ocupar apenas 40% do tempo da linha, e o produto B tem demanda para ocupar 120% da linha. A solução desse problema é bastante simples, com o produto B ocupando apenas 60% do tempo da linha e deixando os outros 40% do tempo para serem ocupados com o produto A, que possui maior margem. Esse problema simples com uma linha de produção e dois produtos se torna mais complexo quando é expandido para cinco linhas capazes de fazer 30 produtos, cujas demanda e margem podem variar em função das variações do preço de venda. Nesses casos, deve-se partir para o uso de *softwares* com ferramentas de programação linear que realizam os cálculos para se chegar ao *mix* ótimo.

Nas situações em que não se têm disponíveis um *software* e profissionais específicos que trabalhem na solução desse problema de *mix*, pode-se tentar simplificar e dividir o problema grande em vários menores, os quais são resolvidos intuitivamente ou por meio de cálculos simples. Por exemplo, pode-se considerar que cada uma das cinco linhas vai fabricar apenas seis produtos, que eles não poderão ser fabricados em mais de uma linha e que os preços e margens de cada um deles não variam. Essa simplificação não levará ao resultado ótimo, mas provavelmente será obtido um bom resultado.

Outra situação é a definição do *mix* quando a restrição é a quantidade de matéria-prima disponível. Vamos considerar como exemplo o caso de um frigorífico com capacidade de abate de

---

78 De acordo com Barros (2016), a margem de contribuição é o valor, ou percentual em relação à receita, que sobra da receita líquida menos o custo variável e as despesas variáveis. Pode ser calculado por produto para avaliação do *mix* de vendas.

CAPÍTULO 5 | AUMENTO DA RECEITA POR MEIO DE MELHORIAS OPERACIONAIS

1.000 suínos/dia, mas cujos suinocultores associados conseguem entregar apenas 800 animais por dia. A partir de cada suíno podem ser fabricados vários produtos, como peças inteiras, lombo temperado, linguiças, bacon inteiro ou em fatias, etc. A otimização do *mix* neste caso deve considerar não apenas as questões relacionadas à linha de produção, uma vez que ela está ociosa, mas, sim, à restrição de 800 suínos por dia, à demanda e ao preço de cada produto final. O *mix* ótimo de produtos finais é aquele que dará a maior margem de contribuição para o frigorífico[79].

Da mesma forma que apresentamos exemplos de definição de *mix* nas situações em que existem restrições de capacidade produtiva e de matéria-prima, há situações em que as restrições são outras, a exemplo da disponibilidade de mão de obra ou de energia. Quaisquer que sejam elas, a lógica de raciocínio é a mesma apresentada nos dois exemplos anteriores. Por fim, vale mencionar que a área de operações também deve trabalhar para eliminar ou reduzir as diversas restrições (sejam elas de capacidade produtiva, matérias-primas, energia ou mão de obra), de forma que o *mix* ótimo se aproxime cada vez mais do ideal.

5.2.2 Reduzindo os descontos por meio da gestão da qualidade e do prazo de validade

Um grande causador das perdas de receita de uma empresa são os descontos concedidos no preço das mercadorias. Dois tipos, que possuem muita relação com a área operacional da empresa (e, por isso, são discutidos neste tópico). São os descontos oriundos de problemas de qualidade dos produtos e aqueles relacionados ao seu pequeno prazo de validade.

Os problemas de qualidade do produto podem gerar, além dos desperdícios e perdas de OEE, tal como mencionado no tópico 5.1.4, descontos nas vendas dos produtos que estão ligeiramente fora das especificações, chamados comumente de "LD – Leves Defeitos" ou de "2ª qualidade".

Muitas vezes não é viável técnica ou economicamente reprocessar o produto com determinado defeito e, ao mesmo tempo, o mercado aceita comprá-lo, desde que seja oferecido com desconto. A ocorrência desses produtos de 2ª qualidade deve ser analisada e atacada seguindo os mesmos conceitos que apresentamos no tópico 5.1.4, quando discutimos os produtos que são perdidos ou reprocessados por causa de problemas de qualidade e que geram perdas de OEE.

---

79 Um cuidado que deve ser tomado nesse tipo de situação é que alguns produtos, apesar de apresentarem pouca margem, devem fazer parte do *mix* por exigência dos clientes. No caso do frigorífico, pode ser que o produto "pernil congelado" apresente margem muito baixa, mas os supermercados clientes podem exigir a sua entrega para comprarem os demais produtos com maior margem.

Também são oferecidos descontos quando os produtos vendidos possuem determinado prazo de validade e parte significativa desse prazo já foi consumida antes de a mercadoria chegar ao cliente. Esses produtos passam a ser aceitos pelos atacadistas, varejistas ou clientes finais somente se forem oferecidos com desconto. As causas da perda de parte significativa do prazo de validade quando o produto ainda não foi vendido são relacionadas, principalmente, a deficiências na previsão de demanda, produção em quantidades excessivas e deficiências no controle de estoque. Todas elas também podem ser atacadas com o uso da metodologia PDCA de solução de problemas, a qual será apresentada no capítulo 10.

CASO REAL

Toda pessoa que frequenta supermercado já percebeu que em algumas ocasiões determinados produtos lácteos estão com o preço muito abaixo do normal, com indicação explícita de que o seu prazo de validade remanescente é pequeno. Esse desconto e a perda de receita são apenas a ponta de um problema que começa em uma previsão de vendas errada ou em uma compra equivocadamente superestimada por parte do supermercado. Algumas vezes, esse erro acontece na indústria de laticínios, que, ao perceber os produtos em estoque com prazo de vencimento próximo, os repassa para o supermercado com preço bem abaixo do normal. Nesse caso, o prejuízo é da indústria. O mesmo fenômeno ocorre com outros produtos, como carne "in natura", remédios e até com vestuário de moda. Neste último caso, não existe prazo de validade regulamentado, mas as empresas desse segmento têm como grande desafio prever adequadamente a demanda e fabricar apenas o que vai ser vendido durante dada estação, pois após o lançamento da nova coleção os produtos da coleção passada precisam de descontos para serem vendidos.

Durante meus trabalhos de consultoria, eu presenciei esse problema em um frigorífico, que dava descontos frequentes devido ao prazo de validade insuficiente de seus produtos. Nesse caso, o problema foi minimizado melhorando os processos de previsão de demanda, planejamento da produção e gerenciamento do estoque.

5.3 Nota sobre a modernização do parque industrial

Os problemas relatados neste capítulo para aumentar a produção, seja mediante a melhoria da disponibilidade, do desempenho ou da qualidade; ou para melhorar o preço dos produtos vendidos, seja por meio da melhoria do *mix* ou da redução dos descontos, possuem, em sua maioria, uma característica em comum: eles podem ser minimizados com a utilização de equipamentos mais modernos e também com melhor fluxo de informações na empresa, desde a previsão de demanda até a entrega dos produtos.

Novas tecnologias e facilidades de comunicação são constantemente agregadas ao projeto das equipamentos e sistemas, o que permite o desenvolvimento de gerações cada vez mais avançadas de máquinas, linhas produtivas e ferramentas de acompanhamento da produção e das vendas. Cada uma dessas inovações contribui um pouco mais para o aumento do OEE dos equipamentos gargalos, para a otimização do *mix* de produtos e para a redução dos problemas de qualidade e de gestão de estoques. Os fabricantes de equipamentos e sistemas de informação têm oferecido evoluções em seus produtos de forma cada vez mais frequente para as empresas industriais. Entretanto, a aquisição ou não deles continuará sendo uma decisão econômica e só será justificada se as funcionalidades oferecidas resolverem problemas que realmente são relevantes para a situação atual de determinada empresa. Em outras palavras, não fará sentido investir em equipamentos que fornecem produtos com nível mais elevado de qualidade do que os atuais, se ela não é um empecilho para o aumento de vendas e nem gera perdas de qualquer tipo para a empresa. Contudo, um sistema que permite a reprogramação das linhas produtivas e da compra de insumos baseado em informações da venda real dos produtos para o consumidor final fará todo o sentido para uma empresa que sofre com a obsolescência de artigos de moda no fim de cada coleção[80]. Os equipamentos e sistemas mais modernos devem ser vistos como opções de investimento durante o processo natural de renovação do parque industrial de uma empresa que leva em consideração a sua estratégia em médio e longo prazos e não como um objetivo fim por si só.

5.4 Exemplo completo – parte 4/9
Um guia de trabalho para você e sua empresa

Tendo adquirido os conhecimentos necessários para o aumento da receita por meio das melhorias operacionais, a administração do "Laticínio Silva e Filhos" começou a trabalhar neste assunto.

As linhas do DRE e as respectivas equações da Figura 3.10 aqui trabalhadas são a receita dos produtos e o custo da matéria-prima (leite), dos insumos e das embalagens. A Figura 5.3 reapresenta as equações relacionadas a cada uma dessas linhas do DRE, destacando-se com bordas grossas os componentes trabalhados de cada equação.

---

80 Nesse tipo de empresa, a produção tem que se aproximar o máximo possível da venda dentro da estação atual, para que não sejam geradas sobras de produtos no final da estação, pois estes terão que ser vendidos posteriormente com grandes descontos por serem de uma "coleção passada".

CAPÍTULO 5 | AUMENTO DA RECEITA POR MEIO DE MELHORIAS OPERACIONAIS

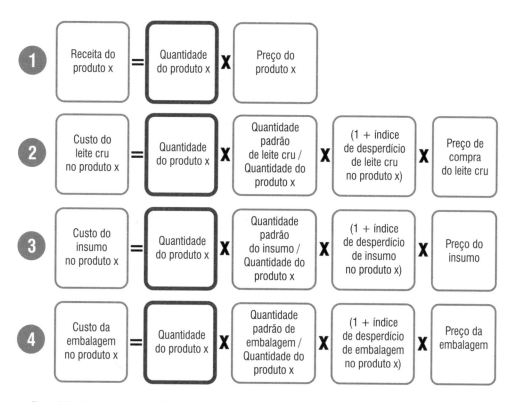

Figura 5.3 - Componente de quantidade trabalhado nas equações de receita e seu impacto nas equações de custo.

As áreas de PCP e de produção do laticínio fizeram um trabalho para evitar que o iogurte continuasse a ser rejeitado no momento da entrega aos supermercados pelo fato de parte significativa do seu prazo de validade já ter decorrido, o que gerava perda de receita. Esse trabalho foi focado no melhor planejamento da produção e dos estoques e possibilitou aumento da venda e da receita do iogurte em 2,3%.

Além disso, as áreas de produção e vendas alteraram o *mix* de produtos fabricados e vendidos, sem aumento do total de leite processado. Isso foi possível por meio do direcionamento do volume de leite, que deixou de ser desperdiçado em várias partes do processo (ver parte 3/9 deste exemplo no capítulo 4), para o doce de leite[81], de maior margem. Paralelamente, 0,78% do volume que era designado para o leite vitaminado, de menor margem, também passou a ser direcionado para o doce de leite, de margem maior. Essas duas ações simultâneas aumentaram o

---

81 Para facilidade de entendimento, a redução dos desperdícios de matéria-prima que ocorreu no mês anterior só foi convertida em aumento de produção no mês atual. Nas empresas reais que possuem demanda suficiente, todo o desperdício é convertido em aumento de produção imediatamente. Nesse exemplo, isso aumentaria a quantidade de cálculos no DRE de uma só vez, prejudicando o entendimento.

volume de leite direcionado para o doce de leite em 5,93%[82], incrementando as suas vendas e o preço médio dos produtos vendidos[83]. Essa alteração no *mix* de produção obviamente levou a uma mudança nas quantidades de leite direcionadas para cada produto e certamente das quantidades de insumos e embalagens necessários para cada produto[84]. Como consequência indireta de todas essas melhorias, o valor pago de comissões de vendas aumentou em 1,87%, a receita financeira aumentou em 47,27% (devido ao aumento do caixa) e o valor absoluto do imposto de renda e da contribuição social aumentou em 59,21% (devido ao aumento do lucro antes dos impostos). Todas essas melhorias levaram a um impacto no lucro líquido, tal como pode ser visto na Figura 5.4.

	Demonstrativo de Resultado do Exercício - DRE	Mês 0	Mês 1	Variação	Mês 2
1	Receita Líquida	R$ 3.280.000,00	R$ 3.280.000,00		R$ 3.341.220,28
1.1	Receita do Leite Vitaminado	R$ 874.120,00	R$ 874.120,00	- 0,78%	R$ 867.267,56
1.2	Receita do Doce de Leite	R$ 870.840,00	R$ 870.840,00	5,93%	R$ 922.466,81
1.3	Receita do Iogurte	R$ 715.040,00	R$ 715.040,00	2,30%	R$ 731.485,92
1.4	Receita do Queijo	R$ 518.240,00	R$ 518.240,00		R$ 518.240,00
1.5	Receita do Requeijão	R$ 301.760,00	R$ 301.760,00		R$ 301.760,00
2	Custo dos Produtos Vendidos	- R$ 2.796.918,76	- R$ 2.775.745,39		- R$ 2.797.686,05
2.1	Leite	- R$ 1.889.755,60	- R$ 1.877.776,56		- R$ 1.889.755,60
2.1.1	Leite cru para o Leite Vitaminado	- R$ 769.225,60	- R$ 765.379,47	- 0,78%	- R$ 759.379,47
2.1.2	Leite cru para o Doce de Leite	- R$ 304.794,00	- R$ 303.270,03	5,93%	- R$ 321.249,07
2.1.3	Leite cru para o Iogurte	- R$ 300.316,80	- R$ 299.115,53		- R$ 299.115,53
2.1.4	Leite cru para o Queijo	- R$ 388.680,00	- R$ 384.793,20		- R$ 384.793,20
2.1.5	Leite cru para o Requeijão	- R$ 126.739,20	- R$ 125.218,33		- R$ 125.218,33
2.2	Insumos	- R$ 255.633,36	- R$ 253.547,28		- R$ 259.673,97
2.2.1	Insumo para o Leite Vitaminado	- R$ 8.741,20	- R$ 8.741,20	- 0,78%	- R$ 8.672,68

(continua)

---

82 5,93% é o aumento em relação ao volume de leite cru que era direcionado para o doce de leite no mês anterior. Já a redução de 0,78% do leite cru direcionado para o leite vitaminado foi em relação ao consumo de leite cru destinado ao leite vitaminado no mês anterior, ou seja, as referências são diferentes. Da mesma forma, as reduções de desperdício do mês anterior foram em relação ao consumo de cada um dos produtos. Por isso, a soma dos percentuais não chega a 5,93%, mas, quando são considerados os volumes absolutos de leite, certifica-se de que o aumento do leite cru destinado ao doce de leite foi de 5,93%.

83 Desejava-se uma transferência maior do que os 0,78% do volume de leite cru destinado ao leite vitaminado para o doce de leite, mas a capacidade da linha de envase deste doce não suportava volume adicional, pois estavam ocorrendo muitas perdas de Efetividade Global do Equipamento (OEE) em razão de problemas de manutenção.

84 Para fins de simplificação do exemplo, consideramos que a alteração no mix de produtos finais causa impacto apenas nos custos de matéria-prima (leite), insumos e embalagens, não afetando outros custos ou despesas da empresa.

CAPÍTULO 5 | AUMENTO DA RECEITA POR MEIO DE MELHORIAS OPERACIONAIS

Demonstrativo de Resultado do Exercício - DRE		Mês 0	Mês 1	Variação	Mês 2
2.2.2	Insumo para o Doce de Leite	- R$ 104.500,80	- R$ 104.500,80	5,93%	- R$ 110.696,02
2.2.3	Insumo para o Iogurte	- R$ 78.654,40	- R$ 77.081,31		- R$ 77.081,31
2.2.4	Insumo para o Queijo	- R$ 12.437,76	- R$ 12.437,76		- R$ 12.437,76
2.2.5	Insumo para o Requeijão	- R$ 51.299,20	- R$ 50.786,21		- R$ 50.786,21
2.3	Embalagens	- R$ 197.529,80	- R$ 194.921,54		- R$ 198.756,47
2.3.1	Embalagens para o Leite Vitaminado	- R$ 21.853,00	- R$ 21.853,00	- 0,78%	- R$ 21.681,69
2.3.2	Embalagens para o Doce de Leite	- R$ 69.667,20	- R$ 67.577,18	5,93%	- R$ 71.583,42
2.3.3	Embalagens para o Iogurte	- R$ 71.504,00	- R$ 71.504,00		- R$ 71.504,00
2.3.4	Embalagens para o Queijo	- R$ 10.364,80	- R$ 9.846,56		- R$ 9.846,56
2.3.5	Embalagens para o Requeijão	- R$ 24.140,80	- R$ 24.140,80		- R$ 24.140,80
2.4	Pessoal de operação e manutenção	- R$ 258.000,00	- R$ 258.000,00		- R$ 258.000,00
2.4.1	Pessoal de operação	- R$ 240.000,00	- R$ 240.000,00		- R$ 240.000,00
2.4.2	Pessoal de manutenção	- R$ 18.000,00	- R$ 18.000,00		- R$ 18.000,00
2.5	Peças e serviços de manutenção	- R$ 45.000,00	- R$ 45.000,00		- R$ 45.000,00
2.6	Transporte de matéria-prima e insumos	- R$ 36.000,00	- R$ 34.000,00		- R$ 34.000,00
2.6.1	Fretes	- R$ 12.000,00	- R$ 18.000,00		- R$ 18.000,00
2.6.2	Frota própria	- R$ 24.000,00	- R$ 16.000,00		- R$ 16.000,00
2.7	Energia elétrica	- R$ 50.000,00	- R$ 50.000,00		- R$ 50.000,00
2.8	Energia térmica	- R$ 25.000,00	- R$ 22.500,00		- R$ 22.500,00
2.9	Outros custos	- R$ 40.000,00	- R$ 40.000,00		- R$ 40.000,00
3	Lucro Bruto	R$ 483.081,24	R$ 504.254,61		R$ 543.534,24
4	Despesas Gerais, Adm e de Vendas	- R$ 388.200,00	- R$ 388.200,00		- R$ 390.036,61
4.1	Pessoal adm e de vendas	- R$ 198.000,00	- R$ 198.000,00		- R$ 198.000,00
4.1.1	Pessoal adm	- R$ 162.000,00	- R$ 162.000,00		- R$ 162.000,00
4.1.2	Pessoal de vendas - fixo	- R$ 36.000,00	- R$ 36.000,00		- R$ 36.000,00
4.2	Comissões de vendas	- R$ 98.400,00	- R$ 98.400,00	1,87%	- R$ 100.236,61
4.3	Telefonia	- R$ 4.800,00	- R$ 4.800,00		- R$ 4.800,00
4.4	Segurança	- R$ 50.000,00	- R$ 50.000,00		- R$ 50.000,00
4.5	Limpeza	- R$ 16.000,00	- R$ 16.000,00		- R$ 16.000,00
4.6	Outras despesas	- R$ 21.000,00	- R$ 21.000,00		- R$ 21.000,00
5	EBITDA	R$ 94.881,24	R$ 116.054,61		R$ 153.497,63

(continua)

(conclusão)

	Demonstrativo de Resultado do Exercício - DRE	Mês 0	Mês 1	Variação	Mês 2
6	Depreciação / Amortização	- R$ 53.333,33	- R$ 53.333,33		- R$ 53.333,33
7	EBIT	R$ 41.547,91	R$ 62.721,28		R$ 100.164,30
8	Resultado financeiro	R$ 1.600,00	R$ 2.557,65	47,27%	R$ 3.766,53
9	Lucro Antes dos Impostos	R$ 43.147,91	R$ 65.278,92		R$ 103.930,83
10	Imposto de renda / Contrib. social	- R$ 15.101,77	- R$ 22.847,62	59,21%	- R$ 36.375,79
11	Lucro Líquido	R$ 28.046,14	R$ 42.431,30		R$ 67.555,04

Figura 5.4 – Melhoria conseguida no DRE a partir das melhorias de receita implantadas.

O reflexo das melhorias operacionais no balanço patrimonial pode ser visto nos valores destacados na Figura 5.5. No ativo ocorreu aumento do caixa devido ao lucro acrescido da depreciação no período, além do incremento no valor absoluto da depreciação acumulada. No passivo acontece o aumento das reservas de lucro e, consequentemente, do patrimônio líquido[85].

	Ativo	Mês 0	Mês 1	Mês 2
1	Ativo Circulante	R$ 2.960.000,00	R$ 3.055.764,63	R$ 3.176.653,00
1.1	Caixa e disponibilidades	R$ 800.000,00	R$ 895.764,63	R$ 1.016.653,00
1.2	Estoques	R$ 1.200.000,00	R$ 1.200.000,00	R$ 1.200.000,00
1.3	Clientes	R$ 960.000,00	R$ 960.000,00	R$ 960.000,00
2	Realizável em Longo Prazo	R$ 240.000,00	R$ 240.000,00	R$ 240.000,00
3	Ativo Permanente	R$ 6.580.000,00	R$ 6.526.666,67	R$ 6.473.333,33
3.1	Máquinas e equipamentos	R$ 4.000.000,00	R$ 4.000.000,00	R$ 4.000.000,00
3.2	Imóveis	R$ 3.600.000,00	R$ 3.600.000,00	R$ 3.600.000,00
3.3	Veículos	R$ 480.000,00	R$ 480.000,00	R$ 480.000,00
3.4	Depreciação acumulada	- R$ 1.500.000,00	- R$ 1.553.333,33	- R$ 1.606.666,67
4	Total do Ativo	R$ 9.780.000,00	R$ 9.822.431,30	R$ 9.889.986,34

85 Para fins didáticos, consideramos que entre estes dois períodos não ocorreu alteração nos prazos de pagamento, recebimento ou estocagem nem de movimentações relacionadas aos investimentos e financiamentos. Também, não foram consideradas no balanço as eventuais variações nas contas de fornecedores e clientes.

CAPÍTULO 5 | AUMENTO DA RECEITA POR MEIO DE MELHORIAS OPERACIONAIS

	Passivo	Mês 0	Mês 1	Mês 2
1	Passivo Circulante	R$ 2.340.000,00	R$ 2.340.000,00	R$ 2.340.000,00
1.1	Fornecedores	R$ 1.740.000,00	R$ 1.740.000,00	R$ 1.740.000,00
1.2	Salários a pagar	R$ 460.000,00	R$ 460.000,00	R$ 460.000,00
1.3	Impostos a pagar	R$ 140.000,00	R$ 140.000,00	R$ 140.000,00
2	Exigível em Longo Prazo	R$ 640.000,00	R$ 640.000,00	R$ 640.000,00
2.1	Emprestimo banco A	R$ 400.000,00	R$ 400.000,00	R$ 400.000,00
2.2	Emprestimo banco B	R$ 240.000,00	R$ 240.000,00	R$ 240.000,00
3	Patrimônio Líquido	R$ 6.800.000,00	R$ 6.842.431,30	R$ 6.909.986,34
3.1	Capital social	R$ 5.600.000,00	R$ 5.600.000,00	R$ 5.600.000,00
3.2	Reservas de lucro	R$ 1.200.000,00	R$ 1.242.431,30	R$ 1.309.986,34
4	Total do Passivo	R$ 9.780.000,00	R$ 9.822.431,30	R$ 9.889.986,34

Figura 5.5 – Melhorias operacionais refletidas no Balanço Patrimonial.

A melhora obtida pode ser verificada pelos indicadores de rentabilidade, Margem Líquida e ROE.

Indicador	Mês 0	Mês 1	Mês 2	Mês 3	Mês 4	Mês 5	Mês 6	Mês 7
Lucro Líquido do mês	R$ 28.046,14	R$ 42.431,30	R$ 67.555,04					
Margem Líquida (LL / Rec. Liq)	0,86%	1,29%	2,02%					
ROE (LL anual / PL)	4,95%	7,44%	11,73%					

Figura 5.6 – Evolução do lucro e dos indicadores de rentabilidade.

Uma melhoria similar a essa pode ser obtida na sua empresa trabalhando não apenas os itens mencionados nesse exemplo, mas todas as oportunidades exploradas no capítulo 5 e em oportunidades específicas da sua organização.

Resumo do capítulo

Este capítulo apresentou uma visão geral de como se pode aumentar a receita de uma empresa trabalhando adequadamente a gestão das operações. Foram enfatizados os seguintes pontos:

- O principal indicador que deve ser acompanhado para identificar as possibilidades de aumento de produção é a OEE dos equipamentos gargalos. Por meio desse indicador é possível identificar as perdas de volume produzido devido às paradas de operação (inclui *setups*, falta de insumos, etc.), às paradas de manutenção, às perdas de velocidade da máquina e às perdas relacionadas à qualidade dos produtos. Uma vez identificadas as mais relevantes, elas devem ser atacadas com metodologias específicas.

- O Setor de Planejamento e Controle da Produção (PCP) pode contribuir muito tanto para a redução das perdas de OEE relacionadas a *setups*, paradas programadas de manutenção (negociadas com o Planejamento e Controle da Manutenção - PCM) e demais paradas operacionais quanto para a redução de desperdícios dos insumos (incluindo matéria-prima) e energia, pois o sequenciamento da produção escolhido pode influenciar esses desperdícios.

- Apesar de os estoques, inclusive os intermediários, serem vistos como um "esconderijo de ineficiências" e um "capital mal empregado", eles têm função importante em dadas situações. Determinados estoques em posições específicas do processo produtivo garantem a continuidade operacional das máquinas gargalos, evitando perdas de OEE das linhas.

- O não alcance do nível de qualidade especificado para os produtos gera perdas relevantes para a empresa, uma vez que os rejeitados ou retrabalhados ocupam as máquinas e não geram a receita esperada. A gestão das operações deve estar atenta aos tipos de perdas de qualidade existentes e ao bloqueio das causas dessas perdas.

- O *mix* ideal de produtos ofertados por uma empresa é aquele que dá a maior margem de contribuição em termos absolutos. Obviamente existem restrições de capacidade produtiva, disponibilidade de matéria-prima, demanda dos produtos e outras que impedem que um *mix* ideal seja efetivamente produzido. A gestão das operações deve trabalhar tanto para identificar o *mix* ótimo, tendo em vista as restrições existentes, quanto para minimizar as restrições, de forma que esse *mix* ótimo se aproxime do ideal.

- Os descontos dados aos clientes prejudicam a receita da empresa e, em algumas situações, são relacionados com deficiências operacionais. Os problemas de qualidade podem fazer que os produtos sejam classificados como de "2ª qualidade" e oferecidos com descontos aos clientes. Produtos perecíveis que não foram vendidos após ter decorrida uma parte relevante do seu período de validade também são oferecidos com descontos. Esses dois tipos de problemas, 2ª qualidade e prazo de validade, também devem ser monitorados no dia a dia pelas gerências operacionais da empresa. O método de solução de problemas PDCA pode ajudar muito na identificação das causas desses problemas e na sua eliminação.

- As novas tecnologias disponíveis para garantir maior produção, mais qualidade e as quantidades desejadas pelos clientes têm sido ofertadas pelos fabricantes de equipamentos e sistemas para as empresas industriais de forma cada vez mais intensa. No entanto, a decisão sobre o nível de tecnologia que se deve utilizar em cada empresa continuará sendo uma decisão econômica, levando em conta os valores envolvidos nos novos equipamentos, os benefícios reais destes e a estratégia da empresa para o médio e o longo prazo.

Questões e Atividades

Questões

1) Considere um equipamento que está planejado para produzir durante 20 horas por dia. Dessas 20 horas, essa máquina esteve disponível apenas 17 horas, das quais foi perdida 1,7 hora devido a pequenas paradas e reduções de velocidade. Das 15,3 horas remanescentes e efetivamente trabalhadas, em 1,3 hora foram produzidos produtos defeituosos. Calcule a disponibilidade do equipamento, o desempenho dele, o índice de qualidade e a OEE. Considerando que esse equipamento possui capacidade nominal para produzir 300 unidades nas 20 horas planejadas de produção e que foram fabricados 210 produtos bons nessas 20 horas, calcule a OEE como a produção real no período / produção nominal no período.

2) O que é uma máquina gargalo em um processo produtivo?

3) Por que um problema de qualidade em que o produto é perdido gera perda de OEE?

4) Cite dois problemas relacionados à gestão de operações que podem obrigar a empresa a dar descontos no preço de venda dos produtos finais.

Atividades

1) Calcule o OEE do último mês relativo à máquina ou linha produtiva principal da empresa onde você trabalha.

2) Entreviste os profissionais de PCP da sua empresa e identifique com eles qual é o principal objetivo que buscam quando fazem o sequenciamento das ordens de produção. (p. ex.: aumento de disponibilidade e desempenho das máquinas, redução das ordens entregues com atraso, etc.). Discuta quais são as dificuldades que eles encontram para alcançar esse objetivo. Verifique se são utilizados *softwares* específicos para realizar esse sequenciamento e quais são as informações que esses profissionais inserem no *software* para que ele execute o sequenciamento.

CAPÍTULO 6

Melhorando o ciclo financeiro

CAPÍTULO 6
Melhorando o ciclo financeiro

Introdução

No capítulo anterior, apresentamos as formas de melhorar a receita de uma empresa trabalhando as questões operacionais que permitem obter maior volume produzido e disponibilizado para venda, bem como as formas de atingir o melhor preço de venda possível, seja por meio da otimização do *mix*, seja pela redução dos descontos em produtos com problemas de qualidade ou com o prazo de vencimento. Neste capítulo, discutiremos o que deve ser feito na gestão das operações para melhorar o ciclo financeiro da empresa (Figura 6.1).

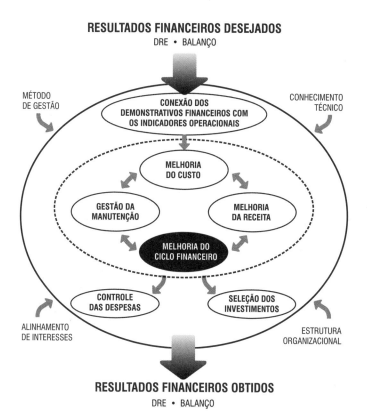

Figura 6.1 – Modelo de melhoria dos resultados financeiros por meio da gestão de operações, enfatizando a melhoria do ciclo financeiro.

Inicialmente, apresentaremos a razão de almejar um ciclo financeiro pequeno, bem como relembraremos como os estoques o influenciam, e também diferenciaremos os estoques de forma geral dos produtos em processo. Em seguida, será discutida a questão do *lead time* e seu impacto no ciclo financeiro, assim como as formas de melhorar o *lead time* da fabricação e também dos processos anteriores e posteriores a ela. O capítulo é concluído com um exemplo teórico de aplicação prática desses conceitos e com o resumo dos tópicos. Não faz parte do escopo deste texto aprofundar em aspectos que influenciam o ciclo financeiro, que estão mais relacionados a questões comerciais do que operacionais, como os prazos médios de pagamento e de recebimento.

6.1 Razão de se desejar um ciclo financeiro pequeno e como alcançá-lo

Conforme mencionado nos capítulos 2 e 3, o caixa de uma empresa é resultado não apenas de decisões de financiamento e de investimento, mas também é impactado por decisões operacionais. O resultado dessas últimas decisões que impactam o caixa também aparece no ciclo financeiro.

A razão de desejar um ciclo financeiro pequeno é que, dessa forma, se consegue maior disponibilidade de dinheiro em caixa[86] ou para aplicações com liquidez imediata, o que possibilita o recebimento de uma receita financeira ou evita o pagamento de despesas financeiras.

Consideremos a situação de duas empresas que possuem capital de giro positivo e igual. Caso o ciclo financeiro de ambas seja diferente, elas terão quantidades de dinheiro em caixa também diferentes. Quanto maior o ciclo financeiro, menor a quantidade de dinheiro disponível em caixa, pois esse capital de giro já estará comprometido com os prazos fornecidos aos clientes e com os estoques. Em um caso extremo, o dinheiro disponível em caixa pode ser nulo ou negativo, indicando que a empresa está utilizando fontes de financiamento de curto prazo com altas taxas de juros para financiar as suas operações, como cheque especial, conta garantida ou desconto de duplicatas.

Vale mencionar que uma empresa também pode ser surpreendida com a falta de dinheiro em caixa mesmo que o seu ciclo financeiro esteja constante. Isso ocorre quando o nível de operação aumenta e, consequentemente, é necessário mais recurso para cobrir o descasamento entre pagamentos e recebimentos. Quando esse dinheiro adicional é proveniente de empréstimos, a despesa financeira pode corroer toda a lucratividade gerada pelo aumento da operação. Nessa

---

86   A necessidade de capital de giro de uma empresa é proporcional ao seu ciclo financeiro (ver VIEIRA, 2008; BARROS, 2016). Quando o ciclo financeiro é menor, a necessidade de capital de giro também o é, e com isso o capital de giro da empresa fica menos comprometido com as operações, sendo possível aplicá-lo e obter receita financeira.

situação, é preciso que o ciclo financeiro se reduza para compensar o crescimento da operação, de forma a manter a necessidade de capital de giro relativamente estável.

Dessa forma, um ciclo financeiro pequeno é essencial para que a empresa evite o pagamento de juros de curto prazo que, no Brasil, são elevados e comprometem a rentabilidade das organizações.

Conforme apresentado na Figura 3.7, o ciclo financeiro é calculado a partir do Prazo Médio de Estocagem (PME), do Prazo Médio de Recebimento dos Clientes (PMR) e do Prazo Médio de Pagamento aos Fornecedores (PMP): CF = PME + PMR - PMP. Para obter um ciclo financeiro pequeno, devemos ter:

– Prazo Médio de Estocagem (PME) baixo.

– Prazo Médio de Recebimento (PMR) baixo.

– Prazo Médio de Pagamento (PMP) alto.

Os prazos médios de pagamento e recebimento são decisões comerciais ou restrições impostas pelo mercado, de forma que a área operacional tem pouca influência sobre eles. Assim, a contribuição da área operacional para a redução do ciclo financeiro ocorre mediante esforços para reduzir o prazo médio de estocagem.

CASO REAL

Na maior parte das empresas, o Ciclo Financeiro (CF) é positivo, ou seja, a empresa paga os seus compromissos antes de receber o valor pelos seus produtos ou serviços vendidos, o que faz que as suas áreas operacionais trabalhem focadas na redução dos prazos médios de estocagem, a fim de diminuir o CF e a necessidade de capital de giro.

Porém, existem exceções, empresas que possuem CF negativo, ou seja, recebem os valores pela venda dos seus produtos ou serviços antes de pagar aos fornecedores.

Em certa ocasião, realizei um diagnóstico em uma empresa desse tipo. Ela fornecia catálogos telefônicos de anunciantes – que também eram conhecidos como "páginas amarelas". A empresa vendia anúncios durante todo o ano, recebia o dinheiro e apenas no final do ano pagava os maiores custos da sua operação, que eram a impressão e a distribuição dos catálogos.

Nesse tipo de empresa, o esforço não era para reduzir os estoques, praticamente inexistentes durante o ano, mas, sim, para diminuir as despesas no decorrer dos meses e os custos de impressão e distribuição no final do ano. Ou seja, a área operacional esforçava-se no final do ano para que os custos de impressão e distribuição fossem baixos o suficiente para não ultrapassarem determinado percentual do valor arrecadado com a venda dos anúncios e para que o negócio gerasse rentabilidade satisfatória.

CAPÍTULO 6 | MELHORANDO O CICLO FINANCEIRO

Já a área comercial se esforçava para vender os anúncios cada vez com mais antecedência, a fim de receber juros sobre o valor aplicado por mais tempo.

Apesar de as empresas fornecedoras de catálogos de páginas amarelas praticamente não existirem mais, há negócios similares que possuem essa mesma lógica, como é o caso das revistas de leitura e dos catálogos impressos de produtos segmentados (produtos industriais, médicos, etc.). Nesse tipo de negócio, busca-se sempre antecipar as receitas e postergar os pagamentos, a fim de obter bom ganho financeiro.

Outro setor, de natureza completamente diferente, mas que também possui muitas empresas com ciclo financeiro negativo, é o setor de supermercados. Nesse segmento, é comum que o resultado financeiro seja bastante significativo em relação ao resultado operacional.

6.2 Gestão dos estoques sob a perspectiva do ciclo financeiro

No tópico 5.1.3 do capítulo anterior, discutimos a gestão dos estoques sob a perspectiva da OEE. Agora, apresentamos a perspectiva do Ciclo Financeiro (CF) para essa gestão.

O PME é calculado como[87]: PME = Estoques / (CPV /360), de forma que para um mesmo nível de operação, em que CPV = constante, o PME será menor quanto menor for o valor em estoques. Dessa forma, sob a perspectiva do CF, todos os esforços devem ser realizados para reduzir os estoques, pois isso contribui para a diminuição do CF e a disponibilização de dinheiro para o caixa, o que possibilitará receita financeira ou evitará despesa financeira.

No entanto, tal como foi discutido no subtópico 5.1.3, um corte exagerado dos estoques de itens que garantem a continuidade operacional de máquinas gargalos pode trazer transtornos operacionais maiores do que o benefício obtido com a diminuição adicional do PME[88]. Dessa forma, a decisão sobre quais itens do estoque devem ser reduzidos e sobre o tamanho dessa queda deve ser tomada de maneira conjunta com a participação das áreas financeira e operacional, levando-se em consideração as perspectivas apresentadas neste tópico 6.2 e no subtópico 5.1.3, bem como os eventuais descontos conseguidos com os fornecedores ao comprar grandes quantidades das matérias-primas e dos insumos. As eventuais compras em quantidades maiores do que o necessário desses itens, porém a preços mais baixos, ao mesmo tempo que prejudicam o PME, melhoram a margem de contribuição, de modo que essa decisão também deve envolver simultaneamente as áreas financeira e operacional da empresa.

---

87 PME (em dias) e estoques (em R$), CPV = Custo do Produto Vendido em um ano (em R$); 360 é uma aproximação do número de dias do ano.

88 Da mesma forma, o corte exagerado dos estoques de produtos finais em alguns setores pode prejudicar as vendas.

6.3 Tipos de estoques e estratégias para sua gestão

O estoque de uma empresa é composto de diversos itens que ficam posicionados em vários locais da empresa[89]. Nesse momento, não é necessária a preocupação sobre quais são os itens nem com a localização exata deles nos diferentes almoxarifados. Vamos apenas nos ater aos estoques relacionados diretamente com o processo produtivo e à posição deles em relação ao processo industrial de transformação. Dessa forma, criamos a seguinte classificação dos estoques (Figura 6.2).

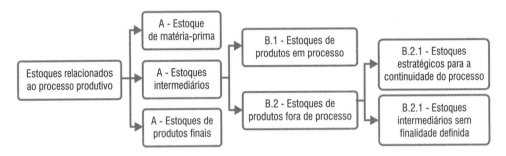

Figura 6.2 – Classificação dos estoques relacionados ao processo produtivo.

A seguir, será apresentada a definição para cada um desses tipos de estoque.

A - Estoques de matéria-prima: compreendem as matérias-primas principais e secundárias para o processo produtivo, as quais são adquiridas de fornecedores e ainda não passaram por nenhuma transformação.

B - Estoques intermediários: compreendem os materiais que já foram trabalhados em algumas etapas do processo produtivo, mas que ainda não estão concluídos. Eles são divididos em dois tipos:

B.1 - Estoque de produtos em processo: compreende materiais que já sofreram alguma transformação e para os quais existem ordens de produção em aberto, ou seja, irão se transformar em produtos finais em tempo determinado. Parte desses materiais está sendo transformada nas máquinas no momento atual, outra parte está sendo carregada na máquina ou na fila para carregamento e mais outra parte está sendo descarregada das máquinas.

---

[89] Neste tópico, fizemos uma classificação dos estoques relacionados diretamente ao processo produtivo em função da posição deles em relação ao processo produtivo. Aqui, não estamos interessados nos estoques de itens de escritório, manutenção, laboratório e outros, apesar de também terem que ser bem gerenciados. Nosso interesse está apenas nos itens ligados diretamente à produção.

CAPÍTULO 6 | MELHORANDO O CICLO FINANCEIRO

B.2 - Estoque de produtos fora de processo: abriga os materiais que já sofreram alguma transformação, mas para os quais não existem ordens de produção em aberto. Tais materiais podem estar fisicamente próximos das máquinas, mas não estão na fila para serem carregados. Dividimos os estoques de produtos fora de processo em dois tipos:

B.2.1 - Estoques estratégicos para a continuidade operacional: apesar de não terem ordens de fabricação em aberto, esses estoques são de tipos considerados adequados[90] e estão na posição correta para abastecer um equipamento que é um gargalo produtivo ou um que desperdiça recursos quando sofre interrupção[91].

B.2.2 - Estoques intermediários sem finalidade definida: estes não possuem ordens de fabricação em aberto e não são dos tipos adequados para abastecer um equipamento que é gargalo produtivo ou que desperdiça recurso quando sofre interrupção.

C - Estoque de produtos finais: compreende os produtos já concluídos, prontos para a venda e entrega ao cliente.

Como é nosso objetivo minimizar o CF, por meio da redução do PME, sem prejudicar a continuidade operacional e, consequentemente, a OEE das linhas produtivas, nem reduzir a rentabilidade da empresa, temos que definir uma estratégia específica para a gestão de cada um desses tipos de estoque. A Figura 6.3 posiciona no processo produtivo cada um deles e sugere uma estratégia de gestão para esses estoques.

---

90 Conforme mencionado anteriormente, os materiais que são adequados para alimentar os equipamentos gargalos em caso de desabastecimento são aqueles que vão gerar produtos finais com alto volume de venda, pois, assim, se minimiza o risco de os produtos fabricados ficarem parados no estoque de produtos finais.

91 Podemos citar os fornos ou outros equipamentos que utilizam energia térmica como exemplos de equipamentos que desperdiçam recursos quando sofrem interrupção operacional. Nas paradas, perde-se a energia térmica para o meio ambiente, e um reaquecimento será necessário quando a produção reiniciar.

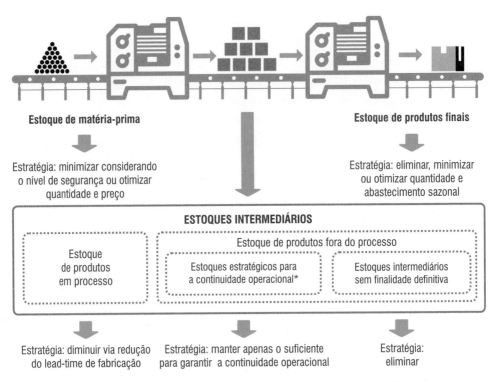

Figura 6.3 – Estratégias para os diferentes tipos de estoque em uma operação de natureza industrial.

Essas estratégias são detalhadas a seguir:

- Estoque de matérias-primas[92]: a estratégia básica deve ser minimizar esse estoque até o ponto em que ainda se garanta a continuidade do processo produtivo, levando em conta a confiabilidade dos fornecedores e o *lead time*[93] de entrega. No entanto, em algumas situações, as matérias-primas podem ser oferecidas a preços atrativos, de forma que deve ser feita uma análise da viabilidade de aumentar os estoques, possibilitando a diminuição do custo do produto vendido, devido ao menor preço da matéria-prima[94]. É importante não menosprezar a gestão dos estoques das matérias-primas secundárias, pois, muitas vezes, elas representam um valor financeiro muito significativo ou, então,

---

92 Para os materiais de embalagem, deve-se utilizar a mesma estratégia adotada para as matérias-primas.
93 O *lead time*, ou tempo de ciclo ou de "atravessamento", é o período de tempo entre a colocação de um pedido e a entrega do produto ao cliente. Este conceito está detalhado na seção 6.4.
94 A decisão de compra antecipada de quantidades maiores de determinados itens deve ser feita com cuidado para não se perderem matérias-primas por vencimento do prazo de validade ou por mudanças dos planos de produção com a retirada de linha dos produtos que as utilizam.

CAPÍTULO 6 | MELHORANDO O CICLO FINANCEIRO

a sua falta pode parar uma linha de produção por completo. Por fim, é preciso ressaltar a importância de se ter uma codificação única para as diversas matérias-primas e embalagens nos vários departamentos ou fábricas de uma mesma empresa. Isso evita que eles tenham estoques duplicados de um mesmo item.

– Estoque de produtos em processo: esse tipo sempre vai existir, mas podemos minimizar a quantidade de material em processo, se for feito um trabalho de redução do *lead time* de fabricação. Isso é possível com o alívio dos gargalos produtivos e o melhor planejamento da produção, com a redução do tempo de fila dos materiais na frente de cada máquina. Outra forma de reduzir esses estoques intermediários é por meio da diminuição dos tipos de produtos em processo. Quando um único produto intermediário gera três produtos finais diferentes, o seu estoque total será menor do que se precisarmos de três tipos diferentes de produtos intermediários.

– Estoques estratégicos para a continuidade operacional: são estoques de materiais sem ordem de produção aberta e devem existir para garantir o abastecimento de máquinas gargalos e das máquinas que geram desperdícios quando ocorre uma parada não programada. Esses estoques devem ser suficientes apenas para abastecer as máquinas durante um período, que é definido em função da duração da maioria das paradas não programadas. Conforme mencionado, os itens escolhidos para serem estocados nessas posições devem ser aqueles que são transformados em produtos de elevada venda, para evitar que fiquem parados no estoque de produtos finais[95].

– Estoques intermediários sem finalidade definida: esses estoques não estão em processo e não são adequados para garantir a continuidade operacional. Devem ser eliminados, ou seja, consumidos nas ordens de produção seguintes e nunca mais gerados. Dois fatos que criam esse tipo de estoque são as ordens de fabricação canceladas com produtos em processamento e decisões equivocadas de operar máquinas que estão ociosas com materiais sem ordem de produção, apenas para mantê-las ocupadas na esperança de adiantar o serviço para quando surgirem clientes e ordens de produção que demandam esses materiais. Na maioria das vezes, o risco de não existirem ordens de produção no futuro para esses itens ou de os estoques intermediários ficarem obsoletos ou perderem o prazo de validade, além do custo do capital empatado, não compensa o "adiantamento da produção".

– Estoques de produtos finais: nas empresas que produzem sob encomenda, esses estoques podem ser eliminados. No caso de empresas que produzem sem pedidos de compra específicos (produção para estoque), a estratégia básica deve ser minimizar esses estoques até o ponto em que se tenha estocado cada um dos produtos finais em

---

95 Quando a primeira etapa do processo é um gargalo produtivo ou um equipamento que pode desperdiçar recursos, teremos um estoque estratégico para a continuidade operacional de matéria-prima e não de produtos intermediários.

quantidade suficiente para atender a uma demanda do mercado até que cada um dos produtos finais volte a ser fabricado. Um caso específico ocorre quando a demanda pelos produtos é altamente sazonal e a empresa não possui capacidade produtiva para fabricar todos os produtos demandados no período de alta demanda. Nesse caso, pode-se analisar a viabilidade de antecipar a produção, mantendo quantidade maior de produtos finais em estoque, desde que o ganho com a venda dessa quantidade adicional de produtos seja maior do que o custo relacionado ao aumento do estoque. Tais situações ocorrem, por exemplo, em empresas que fabricam produtos específicos para determinadas datas, como enfeites de Natal, produtos relacionados à Páscoa ou a outras datas comemorativas.

Agora que já conhecemos as estratégias para minimizar cada tipo específico de estoque, nas próximas seções discutiremos com mais detalhes a questão do *lead time* de fabricação e dos processos anteriores ou posteriores à fabricação, uma vez que o *lead time* impacta muito o estoque de produtos em processo e pode impactar também o estoque de matérias-primas e de produtos finais.

6.4 Impacto do *lead time* total no ciclo financeiro

O *lead time*, ou tempo de ciclo ou de "atravessamento", é o período de tempo entre a colocação de um pedido por um cliente e a entrega do produto a ele. Esse tempo total pode ser dividido entre o tempo de fabricação e o tempo relacionado às atividades anteriores ou posteriores a ela. Dessa forma, temos o *lead time* total, o *lead time* de fabricação e o *lead time* das atividades anteriores e posteriores à fabricação. A Figura 6.4 ilustra esses tempos.

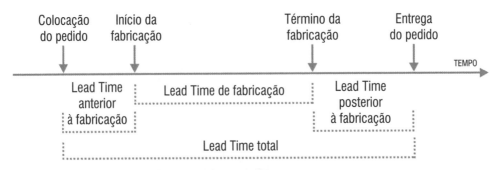

Figura 6.4 – Visualização do *lead time* total e da sua abertura.

Quanto maior o *lead time* total para entregar um produto ao cliente, maior o tempo que a empresa ficará com o estoque de matérias-primas, de produto em processo e de produto final em seu poder; logo, maior será o prazo médio de estocagem e, consequentemente, maior será também o ciclo financeiro.

Para fins de facilidade de entendimento, considere o caso simplificado em que a empresa não possui estoque de matéria-prima ou de produto final, ou seja, dispõe apenas de estoque de produtos em processo. Nessa situação, caso a empresa reduza o *lead time* de 30 para 15 dias, em um mesmo nível de produção, o seu estoque cai pela metade, contribuindo positivamente para o ciclo financeiro.

É fundamental entender as causas de um *lead time* elevado e trabalhar para reduzi-lo. Nas duas seções seguintes são apresentadas orientações e exemplos de como diminuir o *lead time* de fabricação e o *lead time* das atividades anteriores e posteriores a ela.

6.5 Melhorando o *lead time* de fabricação

O lead time de fabricação pode ser melhorado, principalmente, por meio de duas formas:

– Identificação e alívio dos gargalos produtivos.

– Melhoria do planejamento e controle da produção.

Na maioria das vezes, as máquinas de uma área de produção possuem capacidades ou cargas de trabalho diferentes, o que faz que uma delas (ou um grupo de máquinas de mesma função) se torne o gargalo produtivo, o qual restringe a produção de toda a área e aumenta o tempo das ordens de produção no chão de fábrica. Nesse caso, deve-se identificar a máquina gargalo e suas causas, de forma que seja possível atuar para aliviar ou eliminar essa situação.

Mesmo quando uma máquina não possui capacidade nominal inferior às demais, ela pode tornar-se um gargalo devido às paradas operacionais e de manutenção, o que torna a sua capacidade real muito inferior à nominal. A gerência da área produtiva deve estar atenta para identificar os tipos e as causas de paradas que diminuem a capacidade produtiva dessas máquinas e, em seguida, eliminar tais causas, obtendo o alívio desse gargalo e a redução do *lead time* e, consequentemente, do ciclo financeiro.

Em outras situações específicas, as máquinas do chão de fábrica não possuem capacidade nominal inferior à demanda, mas um planejamento da produção mal elaborado acaba por deixá-las ociosas em determinados momentos e sobrecarregadas em outros. Quando ocorre sobrecarga, gera-se uma fila de ordens de produção a serem processadas em algumas máquinas, o que aumenta o *lead time*. A solução desse problema está relacionada a um melhor planejamento e controle da produção, o que pode ser feito com *softwares* específicos de PCP, para otimizar tanto o volume produzido quanto o *lead time*.

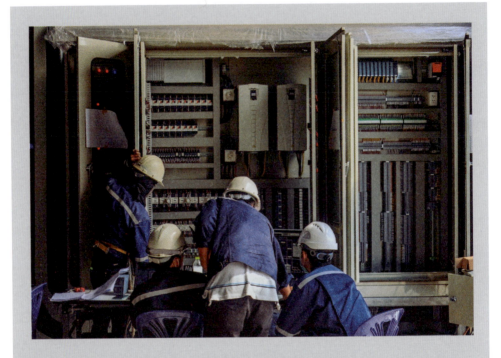

CASO REAL

Uma empresa brasileira, fabricante de painéis elétricos, apresentava lucro satisfatório, mas pequena disponibilidade de caixa e que se reduzia a cada ano. Ao realizarmos o diagnóstico, percebemos que o problema de caixa estava sendo gerado por um ciclo financeiro crescente, impactado, principalmente, pelo elevado Prazo Médio de Estocagem (PME).

Tanto o "lead time" de fabricação quanto o "lead time" das atividades anteriores à fabricação poderiam ser melhorados de forma a reduzir o PME.

No que se refere ao "lead time" de fabricação, foi identificado que a produtividade, medida em "cubículos produzidos/dia", era menor do que a desejada. A máquina que era o gargalo e restringia a capacidade de todo o chão de fábrica era a "puncionadeira". O trabalho para identificação das principais causas de perda de tempo produtivo da puncionadeira identificou coisas como, paradas de manutenção, falta de operador, falta de energia e falta do programa de corte para o computador que controlava a máquina, além da ocorrência de perda das chapas metálicas que seriam utilizadas.

> Foram montados grupos de trabalho para cada uma dessas causas de perda de produtividade e definidas as ações de bloqueio. Ao final de seis meses, as perdas de produtividade tinham sido minimizadas e o "lead time" de fabricação, reduzido.
>
> Também foi feito um trabalho para redução do "lead time" das atividades anteriores ao processo de fabricação, apresentado no próximo tópico.

6.6 Melhorando o *lead time* dos processos anteriores e posteriores à fabricação

O *lead time* dos processos anteriores e posteriores à fabricação também impacta o PME. Por exemplo, enquanto o projeto detalhado de um produto feito sob encomenda não é concluído, os materiais designados para tal ficam parados no almoxarifado. Da mesma forma, quando os processos de "teste final e aceitação", ou de "faturamento" são demorados, os produtos finais também ficam em poder da empresa por tempo maior que o necessário, causando aumento do PME.

Os processos anteriores e posteriores à fabricação possuem natureza diferente do processo de fabricação em si, e a redução do *lead time* deles pode ser conseguida mediante o redesenho da sequência de trabalho de cada um desses processos, a fim de eliminar redundâncias de algumas tarefas e reduzir o tempo das remanescentes.

CASO REAL

A empresa fabricante de painéis elétricos, mencionada no exemplo anterior, possuía problemas não apenas no "lead time" de fabricação, mas também no "lead time" de projeto, que é uma etapa anterior à fabricação, o que a postergava, e, consequentemente, atrasava o recebimento dos valores.

Uma equipe de profissionais ficou responsável pela análise detalhada do processo de "elaboração do projeto". As principais causas relacionadas ao elevado tempo para elaboração dos projetos eram relacionadas à falta de integração entre a área de engenharia e as de interface, como de suprimentos e comercial. Também existia elevado índice de retrabalho devido à necessidade de revisões nos projetos, o que, por sua vez, era causado por uma baixa interação entre as áreas de Engenharia Mecânica, Elétrica e de Automação.

Os processos de trabalho foram redesenhados e implantados. Além disso, passou a ser feito um controle mais rigoroso dos prazos de cada uma das etapas do projeto. Esse ajuste possibilitou a redução do tempo de projeto, o que, aliado à diminuição do tempo de fabricação, contribuiu para a redução do ciclo financeiro da empresa, com o consequente aumento do saldo em caixa.

6.7 Exemplo completo – parte 5/9
Um guia de trabalho para você e sua empresa

Após o custo e a receita terem sido trabalhados, os profissionais do "Laticínio Silva e Filhos" focaram atenção no ciclo financeiro da empresa.

A linha do DRE (Figura 3.10), abordada neste tópico, é o resultado financeiro. A Figura 6.5 reapresenta a equação relacionada a ele, destacando-se com bordas grossas o componente trabalhado.

Figura 6.5 – Componente da equação de resultado financeiro trabalhado pelo Laticínio Silva e Filhos.

Para melhorar o resultado financeiro, as equipes das áreas financeira e operacional do laticínio realizaram um trabalho para redução do PME e, consequentemente, do valor estocado, liberando recursos financeiros para o caixa. A aplicação desses recursos financeiros aumentou significativamente[96] a receita financeira da empresa[97] e contribuiu para o aumento do lucro líquido (Figura 6.6). Como consequência indireta dessa melhoria, o valor absoluto do imposto de renda e da contribuição social aumentou em 5,04% (devido ao aumento do lucro antes dos impostos).

---

96 Com a retenção do lucro de cada mês e a sua aplicação, as receitas financeiras já vinham crescendo nos meses anteriores. Porém, com a redução do PME e a consequente disponibilização de mais recursos para as aplicações financeiras, o crescimento da receita financeira no mês foi bem maior.

97 Para fins de simplificação, nos cálculos desse exemplo consideramos que a taxa de juros tanto das aplicações quanto dos empréstimos é a mesma e no valor de 1% ao mês. Também foi levado em conta que não ocorreu alteração nos valores dos empréstimos tomados aos bancos.

Demonstrativo de Resultado do Exercício - DRE		Mês 0	Mês 2	Variação	Mês 3
1	Receita Líquida	R$ 3.280.000,00	R$ 3.341.220,28		R$ 3.341.220,28
1.1	Receita do Leite Vitaminado	R$ 874.120,00	R$ 867.267,56		R$ 867.267,56
1.2	Receita do Doce de Leite	R$ 870.840,00	R$ 922.466,81		R$ 922.466,81
1.3	Receita do Iogurte	R$ 715.040,00	R$ 731.485,92		R$ 731.485,92
1.4	Receita do Queijo	R$ 518.240,00	R$ 518.240,00		R$ 518.240,00
1.5	Receita do Requeijão	R$ 301.760,00	R$ 301.760,00		R$ 301.760,00
2	Custo dos Produtos Vendidos	- R$ 2.796.918,76	- R$ 2.797.686,05		- R$ 2.797.686,05
2.1	Leite	- R$ 1.889.755,60	- R$ 1.889.755,60		- R$ 1.889.755,60
2.1.1	Leite cru para o Leite Vitaminado	- R$ 769.225,60	- R$ 759.379,47		- R$ 759.379,47
2.1.2	Leite cru para o Doce de Leite	- R$ 304.794,00	- R$ 321.249,07		- R$ 321.249,07
2.1.3	Leite cru para o Iogurte	- R$ 300.316,80	- R$ 299.115,53		- R$ 299.115,53
2.1.4	Leite cru para o Queijo	- R$ 388.680,00	- R$ 384.793,20		- R$ 384.793,20
2.1.5	Leite cru para o Requeijão	- R$ 126.739,20	- R$ 125.218,33		- R$ 125.218,33
2.2	Insumos	- R$ 255.633,36	- R$ 259.673,97		- R$ 259.673,97
2.2.1	Insumo para o Leite Vitaminado	- R$ 8.741,20	- R$ 8.672,68		- R$ 8.672,68
2.2.2	Insumo para o Doce de Leite	- R$ 104.500,80	- R$ 110.696,02		- R$ 110.696,02
2.2.3	Insumo para o Iogurte	- R$ 78.654,40	- R$ 77.081,31		- R$ 77.081,31
2.2.4	Insumo para o Queijo	- R$ 12.437,76	- R$ 12.437,76		- R$ 12.437,76
2.2.5	Insumo para o Requeijão	- R$ 51.299,20	- R$ 50.786,21		- R$ 50.786,21
2.3	Embalagens	- R$ 197.529,80	- R$ 198.756,47		- R$ 198.756,47
2.3.1	Embalagens para o Leite Vitaminado	- R$ 21.853,00	- R$ 21.681,69		- R$ 21.681,69
2.3.2	Embalagens para o Doce de Leite	- R$ 69.667,20	- R$ 71.583,42		- R$ 71.583,42
2.3.3	Embalagens para o Iogurte	- R$ 71.504,00	- R$ 71.504,00		- R$ 71.504,00
2.3.4	Embalagens para o Queijo	- R$ 10.364,80	- R$ 9.846,56		- R$ 9.846,56
2.3.5	Embalagens para o Requeijão	- R$ 24.140,80	- R$ 24.140,80		- R$ 24.140,80
2.4	Pessoal de operação e manutenção	- R$ 258.000,00	- R$ 258.000,00		- R$ 258.000,00
2.4.1	Pessoal de operação	- R$ 240.000,00	- R$ 240.000,00		- R$ 240.000,00
2.4.2	Pessoal de manutenção	- R$ 18.000,00	- R$ 18.000,00		- R$ 18.000,00
2.5	Peças e serviços de manutenção	- R$ 45.000,00	- R$ 45.000,00		- R$ 45.000,00
2.6	Transporte de matéria-prima e insumos	- R$ 36.000,00	- R$ 34.000,00		- R$ 34.000,00
2.6.1	Fretes	- R$ 12.000,00	- R$ 18.000,00		- R$ 18.000,00
2.6.2	Frota própria	- R$ 24.000,00	- R$ 16.000,00		- R$ 16.000,00

(continua)

CAPÍTULO 6 | MELHORANDO O CICLO FINANCEIRO

(conclusão)

Demonstrativo de Resultado do Exercício - DRE		Mês 0	Mês 2	Variação	Mês 3
2.7	Energia elétrica	- R$ 50.000,00	- R$ 50.000,00		- R$ 50.000,00
2.8	Energia térmica	- R$ 25.000,00	- R$ 22.500,00		- R$ 22.500,00
2.9	Outros custos	- R$ 40.000,00	- R$ 40.000,00		- R$ 40.000,00
3	Lucro Bruto	R$ 483.081,24	R$ 543.534,24		R$ 543.534,24
4	Despesas Gerais, Adm e de Vendas	- R$ 388.200,00	- R$ 390.036,61		- R$ 390.036,61
4.1	Pessoal adm e de vendas	- R$ 198.000,00	- R$ 198.000,00		- R$ 198.000,00
4.1.1	Pessoal adm	- R$ 162.000,00	- R$ 162.000,00		- R$ 162.000,00
4.1.2	Pessoal de vendas - fixo	- R$ 36.000,00	- R$ 36.000,00		- R$ 36.000,00
4.2	Comissões de vendas	- R$ 98.400,00	- R$ 100.236,61		- R$ 100.236,61
4.3	Telefonia	- R$ 4.800,00	- R$ 4.800,00		- R$ 4.800,00
4.4	Segurança	- R$ 50.000,00	- R$ 50.000,00		- R$ 50.000,00
4.5	Limpeza	- R$ 16.000,00	- R$ 16.000,00		- R$ 16.000,00
4.6	Outras despesas	- R$ 21.000,00	- R$ 21.000,00		- R$ 21.000,00
5	EBITDA	R$ 94.881,24	R$ 153.497,63		R$ 153.497,63
6	Depreciação / Amortização	- R$ 53.333,33	- R$ 53.333,33		- R$ 53.333,33
7	EBIT	R$ 41.547,91	R$ 100.164,30		R$ 100.164,30
8	Resultado financeiro	R$ 1.600,00	R$ 3.766,53	139,20%	R$ 9.009,49
9	Lucro Antes dos Impostos	R$ 43.147,91	R$ 103.930,83		R$ 109.173,79
10	Imposto de renda / Contrib. social	- R$ 15.101,77	- R$ 36.375,79	5,04%	- R$ 38.210,83
11	Lucro Líquido	R$ 28.046,14	R$ 67.555,04		R$ 70.962,96

Figura 6.6 – Melhoria conseguida no DRE a partir da redução dos estoques e do consequente aumento dos recursos aplicados e das receitas financeiras.

As células destacadas na Figura 6.7 mostram o reflexo das melhorias operacionais no Balanço Patrimonial (BP). No ativo desse balanço ocorreu aumento do caixa em razão do lucro acrescido da depreciação do período e também de R$400.000,00, que foram liberados do estoque e se transformaram em caixa. Simultaneamente, a linha de estoques reduziu-se em R$400.000,00. Além disso, houve aumento do valor absoluto da depreciação acumulada. No passivo, ocorreu aumento das reservas de lucro e, consequentemente, do patrimônio líquido[98].

---

98 Para fins didáticos, consideramos que entre esses dois períodos não ocorreram alteração nos prazos de pagamento e recebimento e nem movimentações relacionadas aos investimentos e financiamentos. Também, não foram consideradas no Balanço Patrimonial as eventuais variações nas contas de fornecedores e clientes.

Ativo		Mês 0	Mês 2	Mês 3
1	Ativo Circulante	R$ 2.960.000,00	R$ 3.176.653,00	R$ 3.300.949,30
1.1	Caixa e disponibilidades	R$ 800.000,00	R$ 1.016.653,00	R$ 1.540.949,30
1.2	Estoques	R$ 1.200.000,00	R$ 1.200.000,00	R$ 800.000,00
1.3	Clientes	R$ 960.000,00	R$ 960.000,00	R$ 960.000,00
2	Realizável em Longo Prazo	R$ 240.000,00	R$ 240.000,00	R$ 240.000,00
3	Ativo Permanente	R$ 6.580.000,00	R$ 6.473.333,33	R$ 6.420.000,00
3.1	Máquinas e equipamentos	R$ 4.000.000,00	R$ 4.000.000,00	R$ 4.000.000,00
3.2	Imóveis	R$ 3.600.000,00	R$ 3.600.000,00	R$ 3.600.000,00
3.3	Veículos	R$ 480.000,00	R$ 480.000,00	R$ 480.000,00
3.4	Depreciação acumulada	- R$ 1.500.000,00	- R$ 1.606.666,67	- R$ 1.660.000,00
4	Total do Ativo	R$ 9.780.000,00	R$ 9.889.986,34	R$ 9.960.949,30

Passivo		Mês 0	Mês 2	Mês 3
1	Passivo Circulante	R$ 2.340.000,00	R$ 2.340.000,00	R$ 2.340.000,00
1.1	Fornecedores	R$ 1.740.000,00	R$ 1.740.000,00	R$ 1.740.000,00
1.2	Salários a pagar	R$ 460.000,00	R$ 460.000,00	R$ 460.000,00
1.3	Impostos a pagar	R$ 140.000,00	R$ 140.000,00	R$ 140.000,00
2	Exigível em Longo Prazo	R$ 640.000,00	R$ 640.000,00	R$ 640.000,00
2.1	Emprestimo banco A	R$ 400.000,00	R$ 400.000,00	R$ 400.000,00
2.2	Emprestimo banco B	R$ 240.000,00	R$ 240.000,00	R$ 240.000,00
3	Patrimônio Líquido	R$ 6.800.000,00	R$ 6.909.986,34	R$ 6.980.949,30
3.1	Capital social	R$ 5.600.000,00	R$ 5.600.000,00	R$ 5.600.000,00
3.2	Reservas de lucro	R$ 1.200.000,00	R$ 1.309.986,34	R$ 1.380.949,30
4	Total do Passivo	R$ 9.780.000,00	R$ 9.889.986,34	R$ 9.960.949,30

Figura 6.7 – Melhorias operacionais refletidas no Balanço Patrimonial.

Essa melhoria pode ser confirmada pelos indicadores de rentabilidade Margem Líquida e ROE (Figura 6.8).

Indicador	Mês 0	Mês 1	Mês 2	Mês 3	Mês 4	Mês 5	Mês 6	Mês 7
Lucro Líquido do mês	R$ 28.046,14	R$ 42.431,30	R$ 67.555,04	R$ 70.962,96				
Margem Líquida (LL / Rec. Liq)	0,86%	1,29%	2,02%	2,12%				
ROE (LL anual / PL)	4,95%	7,44%	11,73%	12,20%				

Figura 6.8 – Evolução do lucro e dos indicadores de rentabilidade.

Melhoria similar a essa pode ser obtida na sua empresa trabalhando as oportunidades exploradas neste capítulo.

Resumo do capítulo

Conclusões importantes relacionadas ao ciclo financeiro podem ser extraídas deste capítulo. São elas:

- O caixa de uma empresa é influenciado tanto pela rentabilidade das operações e pelas características de financiamento e de investimento quanto pelo Ciclo Financeiro (CF) de suas operações. O CF, por sua vez, é influenciado pelos prazos de pagamento, recebimento e estocagem. Logo, do ponto de vista unicamente desse ciclo, quanto menores os estoques, melhor o CF da empresa. No entanto, o estoque tem que ser gerenciado para otimizar não apenas o ciclo financeiro, mas também a rentabilidade das operações. O desafio dos profissionais que gerenciam o estoque das empresas é obter o ponto ótimo entre preço de compra baixo, volume estocado baixo e continuidade operacional.

- Todos os estoques da produção que não são de matérias-primas nem de produtos finais são intermediários. Parte dos estoques intermediários se refere a produtos que possuem ordens de fabricação em andamento e devem ser concluídas dentro do prazo estabelecido. Um residual é de produtos que começaram a ser processados, mas não possuem uma ordem de produção para serem concluídos até o prazo estabelecido. Esse último tipo de estoque deve ser usado unicamente para garantir a continuidade operacional das máquinas gargalos em situações de indisponibilidade dos equipamentos ou dos processos anteriores aos gargalos.

- Uma vez que o *lead time* mede o tempo entre a colocação do pedido de um cliente até a entrega do produto ao cliente, concluímos que, quanto menor o *lead time*, por menos tempo teremos o estoque em nosso poder e menor será o ciclo financeiro, que é a situação desejada. Para reduzir o *lead time* total (entre a chegada do pedido do cliente e a entrega do produto), deve-se diminuir tanto o *lead time* da fabricação do produto quanto o *lead time* das atividades anteriores ou posteriores à produção, a exemplo do projeto, das inspeções ou dos testes finais e do faturamento.

- A redução do *lead time* de fabricação ocorre por meio do alívio dos gargalos produtivos e do uso de técnicas de PCP, o que possibilita maior rapidez na conclusão das ordens de serviço.

- A redução do *lead time* dos processos anteriores e posteriores à fabricação é obtida, principalmente, pelo desenho do fluxograma desses processos em sua situação atual, o que permite a visualização das ineficiências e possibilita o redesenho desses processos e a implantação de processos mais eficientes.

Questões e Atividades

Questões

1) Uma empresa produtora de esquadrias de alumínio terminou o ano apresentando em seu DRE um CPV de R$ 50 milhões e, no seu Balanço, um estoque de R$ 10 milhões. Qual é o PME dessa empresa?

2) Como podemos definir o que são os estoques intermediários?

3) Qual deve ser a estratégia para gerir os estoques considerados estratégicos para a continuidade operacional?

4) Quanto maior o *lead time* para a empresa entregar um produto ao cliente, maior o seu ciclo financeiro. Por quê?

Atividades

1) Verifique na área produtiva de sua empresa se existem problemas de gargalos produtivos e de planejamento e controle da produção que influenciam negativamente o *lead time* de fabricação. Discuta com seus colegas sobre quais seriam as ações viáveis para minimizar ou eliminar esses gargalos e para melhorar o planejamento da produção de forma a reduzir o *lead time*.

2) Verifique na sua empresa quais são os processos anteriores e posteriores à fabricação que contribuem para o *lead time* total (período de tempo entre a colocação de um pedido pelo cliente e a entrega do produto a esse cliente). Discuta com seus colegas de trabalho quais medidas podem ser tomadas para reduzir o tempo desses processos.

CAPÍTULO 7

Gestão da manutenção: a cereja do bolo

CAPÍTULO 7
Gestão da manutenção: a cereja do bolo

Introdução

Nos três capítulos anteriores, detalhamos as formas de melhorar o custo de uma empresa, as suas receitas e, por fim, o seu ciclo financeiro, abordando as questões dos estoques e do *lead time*. Neste capítulo, discutiremos o último assunto do centro do nosso modelo, a gestão da manutenção. Consideramos que ela é a "cereja do bolo", pois influencia direta ou indiretamente o custo, a receita e o ciclo financeiro, tornando viável que os esforços recomendados nos capítulos anteriores realmente se traduzam em resultados financeiros.

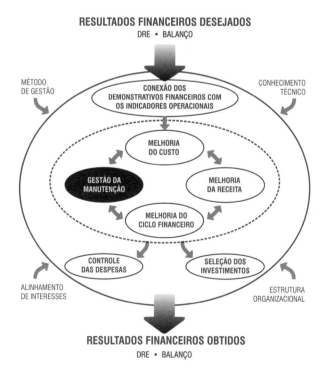

Figura 7.1 – Modelo de melhoria dos resultados financeiros por meio gestão de operações, enfatizando a gestão da manutenção.

O primeiro tópico deste capítulo deixa claro quais são os objetivos da gestão da manutenção de equipamentos de uma empresa. Os dois tópicos seguintes são relacionados aos trabalhos para conseguir alta disponibilidade dos equipamentos, a elaboração e revisão dos planos e padrões de manutenção e a execução em si da manutenção. Os tópicos 7.4 e 7.5 são relacionados ao custo da manutenção, abordando, respectivamente, o custo das peças e serviços e a utilização da mão de obra dos mantenedores. Também, é feita uma breve descrição sobre técnicas de engenharia de confiabilidade. O capítulo é concluído com um exemplo teórico de aplicação prática desses conceitos e com o resumo dos tópicos.

7.1 Objetivos da manutenção: disponibilidade[99] e custo

Os grandes objetivos do Departamento de Manutenção de uma empresa são garantir a alta disponibilidade dos equipamentos, associada a um baixo custo de manutenção[100]. Alcançar apenas um desses objetivos isoladamente pode ser trabalhoso, mas não chega a ser um grande desafio e nem atende às necessidades do negócio. No entanto, para que o custo e a disponibilidade alcancem o ponto ótimo, é preciso que o Departamento de Manutenção possua um grupo de profissionais qualificados justamente para suportar a gerência na escolha, execução e controle das tarefas de manutenção.

Faz parte do trabalho do Departamento de Manutenção, inclusive, decidir o nível de disponibilidade desejado para cada equipamento ou linha de produção, pois em algumas situações pode ser aceitável uma exposição maior às falhas e, em outras, pode ser necessário aplicar mais recursos financeiros para evitar toda e qualquer ocorrência de falhas. Essa decisão vai depender das consequências das falhas em termos de perda de produção e custo associado à parada da produção, dos riscos de acidentes e de ocorrências ambientais.

Esse trabalho de análise dos riscos e consequências das falhas e definição das tarefas de manutenção necessárias se consolida com a construção dos planos de manutenção, que serão apresentados no próximo tópico.

---

99 Neste capítulo, o termo disponibilidade é tratado como indicador influenciado apenas pelas paradas de manutenção dos equipamentos, diferentemente do sentido utilizado na OEE, que considera a disponibilidade como um indicador que é influenciado tanto por paradas de manutenção quanto operacionais.

100 Obviamente, a manutenção também tem a finalidade de evitar que os equipamentos causem acidentes de trabalho, defeitos na produção ou ocorrências ambientais indesejadas. Porém, podemos considerar que todos esses intuitos fazem parte do grande objetivo de "garantir alta disponibilidade dos equipamentos".

7.2 Planos e padrões de manutenção

A gestão de manutenção de uma empresa é guiada por dois tipos de documentos relacionados aos equipamentos ou às instalações[101], que são os planos de manutenção preventiva dos equipamentos e os padrões de execução das tarefas[102].

Os planos de manutenção são os documentos que definem **quais** são as tarefas de manutenção preventiva[103] requeridas para os equipamentos e **quando** elas devem ser executadas. Os padrões de execução definem **como** essas tarefas devem ser executadas.

É altamente desejável que a empresa possua os manuais de todos os equipamentos e instalações, que são fornecidos pelos fabricantes e, normalmente, apresentam uma versão inicial dos planos e padrões de manutenção. No entanto, quando as empresas não dispõem dos manuais, os planos e padrões devem ser desenvolvidos a partir do conhecimento dos profissionais da própria empresa.

Para que o plano de manutenção seja elaborado, é fundamental que exista um cadastro adequado da estrutura funcional dos equipamentos, com a listagem dos seus sistemas, conjuntos e componentes. Esse cadastro permite visualizar os detalhes do equipamento, contribuindo para a definição das tarefas que são formalizadas no plano de manutenção e, também, dos sobressalentes necessários.

---

101 Apesar de a manutenção ser comumente associada a equipamentos, as instalações civis de uma empresa também precisam ser adequadamente mantidas. Em algumas situações, elas são tão relacionadas à geração de receita da empresa quanto os equipamentos. Como exemplo, podemos citar concessões aeroportuárias, centros comerciais, hospitais etc.

102 Os padrões de execução das tarefas de manutenção também são chamados de procedimentos operacionais-padrão (POPs) ou instruções de trabalho (ITs).

103 Tarefas de manutenção preventiva são aquelas executadas preventivamente, antes da falha do equipamento.

CASO REAL

Uma empresa de aluguel de empilhadeiras e plataformas elevatórias precisava rever os planos de manutenção dos seus equipamentos, pois a disponibilidade deles estava aquém da desejada, causando perda de receita. A primeira etapa do trabalho foi a elaboração de um cadastro dos sistemas, conjuntos e componentes dos modelos de equipamentos mais utilizados pela empresa. A Figura 7.2 apresenta parte de um desses cadastros. A elaboração desse material contou com a participação dos engenheiros e técnicos da organização, que aliaram seus conhecimentos às informações dos manuais e criaram um cadastro adequado. Ele possibilitou a visualização das partes do equipamento que necessitavam de cuidados especiais e também a formação de um histórico adequado de falhas.

CAPÍTULO 7 | GESTÃO DA MANUTENÇÃO: A CEREJA DO BOLO

SISTEMA	CONJUNTO	COMPONENTE
Chassi	Base	Eixo Dianteiro
		Eixo Traseiro
		Manga de Eixo D.E.
		Manga de Eixo D.D.
		Manga de Eixo T.E.
		Manga de Eixo T.D.
		Pino do Eixo
	Lança	
	Cesto	
Direção		
Translação		
Transmissão de força		
Elevação		
Elétrico	Circuito de Alimentação dos Sistemas de Elevação	
	Circuito de Alimentação dos Sistemas de Translação	
	Circuito de Alimentação dos Sistemas de Direção	
	Conjuntos elétricos auxiliares	Buzina
		Farol L.D.
		Farol L.E.
		Lâmpada de Segurança
		Alarme sonoro
		Bateria 12V
		Alternador
Hidráulico		
Pneumático		
Motriz		
Sistemas de Controle	Controle de Cabine	Botão de ignição
		Alavanca de Acionamento de Direção
		Alavanca de Elevação da Lança
		Alavanca do Câmbio
		Volante
		Botoeira de Controle
		Horímetro
		Pedal do Acelerador
		Pedal de Freio
		Painel de Instrumentos

Obs.: alguns sistemas, conjuntos e componentes foram propositalmente modificados para evitar a identificação da empresa de locação e do fabricante do equipamento.

Figura 7.2 – Trecho de um cadastro de sistemas, conjuntos e componentes de um equipamento de elevação.

188 ROGÉRIO SILVA NACIF | OPERAÇÕES EFICIENTES EMPRESAS RENTÁVEIS

Uma vez que se tem a visualização de todo o equipamento no seu cadastro, é possível analisar as necessidades de manutenção de cada sistema e definir o plano de manutenção.

A Figura 7.3 apresenta o plano de manutenção de um automóvel, que deixa claro o seu conteúdo, ou seja, as tarefas necessárias e a periodicidade.

PLANO DE MANUTENÇÃO PREVENTIVA DO AUTOMÓVEL		Periodicidade									
Sistema	Tarefa	10.000 km	20.000 km	30.000 km	40.000 km	50.000 km	60.000 km	70.000 km	80.000 km	90.000 km	100.000 km
Motor	Trocar o óleo do motor	X	X	X	X	X	X	X	X	X	X
	Trocar as velas			X			X			X	
	Verificar os cabos de vela e trocá-los, se necessário			X			X			X	
	Limpar o filtro de ar	X		X		X		X		X	
	Trocar o filtro de ar		X		X		X		X		X
	Trocar o filtro de combustível		X		X		X		X		X
	Verificar as fixações do motor e do escapamento	X	X	X	X	X	X	X	X	X	X
	Trocar a correia dentada						X				X
Arrefecimento	Verificar o nível de água e completar, se necessário	X	X		X	X		X	X		X
	Drenar e lavar todo o sistema			X			X			X	
Transmissão	Verificar o nível de óleo da caixa de marcha e completar, se necessário					X					X
	Verificar o nível do óleo do diferencial e comlpetar, se necessário					X					X
Direção	Verificar o nível do óleo da direção e comlpetar, se necessário		X		X		X		X		X
Freio	Verificar o fluido de freio e completar, se necessário	X	X	X	X	X	X	X	X	X	X
	Trocar as pastilhas (trocar caso a espessura esteja menor que 5 mm)		X				X			X	
	Ajustar o cabo do freio de mão		X		X		X		X		X
	Verificar os cilindros de freio quanto a vazamentos			X			X			X	
Elétrico	Verificar a carga da bateria		X		X		X		X		X
	Trocar as escovas do alternador					X					X
Ar-condicionado	Trocar o filtro do ar-condicionado					X					X
Carroceria	Lubrificar as dobradiças		X		X		X		X		X
	Trocar as borrachas do limpador de para-brisa					X					X

Figura 7.3 – Exemplo de um plano de manutenção de um automóvel[104].

---

104 Esse plano de manutenção é fictício e foi construído pelo próprio autor deste livro.

CAPÍTULO 7 | GESTÃO DA MANUTENÇÃO: A CEREJA DO BOLO

Algumas tarefas descritas no plano de manutenção são simples, como limpeza e lubrificação; outras possuem complexidade média, como inspeções e regulagens; e outras são mais complexas, como as revisões de conjuntos e a troca de algumas peças. A escolha das tarefas deve ser feita de forma que se obtenha alta disponibilidade do equipamento aliada a um baixo custo.

É importante notar que, no plano de manutenção, algumas tarefas são executadas independentemente da condição do equipamento, pois são baseadas na utilização[105]. Como exemplo, no plano de manutenção do automóvel apresentado na Figura 7.3, a troca da correia dentada é baseada na utilização, que no caso é a quilometragem percorrida. Já outras tarefas são executadas apenas após uma análise da condição do item, são as tarefas baseadas na condição. Nessas situações é executada uma inspeção[106] e, com base no resultado, pode ser realizada uma tarefa adicional. Como exemplos, podemos citar a tarefa de completar o fluido de freio, que é executada apenas se a inspeção identificar que o seu nível está baixo, e também a substituição dos pneus de um automóvel, pois é com base na condição identificada em uma inspeção que é definida ou não essa troca.

Esses mesmos conceitos, que foram visualizados de forma fácil no caso do plano de manutenção do automóvel, são aplicados a equipamentos e instalações industriais (Figura 7.4).

---

105 A utilização do equipamento pode ser medida, entre outras formas, pelo tempo calendário, pelo tempo de funcionamento, pelas unidades ou toneladas produzidas ou pela quilometragem percorrida.

106 Algumas dessas inspeções para identificar a condição do equipamento são bastante simples, enquanto outras são mais sofisticadas, as chamadas de "tarefas de manutenção preditiva", que, assim como as inspeções simples, também são consideradas um tipo específico de manutenção preventiva. As tarefas preditivas utilizam instrumentos para realizar medições de determinados parâmetros de um equipamento, e esses parâmetros têm a sua evolução acompanhada ao longo do tempo, a fim de prever a iminência de uma falha. As técnicas mais utilizadas de manutenção preditiva são a análise de óleo, a análise de vibração e a termografia. O detalhamento da utilização dessas técnicas extrapola os objetivos deste livro.

PLANO DE MANUTENÇÃO DA MOENDA 52"					
CONJUNTO: ESTEIRA INTERMEDIÁRIA				**REVISÃO: 00**	**Página: 1/1**
Nº	**SUB-CONJUNTO**	**O QUE FAZER**	**RESP.**	**PERIODICIDADE**	**PADRÃO DE REF.**
1	Acionamento	Inspecionar redutor de velocidade	MEC.	Quinzenal	IT-MNT-202-001
2		Verificar nível de óleo do cárter do redutor	LUB.	Semanal	IT-MNT-202-002
3		Realizar análise de vibração no redutor	MEC.	Bimestral	–
4		Revisar redutor	LUB.	Anual	–
5		Inspecionar motor elétrico	ELE.	Semanal	IT-MNT-115-014
6		Realizar análise de vibração em motores elétricos	ELE.	Bimestral	–
7	Esteiras de taliscas	Verificar fixação das taliscas	MEC.	Semanal	–
8		Verificar integridade das taliscas	MEC.	Semanal	–
9	Correntões	Verificar integridade dos correntões	MEC.	Quinzenal	–
10		Verificar regulagem do esticador	MEC.	Quinzenal	–
11	Mancais de deslizamento	Verificar temperatura dos mancais	MEC.	Semanal	–
12		Verificar fixação dos mancais	MEC.	Semanal	–
13		Lubrificar mancais do eixo acionador 2GRX	LUB.	Semanal	IT-MNT-301-26
14		Verificar mancais do eixo acionado 2GRX	LUB.	Semanal	IT-MNT-301-27
15	Estrutura da esteira	Verificar integridade das estruturas da esteira	MEC.	Semanal	
Obs.: alguns sub-conjuntos, atividades e periodicidades foram propositalmente modificados para evitar a identificação da empresa.					

Figura 7.4 – Exemplo de um plano de manutenção da moenda de uma usina de açúcar e álcool.

No plano de manutenção apresentado na Figura 7.4, podemos ver que as tarefas estão definidas para cada um dos sub-conjuntos pertencentes ao conjunto "Esteira intermediária". Percebemos, também, que as tarefas estão identificadas como de responsabilidade das equipes de mecânica, de elétrica ou de lubrificação, as quais recebem as ordens de serviço apenas com as tarefas de sua responsabilidade. Por fim, vale mencionar que, para muitas das tarefas descritas no plano de manutenção, existe um "padrão de referência", que é o procedimento operacional de execução relacionado a essas tarefas. Conforme mencionado, esses procedimentos detalham *como* cada uma das tarefas deve ser executada.

Um padrão de manutenção deve descrever o passo a passo de execução de uma tarefa, os cuidados a serem tomados nesse serviço e, sempre que possível, utilizar fotografias[107] que

---

107 Em algumas situações, também é viável e desejável a utilização de vídeos que detalham a execução da tarefa.

ilustram a sua realização. A Figura 7.5 apresenta um padrão de execução para uma das tarefas descritas no plano de manutenção do automóvel apresentado na Figura 7.3.

PADRÃO DE MANUTENÇÃO

Tarefa: trocar o filtro de ar do motor do automóvel

Providências iniciais e cuidados de segurança:
1. Para realizar a troca do elemento filtro de ar do motor, o veículo deve estar desligado.
2. Utilize sempre o filtro de ar original do seu veículo.
3. Não são necessárias ferramentas para a execução da tarefa.

Passo a passo:
1. Abra o capô do motor e localize o compartimento do elemento filtrante (ver seta na figura A)
2. Limpe a parte exterior do compartimento do elemento filtrante para evitar a eventual entrada de poeira no sistema de admissão de ar.
3. Libere as quatro presilhas da tampa do compartimento do elemento filtrante (ver setas na figura B).
4. Retire o elemento filtrante usado tomando cuidado para que não caia poeira no sistema de admissão de ar.
5. Posicione o filtro de ar novo no compartimento.
6. Recoloque a tampa do compartimento do elemento filtrante.
7. Trave as quatro presilhas da tampa do compartimento do elemento filtrante.
8. Feche o capô.

ILUSTRAÇÃO

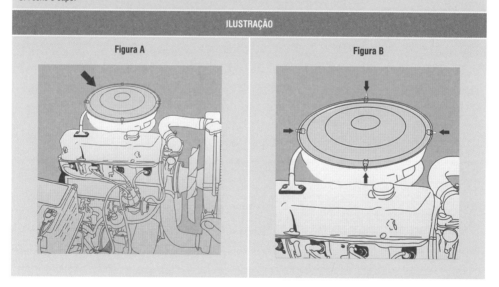

Figura 7.5 – Exemplo de um padrão de manutenção – Substituição do filtro de ar.

O padrão de execução de manutenção do automóvel ilustra o conteúdo que qualquer um desses documentos deve possuir, que é o detalhamento da realização de determinada tarefa. Esse mesmo tipo de informação deve estar presente no padrão de manutenção de um equipamento industrial.

Na Figura 7.6, temos um exemplo de padrão de execução de uma tarefa do plano de manutenção de um equipamento em uma usina de açúcar e álcool, a inspeção de um redutor de velocidade. O padrão detalha o passo a passo da inspeção, com os pontos a serem inspecionados, o instrumento a ser utilizado, o critério de avaliação do resultado e as ações a serem tomadas em caso de anomalia.

PADRÃO DE INSPEÇÃO EM REDUTORES DE VELOCIDADE				Revisão:	00
				Data:	21/10/20XX
Número do Padrão: IT - MNT - 202-001				Página:	1/1
Objetivo	Estabelecer uma sitemática para inspeção de redutores de velocidade,visando detectar possíveis anomalias que venham a comprometer a disponibilidade do equipamento				
Ferramentas/equipamentos necessários(as): Termômetro laser e analisador de vibração		**EPI's:** Óculos de segurança; luvas; capacete; protetor auricular; calçado de segurança			

ITEM DE INSPEÇÃO	PONTOS DE AVALIAÇÃO	CRITÉRIOS DE AVALIAÇÃO	MÉTODO OU INSTRUMENTO DE MEDIÇÃO	AÇÃO EM CASO DE ANOMALIA
Vibração	Verificar quanto a ocorrência de vibração excessiva	Vibração **MÁXIMA** nos mancais e engrenamentos de acordo com a potência do redutor — <15 Kw (20 cv): 1,8 mm/s; <15-75 Kw (20-100 cv): 3,1 mm/s; >75 Kw (100 cv) Base rígida: 4,3 mm/s; >75 Kw (100 cv) Base flexível: 6,5 mm/s	Analisador de vibração	Verificar a fixação do redutor / Verificar alinhamento do motor-acoplamento / Verificar alinhamento dos eixos do motor e/ou "acionado" / Revisar o redutor na oficina
Temperatura	Verificar a temperatura externa ou da "carcaça"	Temperatura inferor a 70ºC	Termômetro laser	Verificar nível de óleo do redutor. Se estiver baixo, comunicar ao lubrificador / Revisar o redutor na oficina
Integridade	Verificar a integridade da carcaça/ corpo do redutor	Equipamento sem danos, rachaduras ou quebras	Visual	Revisar o redutor na oficina
	Verificar a integridade dos acoplamentos	Acoplamento sem danos, rachadura ou quebras	Visual	Revisar o redutor na oficina
	Verificar a integridade dos eixos de entrada e saída	Eixos sem danos, trincas ou quebras	Visual/Líquido penetrante	Troca do(s) eixo(s) / Revisar o redutor na oficina
Fixação e instalação	Verificar as condições de fixação/ instalação do redutor	(Quando fixado no solo) Base civil sem danos ou quebras	Visual/tato	Reparar base civil
		Chumbadores/parafusos de fixação apertados, em boas condições e na quantidade correta		Reapertar/trocar chumbadores
		(Quando fixado por braço de torção) Parafusos de fixação bem apertados, não permitindo movimentos do redutor e sem danos		Reapertar/trocar parafusos ou braço de torção
Vazamentos	Verificar vazamentos de lubrificantes	Ausência de vazamento de lubrificante	Visual/tato	Verificar condições do retentor / Revisar o redutor na oficina
Limpeza	Verificar a limpeza do redutor	Superfície livre de pó, líquidos ou impregnantes	Visual/tato	Limpar
	Verificar a limpeza do respiro	Respiro limpo e sem obstrução	Visual/tato	Limpar
Observações:	Caso seja detectada alguma anomalia que não foi reparada imediatamente e que pode levar a falha (parada do equipamento), informar ao encarregado da manutenção a necessidade da intervenção imediata ou programação da manutenção do equipamento.			
Elaborado por:	Assinatura	Aprovado por:		Assinatura

Obs.: alguns itens, ações e valores foram propositalmente modificados para evitar a identificação da empresa.

Figura 7.6 – Exemplo de um padrão de manutenção de equipamento industrial – Inspeção em redutores de velocidade.

Neste ponto, vale a pena enfatizar que os planos, além de definirem grande parte das tarefas de manutenção a serem executadas em uma empresa (que são detalhadas nos padrões de execução), definem muitas das peças e materiais que serão consumidos, a mão de obra necessária e a capacitação desejada para esses funcionários[108]. Por isso tudo, podemos afirmar que os planos de manutenção são o elemento central da gestão da manutenção de uma empresa. Eles são a fonte de informação para vários outros processos da manutenção, como o controle de peças reservas, a identificação dos serviços a serem contratados, o dimensionamento da mão de obra e o seu treinamento e a elaboração do orçamento anual da manutenção.

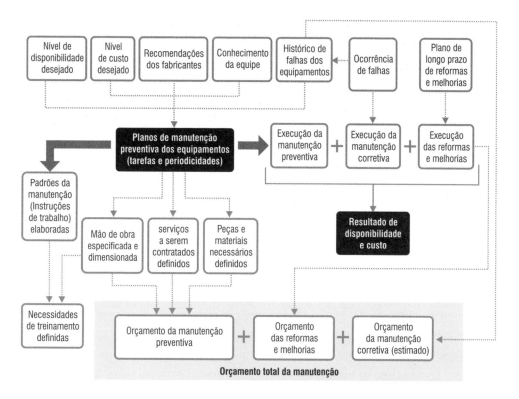

Figura 7.7 – Os planos de manutenção dos equipamentos como elementos centrais na gestão da manutenção de uma empresa[109].

---

108 Quando a empresa possui elevado número de falhas e, consequentemente, muitas tarefas corretivas, a previsibilidade das tarefas de manutenção, das peças a serem utilizadas e da quantidade de mão de obra necessária é menor do que quando se tem maior percentual de tarefas preventivas. Esse é um dos pontos positivos da manutenção preventiva, mas isso não significa que ela seja a melhor opção em todas as situações.

109 Esta figura foi desenvolvida a partir de um esquema elaborado por um grupo de trabalho, do qual o autor deste livro fez parte, e apresentado em Xenos (1998).

CASO REAL

Uma grande produtora de chocolate e derivados de cacau, situada na região sudeste do Brasil, possuía um parque industrial moderno em relação aos demais "players" do mercado e trabalhava em regime de 24 horas, sete dias por semana, para atender à sua demanda. Além de possuir um plano de investimento de longo prazo para instalação de novas linhas de produção, a empresa identificou que parte significativa da sua capacidade produtiva era perdida em razão de paradas na produção ocasionadas por problemas de manutenção nos equipamentos.

Nossa equipe de trabalho foi contratada para minimizar essa perda. A diminuição das paradas devido às falhas nos equipamentos poderia aumentar em pouco mais de 2,5% a produção da empresa.

Os equipamentos gargalos foram identificados, havia uma biblioteca com os seus manuais e a empresa contava com profissionais experientes. No entanto, não existia um histórico adequado das falhas, principalmente pelo fato do cadastro dos sistemas e componentes de cada equipamento no "software" de controle da manutenção ser deficiente. Além disso, não havia certeza se os planos de manutenção cadastrados no sistema estavam adequados, inclusive porque eles nunca haviam sido questionados.

CAPÍTULO 7 | GESTÃO DA MANUTENÇÃO: A CEREJA DO BOLO

O primeiro passo do trabalho foi refazer o cadastro de cada um dos equipamentos críticos. Isso permitiu visualizar adequadamente todos os sistemas e conjuntos importantes, o que viabilizou a análise das necessidades de manutenção de cada parte dos equipamentos. Além disso, o novo cadastro possibilitaria a formação de um histórico de falhas organizado.

A partir dos novos cadastros, das informações dos manuais e da experiência da equipe, foram construídos novos planos de manutenção para os equipamentos críticos.

SISTEMA	EQUIPAMENTO	DESCRIÇÃO DE ATIVIDADES	PERIODICIDADE	PADRÃO DE REF.
SISTEMA DE ALIMENTAÇÃO DE CAVACO	Correia transportadora	1. Realizar análise de vibração dos rolamentos da esteira de transporte de cavaco	Bimestral	PM-011--031
		2. Inspecionar os roletes de apoio da correia e trocar os roletes danificados	Semestral	PM-014--025
		3. Inspecionar os rolamentos dos tambores de acionamento (com a esteira funcionando)	Semestral	PM-014--032
		4. Desmontar o conjunto e trocar os rolamentos do tambores do esticador	anual	PM-014--023
		5. Inspecionar a correia quanto a ponto da emenda, desgaste e alinhamento	Mensal	PM-014--034
	Redutor 290/TF	1. Realizar análise de vibração dos mancais e rolamentos do redutor	Bimestral	PM-014--054
		2. Inspecionar o nível de óleo do redutor	Semestral	
		3. Inspecionar o redutor quanto à existência de eventuais vazamentos de óleo	Mensal	
		4. Inspecionar a fixação do redutor na base	Trimestral	
	Motor elétrico	1. Realizar análise de vibração dos mancais do motor	Bimestral	PM-011--062
		2. Medir a temperatura do motor (temperatura deve estar abaixo de 76ºC)	Mensal	
		3. Medir a corrente do motor da esteira de cavaco (corrente deve estar abaixo da nominal)	Semestral	PM-009--019
		4. Medir isolamento do motor da esteira de cavaco	Anual	PM-009--020
		5. Inspecionar a instalação do motor da esteira de cavaco (cabos, caixas de ligação, ventoinha)	Anual	
		6. Inspecionar o sensor de movimento e o sensor de desalinhamento (esteira de cavaco)	Semestral	PM-014--035

Obs.: algumas atividades, valores e periodicidades foram propositalmente modificados para evitar a identificação da empresa.

Figura 7.8 – Trecho de um dos novos planos de manutenção desenvolvidos e implantados.

Esses planos foram implantados e, após um ano, as falhas dos equipamentos críticos foram reduzidas em mais de 25%, contribuindo para o aumento do tempo de produção em 2,6%.

No entanto, não basta ter bons planos de manutenção preventiva, é preciso executá-los no dia a dia. A realização das tarefas preventivas e também das corretivas é outro desafio dos gestores de manutenção, tratado no próximo tópico.

7.3 Execução da manutenção

É a execução adequada das tarefas de manutenção corretiva e preventiva nos equipamentos que garante os desejados objetivos de elevada disponibilidade e baixo custo. A empresa deve ter processos de trabalho que suportem tanto a execução das tarefas preventivas, que são previsíveis, quanto das corretivas, que muitas vezes são executadas em caráter de urgência.

CASO REAL

Uma empresa de transporte ferroviário já possuía uma equipe de técnicos bem formados e planos de manutenção consistentes para seus equipamentos. Porém, algumas atividades de manutenção não eram executadas no prazo, o que levava a falhas nos equipamentos, e também não existia controle adequado das tarefas de manutenção já executadas e das pendentes.

Ao fazer uma análise mais aprofundada, foi identificado que vários processos de trabalho relacionados à gestão da manutenção não estavam sendo bem executados, entre eles o processo de "programação dos serviços da manutenção" e o processo de "controle da execução dos serviços de manutenção".

CAPÍTULO 7 | GESTÃO DA MANUTENÇÃO: A CEREJA DO BOLO

Para solucionar esse problema, a equipe da manutenção realizou, inicialmente, o mapeamento da situação atual desses dois processos de trabalho, ou seja, os fluxogramas foram desenhados, explicitando-se a sequência de atividades, as decisões existentes no processo e os agentes envolvidos. Com isso, foi possível identificar as deficiências que levavam a falhas na emissão das ordens de serviço da manutenção, bem como a falhas relacionadas à baixa (ou encerramento) dos serviços, o que impedia um controle adequado dos trabalhos efetivamente executados.

O passo seguinte foi redesenhar os processos, contemplando uma sequência de tarefas, verificações e decisões que impediam a ocorrência dos problemas identificados nos processos originais.

Após a validação dos processos, eles foram implantados e o índice de serviços não executados no prazo caiu significativamente.

A área de Planejamento e Controle da Manutenção (PCM) deve estabelecer esses processos de trabalho para a execução das tarefas preventivas e corretivas, distribuir os trabalhos para as equipes executantes (mecânicos e eletricistas) no dia a dia e controlar os resultados reais da manutenção, que são as falhas e as informações provenientes das inspeções. Esses dados irão realimentar os planos de manutenção desenvolvidos. Por exemplo, se o plano estabelece que em determinado equipamento a troca de uma correia deve ocorrer a cada seis meses e a análise das peças trocadas indicar que elas poderiam trabalhar por mais três, o plano de manutenção deve ser ajustado para que as próximas trocas ocorram a cada nove meses. De forma análoga, se acontecem falhas da correia cinco meses após a sua troca, a periodicidade de troca deve ser alterada para quatro meses e inspeções intermediárias devem ser executadas.

Além de planejar a execução das tarefas de manutenções preventiva e corretiva, o PCM deve implantar um processo de inspeção dos equipamentos e relato de anomalias[110], por parte dos operadores e dos profissionais da manutenção[111]. As anomalias identificadas devem ser removidas o quanto antes, para evitar que evoluam para falhas. Também é conveniente que antes de grandes paradas preventivas dos equipamentos seja feito um levantamento das anomalias, para que seja programada a remoção delas para o momento dessa grande parada.

---

110 Anomalias são problemas em estágio inicial em um equipamento, como folgas, vibrações, ruídos, vazamentos etc. Se elas não forem removidas, elas evoluem e se tornam uma falha, que leva o equipamento a uma situação de indisponibilidade.

111 Como os operadores estão o tempo todo ao lado das máquinas, eles têm a oportunidade de identificar qualquer situação anormal ao longo da jornada de trabalho. Além disso, é conveniente que eles executem uma inspeção guiada por um *checklist* em cada turno de trabalho, buscando identificar as falhas ou anomalias por meio dos cinco sentidos, e sejam treinados para relatar adequadamente tais anomalias para a equipe de manutenção. Já os profissionais da manutenção devem possuir uma "rota" de inspeção, para que, de tempos em tempos, os equipamentos sejam inspecionados por um profissional com maior habilidade para detectar e relatar anomalias.

CASO REAL

Uma construtora de grande porte possuía obras de estradas e barragens em todo o território nacional e utilizava intensivamente equipamentos de terraplenagem, como tratores de esteira, "motoscrapers", motoniveladoras, carregadeiras, entre outros. Apesar de a empresa já executar manutenções preventivas, as quebras eram frequentes e, consequentemente, a disponibilidade dos equipamentos era inferior à desejada pela administração. A situação de trabalho era agressiva aos equipamentos e, na maioria das vezes, as máquinas operavam em frentes de trabalho distantes da oficina central.

Decidimos desenvolver e implantar uma sistemática de inspeção e relato das anomalias, utilizando os operadores para inspecionar e relatar as anomalias diariamente em um formulário afixado em cada máquina.

REGISTRO DE FALHAS E ANOMALIAS DE EQUIPAMENTOS							EQUIPAMENTO:		
ITEM	DESCRIÇÃO	É FALHA? SIM / NÃO	SISTEMA	HORÍMETRO	DATA	OPERADOR	RELATADO POR	DATA CORREÇÃO	CORRIGIDO POR

Figura 7.9 – Formulário de registro de falhas e anomalias utilizado para os equipamentos.

> Os formulários com as anomalias registradas eram enviados para a área de PCM pelos motoristas dos caminhões de abastecimento[112]. Uma vez que o PCM recebia as informações sobre as anomalias, a remoção delas era programada, a fim de evitar o seu agravamento e a consequente quebra dos equipamentos.
>
> A implantação dessa sistemática reduziu muito as quebras, contribuindo para o aumento da disponibilidade dos equipamentos. Com a melhoria obtida nas primeiras obras, a Diretoria de Manutenção da construtora decidiu implantá-la em todas as obras da empresa.

Nos parágrafos anteriores, tratamos do cumprimento das tarefas de manutenção. Porém, é preciso ressaltar que, além de realizar as tarefas, a execução deve ocorrer dentro de um tempo razoável para não prejudicar exageradamente o tempo de produção, sobretudo dos equipamentos gargalos. O primeiro cuidado para que a execução da manutenção ocorra dentro de um tempo razoável é garantir a integração entre as áreas de PCP e PCM, pois, assim, se consegue definir, de forma adequada e antecipada, o momento das paradas de manutenção, o que possibilita planejar os recursos com antecedência, minimizando as chances de atraso. Uma segunda forma de diminuir o tempo de parada dos equipamentos é analisar as principais tarefas de uma parada, identificar as que podem ser feitas com o equipamento em funcionamento (por exemplo, a realização de montagens prévias de determinados conjuntos) e implantar essa forma de trabalho.

7.4 Reduzindo o custo de peças e serviços

A redução do custo de peças e serviços pode ser obtida de duas formas: (i) diminuindo a necessidade de troca de peças ou de realização de serviços; e (ii) reduzindo o valor dessas peças[113] e serviços.

O trabalho para redução da necessidade de troca de peças ou de realização de serviços deve contemplar tanto as intervenções preventivas quanto as intervenções corretivas. No que se refere às preventivas, os planos de manutenção devem ser analisados de tempos em tempos, para que se ajuste a periodicidade de troca de determinadas peças. Numa situação em que não tenham ocorrido falhas e a análise das peças substituídas preventivamente indica que elas ainda

---

112 Nos dias atuais, a implantação de uma sistemática desse tipo seria bem mais simples devido às facilidades de comunicação.

113 A mesma abordagem utilizada para reduzir o valor das peças pode ser usada para diminuir o valor dos materiais empregados na manutenção, como lubrificantes, eletrodos e ferramentas de corte.

possuem condições de uso, a frequência de trocas pode ser reduzida[114]. O mesmo pode ser dito sobre os serviços preventivos contratados.

A redução da necessidade de trocas de peças ou de realização de serviços em intervenções corretivas é obtida com o trabalho de diminuição de falhas. Quanto menos falhas ocorrem nos equipamentos, maior é a disponibilidade deles e menor é o custo. A existência de uma sistemática de relato e remoção de anomalias e o cumprimento dos planos de manutenção preventiva, já discutidos nos tópicos anteriores, são os principais trabalhos para a diminuição no número de falhas. Além disso, os esforços para identificação das falhas que são mais frequentes[115] e para descoberta e bloqueio de sua causa fundamental[116] são essenciais para evitar a sua reincidência. Por fim, deve-se garantir o treinamento adequado tanto dos profissionais da manutenção quanto dos operadores dos equipamentos.

O treinamento dos profissionais da manutenção deve ser focado tanto nas disciplinas básicas de manutenção – a exemplo de elementos de máquinas, hidráulica e interpretação de desenhos técnicos – quanto nos padrões de manutenção dos equipamentos da empresa. Isso contribui para que as tarefas sejam bem executadas e não insiram problemas nos equipamentos, além de dar embasamento aos mecânicos e eletricistas para que ajudem na identificação das causas fundamentais das falhas. Já o treinamento dos operadores deve ser focado na operação adequada dos equipamentos, sem ultrapassar os limites especificados de carga, velocidade, temperatura ou qualquer outro parâmetro. Dessa forma, evitam-se as falhas por operação indevida.

Para redução do valor das peças e serviços contratados pela manutenção, inicialmente a área de suprimentos deve fazer o seu trabalho do dia a dia, negociando valores com os fornecedores tradicionais e desenvolvendo novos[117]. Além disso, as áreas de execução e de engenharia de manutenção podem trabalhar juntas para conduzir modificações nos equipamentos, de forma a facilitar e baratear a manutenção e, ao mesmo tempo, aumentar a confiabilidade dos equipamentos.

Por fim, vale mencionar que a negociação e compra de peças ou serviços de manutenção dependem, muitas vezes, de um conhecimento técnico que os profissionais da área de suprimentos

---

114 Obviamente, nas situações em que a manutenção é regulamentada, esse ajuste de frequência de trocas não pode ser efetuado. Nas situações em que o item substituído é relacionado à segurança do equipamento ou de seus operadores, esse fato deve ser levado em conta antes de se efetuar um ajuste na frequência de troca.

115 A existência de um cadastro adequado dos equipamentos, tal como mencionado no tópico 7.2, é pré-requisito para que seja possível identificar os itens mais críticos em termos de números de falha.

116 Para identificação da causa fundamental das falhas, é recomendado que se questionem sucessivas vezes o motivo pelo qual a falha ocorreu até que se chegue à causa fundamental. E para que se tenha resposta a cada um dos questionamentos, a equipe responsável pelo trabalho deve levantar o máximo possível de evidências sobre a falha. Esse levantamento contempla, entre outras coisas, a análise técnica das peças danificadas, a verificação dos registros de manutenção, o levantamento das condições operacionais no momento da quebra e a busca de informações qualitativas com os operadores e mantenedores que trabalharam recentemente no equipamento.

117 O trabalho da área de suprimentos deve contemplar não apenas a negociação de valores, mas também, entre outras coisas, gerir o nível dos estoques de peças para evitar o exagero de itens e realizar a interface com a área de manutenção no momento da compra de novos equipamentos, para decidir a real necessidade da compra de sobressalentes. Essas atividades evitam a obsolescência e o sucateamento dos itens em estoque.

não possuem. Dependendo do porte da empresa, pode ser conveniente que a área de manutenção defina um profissional para se dedicar à negociação do escopo e preço dos serviços com os fornecedores, trabalhando de forma coordenada com a área de suprimentos. Essa prática evita que sejam contratados serviços com um escopo maior do que o necessário ou com preços abusivos.

CASO REAL

Uma usina de açúcar e álcool localizada no Nordeste do Brasil precisava realizar um trabalho para aumentar a disponibilidade dos equipamentos e diminuir o custo de manutenção. A frente de trabalho de redução de custo de manutenção concentrou-se nos equipamentos automotivos, responsáveis pelo plantio, tratos culturais, colheita e transporte de cana. Identificamos que as compras de peças e, principalmente, de alguns serviços apresentavam grande variação de preços entre diversos fornecedores e até entre compras do mesmo fornecedor. No caso dos serviços, a variação era causada, sobretudo, pela diferença do escopo do que era executado. Os serviços de recauchutagem de pneus e retífica de motores eram exemplos emblemáticos dessa variação. As discussões internas apontaram que, muitas vezes, os serviços sugeridos pelos fornecedores contemplavam itens desnecessários, mas que acabavam sendo contratados por desconhecimento técnico do pessoal da área de suprimentos e pela impossibilidade de os gestores ou técnicos da manutenção acompanharem o processo de fornecimento dos serviços. A solução encontrada foi a criação do cargo de "analista de compras de serviços terceirizados", em que um funcionário se envolvia tecnicamente em cada compra de peça ou serviço de valor relevante. Esse analista ficou responsável por analisar tecnicamente e questionar os itens sugeridos pelos fornecedores, bem como discutir os preços. Vários itens desnecessários e com preços exagerados passaram a ser identificados pelo analista e, ao final de um ano, a economia obtida foi elevada, justificando imensamente a criação do cargo.

7.5 Melhor utilização da mão de obra

Além das peças e serviços contratados, outro custo relevante na manutenção de equipamentos é a mão de obra, especialmente porque, na maioria das vezes, se trata de um serviço que exige profissional mais qualificado e, consequentemente, mais bem remunerado do que um profissional da operação. Dessa forma, é primordial utilizar bem a mão de obra da manutenção.

Uma grande dificuldade para conseguir boa produtividade de mão de obra é a própria natureza das tarefas de manutenção que, normalmente, não são repetitivas, exigem deslocamentos e necessitam de interfaces com pessoas de outras áreas, como da produção, almoxarifado e segurança. Para aumentar a utilização da mão de obra da manutenção, o primeiro passo é identificar quais são as atividades que ocupam os executantes quando eles não estão com as "ferramentas nas mãos", ou seja, quais são as atividades não diretamente produtivas.

Uma forma de identificar essas atividades é pela da medição do *wrench time*[118] ("tempo com a chave inglesa"). Essa medição é feita usando uma técnica estatística de amostragem instantânea, em que são realizadas verificações periódicas das atividades que estão sendo executadas pelos mantenedores. Normalmente, uma amostra de 200 observações já é suficiente para fornecer um resultado com baixo erro estatístico. O resultado da medição indica qual é o percentual do tempo dos executantes de manutenção na execução em si da tarefa (*wrench time*), em atividades relacionadas à execução, a exemplo da verificação das instruções de trabalho, e em atividades que devem ser minimizadas ou eliminadas, como os deslocamentos excessivos ou as

---

118 Para mais detalhes sobre a medição do *wrench time*, ver Palmer, R. D. *Maintenance planning and scheduling handbook*. São Paulo : McGraw-Hill, 2012.

atividades pessoais[119]. Uma vez identificados os tempos que devem ser suprimidos ou reduzidos, deve-se elaborar um plano de ação para alcançar tal objetivo. A melhor utilização da mão de obra contribui tanto para a redução do custo de pessoal quanto para o cumprimento das tarefas de manutenção, possibilitando a melhoria da disponibilidade dos equipamentos.

CASO REAL

Os aeroportos possuem carga elevada de trabalhos de manutenção, tanto da parte de equipamentos quanto da parte civil. O contingente de executantes de manutenção envolvidos é grande, e a produtividade dessa equipe é importante para a redução do custo com mão de obra, para o rápido atendimento aos chamados de manutenção corretiva e para o cumprimento das atividades preventivas.

A fim de identificar as causas da baixa produtividade da mão de obra, foi realizado um trabalho para medir o "wrench time" das equipes de manutenção de um grande aeroporto da América do Sul. Como as equipes executantes eram independentes para cada tipo de trabalho (manutenção elétrica de baixa tensão, ar-condicionado e ventilação,

---

119 De acordo com várias situações vivenciadas pelo autor deste livro, é comum que em ambientes industriais as primeiras medições de *wrench time* apresentem resultados próximos a 30%. Após a melhoria dos processos de trabalho, é possível alcançar 40% ou 45%. Em situações específicas, por exemplo, quando se executam muitos trabalhos em bancada, podem-se alcançar mais do que 50% de *wrench time*.

cercas e gramados, hidráulica, elevadores, escadas e esteiras rolantes, etc.), foram executadas medições separadas para cada uma das equipes. Durante a medição, foram encontrados os mais variados problemas que influenciavam negativamente o "wrench time", por exemplo: (i) demora em localizar peças sobressalentes nos almoxarifados; (ii) ordens de serviços mal redigidas que não deixavam claro o local físico de realização do trabalho; (iii) atraso no transporte dos executantes para o local de realização dos serviços; e (iv) cadastro com erros do modelo de peças sobressalentes no sistema, o que causava a necessidade de interrupção do serviço para a troca das peças reservas; entre outros.

A correção de algumas dessas deficiências foi imediata, e outras foram atacadas com ações formalizadas em um plano de ação. Uma nova medição do "wrench time" foi executada seis meses depois e todas as equipes evoluíram em relação à primeira medição.

7.6 Nota sobre as ferramentas de confiabilidade

É comum ouvir gestores de Departamentos de Manutenção ou de empresas mencionarem o desejo ou a necessidade de trabalhar com ferramentas de confiabilidade. De forma simplificada, podemos dizer que o uso dessas técnicas ou ferramentas de confiabilidade contribui para o Departamento de Manutenção alcançar um de seus principais objetivos, que é o aumento de disponibilidade dos equipamentos.

As ferramentas de confiabilidade mais conhecidas são a *Failure Mode and Effect Analysis* (FMEA – Análise dos modos e efeitos de falha), a *Failure Tree Analysis* (FTA – Análise da Árvore de Falha)[120] e a Manutenção Centrada em Confiabilidade (RCM II).[121] Elas guiam o trabalho de identificar as possíveis falhas de um equipamento, possibilitando fácil visualização dos pontos vulneráveis. Essas informações são utilizadas para elaborar ou revisar os planos de manutenção e servem de insumo para alterações no projeto dos equipamentos e dos seus procedimentos operacionais.

Apesar de serem ferramentas poderosas no trabalho de análise, a verdade é que nem todas as empresas realmente precisam utilizar essas técnicas. Isso acontece porque, na maioria das vezes, as empresas ainda não desenvolvem adequadamente os trabalhos tradicionais para melhoria da manutenção, como a elaboração e revisão dos planos de manutenção ou a

---

120 Mais detalhes sobre a FMEA e a FTA podem ser vistos em Helman, H.; Andrey, P. R. *Análise de falhas* – Aplicação dos métodos de FMEA e FTA. Belo Horizonte : Fund. Christiano Ottoni/Escola de Engenharia da UFMG, 1995.

121 O RCM II foi proposto por John Moubray e possui características em comum com a FMEA. Mais detalhes podem ser vistos em Moubray, J. *Reliability centered maintenance*. New York : Industrial Press Inc., 1992.

inspeção, detecção e relato de anomalias. Esse trabalho tradicional da manutenção, quando bem executado, já fornece bons resultados e é a base que deve ser construída antes de se trabalhar com técnicas de confiabilidade. Já para as empresas que fabricam equipamentos, essas técnicas devem ser utilizadas com maior frequência, com o objetivo de melhorar a disponibilidade desses produtos que elas fabricam e fornecem ao mercado, bem como reduzir as falhas potenciais dos equipamentos que ainda estão em fase de desenvolvimento. Isso também vale para as empresas que já possuem a gestão tradicional da manutenção em estágio avançado, pois, nesse caso, as técnicas de confiabilidade possibilitarão um passo a mais no caminho da redução ou eliminação das falhas. Nas situações em que o trabalho tradicional da manutenção não está gerando os resultados desejados em termos de disponibilidade, bem como nas situações em que as eventuais falhas geram riscos de acidentes, as análises de confiabilidade também são muito úteis.

CASO REAL

Uma empresa siderúrgica, que possuía elevado nível de gestão de manutenção, já tinha conseguido reduzir as falhas da maioria dos seus equipamentos, utilizando a abordagem tradicional da manutenção. No entanto, ainda ocorriam problemas inesperados no topo do alto-forno, os quais contribuíam para perdas de produção do alto-forno.

Decidiu-se, então, realizar um trabalho de confiabilidade, utilizando a metodologia FMEA (Figura 7.10), para o topo do alto-forno, com o suporte de consultores especializados e com grande dedicação dos engenheiros da empresa, os quais eram especialistas no equipamento. Nesse trabalho, foram identificados os principais itens funcionais do equipamento e a função deles, além dos modos de falhas com seus efeitos e suas causas.

			Falhas possíveis				Índices			
Equipamento	Nome do item funcional	Função	Modo	Efeito	Causas	Controles atuais	G	O	D	R
Tremonha do topo do alto forno	Transmissor de nível alto do Hopper	Converter o sinal da fonte de pulso para sinal discreto	Não conversão do sinal da fonte de pulso para sinal discreto	Possibilidade de transbordo do hopper (apenas em caso de material em excesso, conjugado com falhas na balança)	Queima de componentes eletrônicos do transmissor	PI calibr: Per:365 dias Não existe PM para esta tarefa	6	2	8	96
				Fim de vida útil		PI calibr: Per:365 dias Não existe PM para esta tarefa Não existe previsão de troca por fim de vida útil	6	4	3	72
			Perda de alimentação do transmissor	Possibilidade de transbordo do hopper (apenas em caso de material em excesso, conjugado com falhas na balança)	Falta de energia	PI insp: Per: 60 dias PM-3476-0012 Atualização: 09/20XX (desatualizado) Conteúdo: informações muito superficiais	6	5	9	270
					Cabo partido	Nenhum controle atual	6	4	8	192
	Tomada de impulso do PT do hopper	Permitir amostragem da pressão do hopper	Entupimento da tomada de impulso	Medição errônea de pressão - Cascata: impossibilidade de descarga do hopper - Cascata: parada da sequência de topo	Falha do sistema de purga	PI insp: Não existe padrão PM-3476-0028 Atualização: 05/20XX (desatualizado) Conteúdo: bom nível de informações	7	5	8	280
			Ruptura da tomada de impulso	Medição errônea de pressão - Cascata: impossibilidade de descarga do hopper - Cascata: parada da sequência de topo	Corrosão da tomada	PI insp: Per: 14 dias PM-3476-0028 Atualização: 05/20XX (desatualizado) Conteúdo: bom nível de informações	7	4	2	56
					Impacto de corpo estranho	Idem controle atual anterior do mesmo item funcional	7	3	6	126

Obs.: algumas funções, falhas, controles e valores foram propositalmente modificados para evitar a identificação da empresa.

Figura 7.10 – Trecho da tabela de FMEA desenvolvida.

CAPÍTULO 7 | GESTÃO DA MANUTENÇÃO: A CEREJA DO BOLO

Em seguida, as causas potenciais de falha foram priorizadas e atacadas com um plano de ação (Figura 7.11). Esse trabalho eliminou vários pontos de vulnerabilidade do topo do alto-forno, que deixou de ser o maior causador de instabilidade operacional no alto forno.

PLANO DE AÇÃO - FMEA				
Item Funcional (Causa)	Ações / Etapas	Início	Fim	Responsável
TRASMISSOR DE NÍVEL ALTO DO HOPPER (PERDA DE ALIMENTAÇÃO DO TRANSMISSOR POR FALTA DE ENERGIA)	1. Estudar possibilidade de ligação do transmissor em um circuito com alimentação segura	1-jul	31-jul	Marcelo
	1.1 Solicitar estudo da área de engenharia para a implementação de alimentação segura	1-jul	31-jul	Marcelo
	2. Implementar ligação em alimentação segura (se aprovado o estudo do item 1)	A definir	A definir	Marcelo
	3. Susbtituição do sensor existente por um não-radioativo	1-ago	30-set	José Carlos
TOMADA DE IMPULSO DO PT DO HOPPER (ENTUPIMENTO DA TOMADA DE IMPULSO POR FALHA DO SISTEMA DE PURGA)	4. Incluir o sistema de purga no plano de inspeção	15-jun	20-jun	Daniel
	5. Adequar o padrão de inspeção PI-0326-012 de forma a contemplar a orientação do sistema de purga	15-jun	20-jun	Daniel
	6. Realizar estudo de viabilidade de instalação de medidor de vazão	1-jun	25-jun	Gilmar
	7. Instalação de medidor de vazão (se aprovado o estudo do item 6)	A definir	A definir	Gilmar

Obs.: algumas causas, ações, prazos e responsáveis foram propositalmente modificados para evitar a identificação da empresa.

Figura 7.11 – Trecho do plano de ação desenvolvido para as causas listadas no formulário de FMEA com maior pontuação.

7.7 Exemplo completo – parte 6/9
Um guia de trabalho para você e sua empresa

No capítulo 5, vimos que a equipe do "Laticínio Silva e Filhos" ajustou o mix de produtos fabricados e vendidos para conseguir alavancar a receita. Esse ajuste de mix envolveu o aumento de 5,93% da produção do doce de leite, de maior margem. Esse incremento só não foi maior devido à restrição da capacidade de produção da linha de envase do doce, principalmente, por causa de problemas de manutenção nos equipamentos. Agora, o foco da equipe de gestores do nosso laticínio se volta para a melhoria da manutenção dos equipamentos, o que pode gerar mais disponibilidade destes para a produção e menor custo de peças e serviços de manutenção.

As linhas do DRE e as respectivas equações da Figura 3.10 aqui trabalhadas são a receita dos produtos e o custo da matéria-prima (leite), dos insumos, das embalagens e das peças e serviços de manutenção. A Figura 7.12 reapresenta as equações relacionadas a cada uma dessas contas, destacando-se com bordas grossas os componentes trabalhados de cada equação.

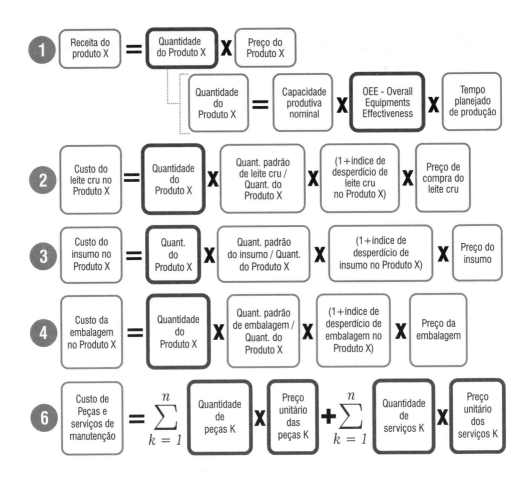

Figura 7.12 – Componentes de cada uma das equações que foram trabalhados pelo laticínio do exemplo.

O Departamento de Manutenção do laticínio estudou as falhas históricas da linha de envase do doce de leite, priorizou as mais frequentes e redefiniu os planos de manutenção para evitar essas falhas. Como consequência, obteve-se aumento de capacidade de mais 3% nessa linha. O leite necessário para essa produção adicional foi proveniente de uma redução de 1,27% do leite que era destinado ao leite vitaminado, de menor margem. Como consequência, a receita do leite

CAPÍTULO 7 | GESTÃO DA MANUTENÇÃO: A CEREJA DO BOLO

209

vitaminado foi reduzida em 1,27% e a do doce de leite majorada em 3%. Os gastos com insumos e embalagens também foram diminuídos em 1,27% para o leite vitaminado e aumentados em 3% para o doce de leite.

A revisão dos planos de manutenção contemplou outros equipamentos, além da linha de envase do doce de leite, de forma que foi possível reduzir a demanda por peças e serviços contratados. Paralelamente, foi feito um trabalho de negociação, que diminuiu o valor de algumas peças e serviços frequentemente utilizados. Essas duas últimas ações contribuíram, de forma conjunta, para a redução de 8% do gasto com peças e serviços de manutenção. Como consequência indireta de todas essas melhorias, a receita financeira aumentou em 15,09% (devido ao aumento do caixa) e o valor absoluto do imposto de renda e da contribuição social aumentou em 16,41% (devido ao aumento do lucro antes dos impostos). A Figura 7.13 mostra o impacto dessas melhorias no lucro líquido da empresa.

Demonstrativo de Resultado do Exercício - DRE		Mês 0	Mês 3	Variação	Mês 4
1	Receita Líquida	R$ 3.280.000,00	R$ 3.341.220,28		R$ 3.357.887,58
1.1	Receita do Leite Vitaminado	R$ 874.120,00	R$ 867.267,56	- 1,27%	R$ 856.260,85
1.2	Receita do Doce de Leite	R$ 870.840,00	R$ 922.466,81	3,00%	R$ 950.140,81
1.3	Receita do Iogurte	R$ 715.040,00	R$ 731.485,92		R$ 731.485,92
1.4	Receita do Queijo	R$ 518.240,00	R$ 518.240,00		R$ 518.240,00
1.5	Receita do Requeijão	R$ 301.760,00	R$ 301.760,00		R$ 301.760,00
2	Custo dos Produtos Vendidos	- R$ 2.796.918,76	- R$ 2.797.686,05		- R$ 2.797.296,86
2.1	Leite	- R$ 1.889.755,60	- R$ 1.889.755,60		- R$ 1.889.755,60
2.1.1	Leite cru para o Leite Vitaminado	- R$ 769.225,60	- R$ 759.379,47	- 1,27%	- R$ 749.742,00
2.1.2	Leite cru para o Doce de Leite	- R$ 304.794,00	- R$ 321.249,07	3,00%	- R$ 330.886,54
2.1.3	Leite cru para o Iogurte	- R$ 300.316,80	- R$ 299.115,53		- R$ 299.115,53
2.1.4	Leite cru para o Queijo	- R$ 388.680,00	- R$ 384.793,20		- R$ 384.793,20
2.1.5	Leite cru para o Requeijão	- R$ 126.739,20	- R$ 125.218,33		- R$ 125.218,33
2.2	Insumos	- R$ 255.633,36	- R$ 259.673,97		- R$ 262.884,79
2.2.1	Insumo para o Leite Vitaminado	- R$ 8.741,20	- R$ 8.672,68	- 1,27%	- R$ 8.562,61
2.2.2	Insumo para o Doce de Leite	- R$ 104.500,80	- R$ 110.696,02	3,00%	- R$ 114.016,90

(continua)

Demonstrativo de Resultado do Exercício - DRE	Mês 0	Mês 3	Variação	Mês 4
2.2.3	Insumo para o Iogurte	- R$ 78.654,40	- R$ 77.081,31		- R$ 77.081,31
2.2.4	Insumo para o Queijo	- R$ 12.437,76	- R$ 12.437,76		- R$ 12.437,76
2.2.5	Insumo para o Requeijão	- R$ 51.299,20	- R$ 50.786,21		- R$ 50.786,21
2.3	Embalagens	- R$ 197.529,80	- R$ 198.756,47		- R$ 198.756,47
2.3.1	Embalagens para o Leite Vitaminado	- R$ 21.853,00	- R$ 21.681,69	-1,27%	- R$ 21.681,69
2.3.2	Embalagens para o Doce de Leite	- R$ 69.667,20	- R$ 71.583,42	3,00%	- R$ 71.583,42
2.3.3	Embalagens para o Iogurte	- R$ 71.504,00	- R$ 71.504,00		- R$ 71.504,00
2.3.4	Embalagens para o Queijo	- R$ 10.364,80	- R$ 9.846,56		- R$ 9.846,56
2.3.5	Embalagens para o Requeijão	- R$ 24.140,80	- R$ 24.140,80		- R$ 24.140,80
2.4	Pessoal de operação e manutenção	- R$ 258.000,00	- R$ 258.000,00		- R$ 258.000,00
2.4.1	Pessoal de operação	- R$ 240.000,00	- R$ 240.000,00		- R$ 240.000,00
2.4.2	Pessoal de manutenção	- R$ 18.000,00	- R$ 18.000,00		- R$ 18.000,00
2.5	Peças e serviços de manutenção	- R$ 45.000,00	- R$ 45.000,00	- 8,00%	- R$ 41.400,00
2.6	Transporte de matéria-prima e insumos	- R$ 36.000,00	- R$ 34.000,00		- R$ 34.000,00
2.6.1	Fretes	- R$ 12.000,00	- R$ 18.000,00		- R$ 18.000,00
2.6.2	Frota própria	- R$ 24.000,00	- R$ 16.000,00		- R$ 16.000,00
2.7	Energia elétrica	- R$ 50.000,00	- R$ 50.000,00		- R$ 50.000,00
2.8	Energia térmica	- R$ 25.000,00	- R$ 22.500,00		- R$ 22.500,00
2.9	Outros custos	- R$ 40.000,00	- R$ 40.000,00		- R$ 40.000,00
3	Lucro Bruto	R$ 483.081,24	R$ 543.534,24		R$ 560.590,72
4	Despesas Gerais, Adm e de Vendas	- R$ 388.200,00	- R$ 390.036,61		- R$ 390.536,63
4.1	Pessoal adm e de vendas	- R$ 198.000,00	- R$ 198.000,00		- R$ 198.000,00
4.1.1	Pessoal adm	- R$ 162.000,00	- R$ 162.000,00		- R$ 162.000,00
4.1.2	Pessoal de vendas - fixo	- R$ 36.000,00	- R$ 36.000,00		- R$ 36.000,00
4.2	Comissões de vendas	- R$ 98.400,00	- R$ 100.236,61		- R$ 100.736,63

(continua)

CAPÍTULO 7 | GESTÃO DA MANUTENÇÃO: A CEREJA DO BOLO 211

(conclusão)

	Demonstrativo de Resultado do Exercício - DRE	Mês 0	Mês 3	Variação	Mês 4
4.3	Telefonia	- R$ 4.800,00	- R$ 4.800,00		- R$ 4.800,00
4.4	Segurança	- R$ 50.000,00	- R$ 50.000,00		- R$ 50.000,00
4.5	Limpeza	- R$ 16.000,00	- R$ 16.000,00		- R$ 16.000,00
4.6	Outras despesas	- R$ 21.000,00	- R$ 21.000,00		- R$ 21.000,00
5	EBITDA	R$ 94.881,24	R$ 153.497,63		R$ 170.054,09
6	Depreciação / Amortização	- R$ 53.333,33	- R$ 53.333,33		- R$ 53.333,33
7	EBIT	R$ 41.547,91	R$ 100.164,30		R$ 116.720,76
8	Resultado financeiro	R$ 1.600,00	R$ 9.009,49	15,09%	R$ 10.368,91
9	Lucro Antes dos Impostos	R$ 43.147,91	R$ 109.173,79		R$ 127.089,67
10	Imposto de renda / Contrib. social	- R$ 15.101,77	- R$ 38.210,83	16,41%	- R$ 44.481,38
11	Lucro Líquido	R$ 28.046,14	R$ 70.962,96		R$ 82.608,29

Figura 7.13 – Melhoria conseguida no DRE a partir das melhorias de manutenção implantadas.

O maior lucro obtido no período, graças às melhorias na gestão da manutenção, causou alteração também no Balanço Patrimonial. As células destacadas na Figura 7.14 evidenciam essas mudanças. No ativo do BP ocorre aumento do caixa devido ao lucro acrescido da depreciação do período, além do incremento do valor absoluto da depreciação acumulada. No passivo, há aumento das reservas de lucro e, consequentemente, do patrimônio líquido[122].

---

122 Para fins didáticos, consideramos que entre esses dois períodos não ocorreu alteração nos prazos de pagamento, recebimento ou estocagem e nem movimentações relacionadas aos investimentos e financiamentos. Também, não foram consideradas no balanço as eventuais variações nas contas de fornecedores e clientes.

Ativo		Mês 0	Mês 3	Mês 4
1	Ativo Circulante	R$ 2.960.000,00	R$ 3.300.949,30	R$ 3.436.890,92
1.1	Caixa e disponibilidades	R$ 800.000,00	R$ 1.540.949,30	R$ 1.676.890,92
1.2	Estoques	R$ 1.200.000,00	R$ 800.000,00	R$ 800.000,00
1.3	Clientes	R$ 960.000,00	R$ 960.000,00	R$ 960.000,00
2	Realizável em Longo Prazo	R$ 240.000,00	R$ 240.000,00	R$ 240.000,00
3	Ativo Permanente	R$ 6.580.000,00	R$ 6.420.000,00	R$ 6.366.666,67
3.1	Máquinas e equipamentos	R$ 4.000.000,00	R$ 4.000.000,00	R$ 4.000.000,00
3.2	Imóveis	R$ 3.600.000,00	R$ 3.600.000,00	R$ 3.600.000,00
3.3	Veículos	R$ 480.000,00	R$ 480.000,00	R$ 480.000,00
3.4	Depreciação acumulada	- R$ 1.500.000,00	- R$ 1.660.000,00	- R$ 1.713.333,33
4	Total do Ativo	R$ 9.780.000,00	R$ 9.960.949,30	R$ 10.043.557,59

Passivo		Mês 0	Mês 3	Mês 4
1	Passivo Circulante	R$ 2.340.000,00	R$ 2.340.000,00	R$ 2.340.000,00
1.1	Fornecedores	R$ 1.740.000,00	R$ 1.740.000,00	R$ 1.740.000,00
1.2	Salários a pagar	R$ 460.000,00	R$ 460.000,00	R$ 460.000,00
1.3	Impostos a pagar	R$ 140.000,00	R$ 140.000,00	R$ 140.000,00
2	Exigível em Longo Prazo	R$ 640.000,00	R$ 640.000,00	R$ 640.000,00
2.1	Emprestimo banco A	R$ 400.000,00	R$ 400.000,00	R$ 400.000,00
2.2	Emprestimo banco B	R$ 240.000,00	R$ 240.000,00	R$ 240.000,00
3	Patrimônio Líquido	R$ 6.800.000,00	R$ 6.980.949,30	R$ 7.063.557,59
3.1	Capital social	R$ 5.600.000,00	R$ 5.600.000,00	R$ 5.600.000,00
3.2	Reservas de lucro	R$ 1.200.000,00	R$ 1.380.949,30	R$ 1.463.557,59
4	Total do Passivo	R$ 9.780.000,00	R$ 9.960.949,30	R$ 10.043.557,59

Figura 7.14 – Melhorias operacionais refletidas no Balanço Patrimonial.

Essa melhoria pode ser verificada pelos indicadores de rentabilidade Margem Líquida e ROE (Figura 7.15).

Indicador	Mês 0	Mês 1	Mês 2	Mês 3	Mês 4	Mês 5	Mês 6	Mês 7
Lucro Líquido do mês	R$ 28.046,14	R$ 42.431,30	R$ 67.555,04	R$ 70.962,96	R$ 82.608,29			
Margem Líquida (LL / Rec. Liq)	0,86%	1,29%	2,02%	2,12%	2,46%			
ROE (LL anual / PL)	4,95%	7,44%	11,73%	12,20%	14,03%			

Figura 7.15 – Evolução do lucro e dos indicadores de rentabilidade.

Melhoria similar pode ser obtida na sua empresa utilizando todos os conceitos apresentados neste capítulo, de forma a conseguir elevada disponibilidade dos equipamentos aliada a um baixo custo.

Resumo do capítulo

Gerir a manutenção adequadamente é difícil, principalmente por envolver carga elevada de conhecimento e pelo fato de o resultado do trabalho não ser obtido instantaneamente, mas é perfeitamente possível. A seguir estão as principais observações e conclusões deste capítulo:

- O grande objetivo da gestão da manutenção é conseguir alta disponibilidade dos equipamentos, aliada a um baixo custo. Conseguir um desses objetivos isoladamente não é muito difícil, porém obter os dois simultaneamente exige gerenciamento minucioso das informações disponíveis e profissionais com conhecimento técnico compatível com a complexidade dos equipamentos.

- Os documentos centrais da gestão da manutenção de uma empresa são os "planos de manutenção" dos equipamentos. Eles definem "o que" deve ser feito em cada equipamento e "quando" as atividades devem ser executadas. O detalhamento de "como" as atividades devem ser realizadas é uma informação apresentada nos "padrões de manutenção", também chamados de "instruções de trabalho da manutenção".

- Além de providenciar a disponibilização de planos e padrões de manutenção, a Diretoria de Manutenção deve garantir adequada execução das tarefas corretivas e preventivas nas máquinas. A implantação de uma sistemática de inspeção, detecção e relato de anomalias contribui muito para a redução das quebras e, consequentemente, para o aumento da disponibilidade dos equipamentos.

- O custo da manutenção pode ser dividido em custo de peças, serviços e mão de obra. Vale observar que os planos de manutenção, ao definirem o que deve ser feito nos equipamentos, consequentemente definem também parte do custo de peças, serviços e mão de obra. Para reduzir esses custos, deve-se trabalhar no consumo e no valor específico das peças e serviços. A diminuição do consumo é obtida, principalmente, pela análise e eliminação das falhas, pela revisão dos planos de manutenção, pela modificação dos equipamentos e pelo treinamento dos profissionais. A redução dos preços dos itens adquiridos é obtida pela negociação do dia a dia e pela busca por novos fornecedores, tanto de peças quanto de serviços. A existência de um profissional da área de manutenção com conhecimento técnico que participe da contratação de serviços ajuda a evitar a contratação de serviços com escopo superdimensionado e preços elevados.

- O aumento da utilização da mão de obra da manutenção é um dos maiores objetivos dos gestores, pois isso contribui simultaneamente para a redução do custo de mão de obra e para o cumprimento das tarefas de manutenção, o que leva a uma maior disponibilidade dos equipamentos. Consegue-se aumentar a utilização da mão de obra eliminando as perdas de tempo do pessoal de manutenção em atividades que não agregam valor. O primeiro passo para evitar essas perdas é a medição delas, que pode ser feita pelo uso de uma técnica estatística de amostragem instantânea, comumente chamada de *wrench time*. Uma vez identificadas as perdas de tempo mais relevantes, planos de ação específicos são elaborados e implementados para eliminar cada uma delas, consequentemente aumentando a utilização da mão de obra.

- Existem ferramentas ou técnicas de engenharia de confiabilidade que podem ajudar a diminuir as falhas em equipamentos críticos e definir os melhores planos de manutenção para cada equipamento em cada situação de operação. Entre essas técnicas, podemos citar a FTA, a FMEA e a RCM II. Como são trabalhosas, elas devem ser utilizadas prioritariamente em situações críticas – quando o ataque tradicional às falhas já foi realizado e os resultados não foram efetivos –, em casos em que as falhas podem levar a riscos de acidentes ou também em análises de falhas potenciais em equipamentos que ainda não entraram em operação.

Questões e Atividades

Questões

1) Quais são os dois maiores objetivos da gestão da manutenção de equipamentos de uma empresa?

2) Quais são as informações que devem constar no "plano de manutenção" de um equipamento? Quais são as informações mais importantes dos "padrões de execução da manutenção"?

3) De acordo com a Figura 7.7, por que os planos de manutenção podem ser considerados o elemento central da gestão da manutenção de uma empresa?

4) Por que é importante que a área de PCM desenvolva e implante um sistema de inspeção e remoção das anomalias (problemas em estágio inicial, como folgas, vazamentos, etc.)? Por que é importante envolver os operadores nessas inspeções?

5) Cite as duas principais formas de reduzir o custo das peças e serviços de manutenção.

6) Quais são os dois principais benefícios da melhor utilização da mão de obra da manutenção?

Atividades

1) Analise o plano de manutenção do seu automóvel apresentado no manual do proprietário. Identifique as tarefas que são baseadas na quilometragem e as inspeções baseadas na quilometragem que, dependendo do seu resultado, podem disparar a execução de uma tarefa de reparo.

2) Procure o manual do equipamento mais importante do processo produtivo da sua empresa. Verifique se existe um plano de manutenção descrito no manual desse equipamento. Se sim, compare-o com plano que efetivamente está sendo cumprido pelo Departamento de Manutenção. Identifique as diferenças ou evoluções do plano original do manual para o que está sendo utilizado. Caso não exista plano de manutenção para esse equipamento, desenvolva um com o suporte dos seus colegas do Departamento de Manutenção, de acordo com o modelo da Figura 7.4. Caso já exista plano de manutenção para esse equipamento crítico, desenvolva um plano para outro equipamento da empresa.

3) Escolha uma tarefa de média complexidade do plano de manutenção de um equipamento da sua empresa. Desenvolva um "padrão de execução da manutenção" para essa tarefa, seguindo o modelo da Figura 7.5 ou da Figura 7.6.

CAPÍTULO 8

Olho nas despesas

CAPÍTULO 8
Olho nas despesas

Introdução

Ao verificar em detalhes os demonstrativos financeiros, especialmente o Balanço Patrimonial (BP) e o Demonstrativo de Resultados do Exercício (DRE), percebemos que grande parte do conteúdo deles já foi discutida nos capítulos anteriores, pois tratamos da gestão da receita, dos custos e da manutenção (que refletem seus resultados diretamente no DRE) e do ciclo financeiro (que impacta diretamente o BP). Obviamente, como os demonstrativos financeiros são interligados, os assuntos tratados nos capítulos anteriores acabam impactando direta ou indiretamente tanto o BP quanto o DRE. Porém, ainda não discutimos um ponto que também impacta os demonstrativos financeiros, que são as despesas. É desse assunto que este capítulo trata.

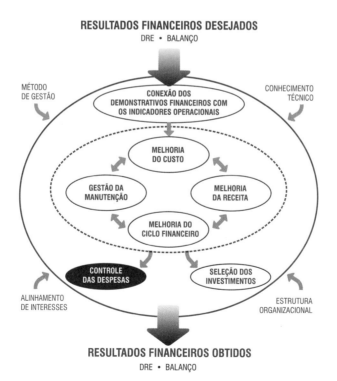

Figura 8.1 – Modelo de melhoria dos resultados financeiros por meio da gestão de operações, enfatizando o controle das despesas.

O controle das despesas é um tema que não envolve tantas inter-relações com outros aspectos operacionais, como o ciclo financeiro (que impacta diretamente a receita) ou a gestão da manutenção (que impacta diretamente o custo), portanto o seu controle é um pouco menos complexo. Isso não significa que esse controle seja menos importante, muito pelo contrário, pois em alguns setores as despesas representam percentual elevado da receita líquida e, em qualquer que seja o negócio, o descontrole delas pode transformar uma atividade de grande margem bruta em uma de baixa rentabilidade.

Este capítulo contém apenas três tópicos. O primeiro se inicia com a discussão da forma tradicional de se elaborar e acompanhar um orçamento de despesas, além de enfatizar os pontos negativos da gestão tradicional destas. Nele também são apresentados o orçamento e acompanhamento matricial das despesas, bem como os benefícios advindos dessa metodologia. O segundo tópico introduz os conceitos do "Orçamento Base Zero – OBZ", seus desafios e os benefícios de sua utilização. O terceiro, por sua vez, traz o exemplo teórico de aplicação prática dos conceitos apresentados. E o capítulo é finalizado com o resumo dos tópicos.

8.1 Gestão tradicional de despesas x Gestão matricial de despesas

Tradicionalmente, as empresas elaboram os seus orçamentos de despesas solicitando que cada um de seus gestores faça a previsão de gastos para o Centro de Custo (CC) sob a sua responsabilidade. Em seguida, os gestores de nível superior revisam o valor total das despesas de todos os CCs de sua competência. Em sua fase de acompanhamento, a lógica é a mesma, ou seja, cada gestor presta contas sobre as despesas totais de seu CC, e os gestores de nível superior prestam contas das despesas de todos os Centros de Custo que estão sob o seu comando. A Figura 8.2 ilustra as responsabilidades pela elaboração e acompanhamento do orçamento tradicional de despesas.

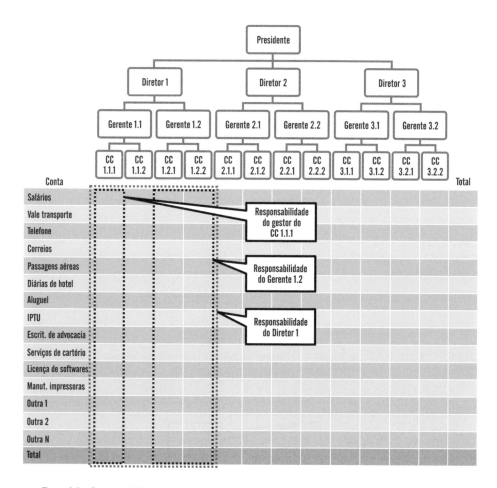

Figura 8.2 – Responsabilidades na elaboração e acompanhamento do orçamento tradicional de despesas.

Essa sistemática tradicional de elaborar o orçamento tem o benefício de fornecer à empresa uma previsão de gastos, além de estabelecer limites para todos os gestores. No entanto, a orçamentação tradicional apresenta algumas limitações e pontos negativos:

- Favorece que os gestores "defendam a manutenção dos gastos das suas áreas" e tenham um sentimento de "dono do silo sob a sua responsabilidade". Tal comportamento, geralmente, implica orçamentos anuais crescentes, pois o fato de ele ser maior, na maioria das vezes, se traduz em mais subordinados, responsabilidades e poder para os gestores de cada "silo". No longo prazo, o orçamento tradicional torna-se pouco eficaz para as iniciativas e a cultura de redução de gastos.
- Como os gestores normalmente são cobrados apenas pelo resultado total do seu Centro de Custo, ou dos CCs de sua responsabilidade, muitas oportunidades de economia

são desperdiçadas. Por exemplo, se um gestor está economizando durante o ano com viagens e é cobrado apenas pelo resultado total de seu CC, ele, muitas vezes, acaba gastando mais com salários, deixando de cortar funcionários desnecessários, uma vez que essa despesa com salários está sendo compensada pela economia na conta de viagens.

Já o orçamento matricial tenta minimizar esses problemas ao definir gestores para orçarem e acompanharem as despesas, a partir de duas direções da matriz orçamentária. A Figura 8.3 ilustra a ferramenta matricial de elaboração e acompanhamento do orçamento de despesas, mostrando os gestores na direção vertical, analisando, orçando e acompanhando as despesas dos seus Centros de Custo, tal como no orçamento tradicional; e outros gestores na direção horizontal, analisando, orçando e acompanhando as despesas das contas ou de grupos delas, comumente designados como "pacotes de contas".

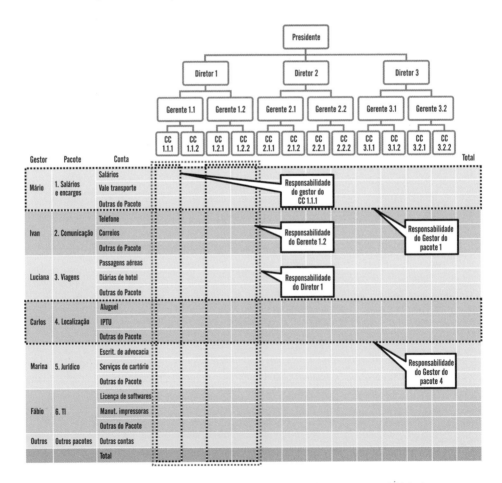

Figura 8.3 – Responsabilidades na elaboração e acompanhamento do orçamento matricial de despesas.

Essa matriz, com dois tipos de gestores gerenciando simultaneamente as despesas, impede que os gestores dos CCs tenham atitudes unilaterais que privilegiem a manutenção dos gastos do seu "silo" e, ao mesmo tempo, garante que a economia gerada em uma conta não vai ser desperdiçada ao se gastar mais em outra. Esse último benefício é conseguido pelo fato de que o gestor de um pacote impede um gasto exagerado em determinada conta por parte de um gestor de Centro de Custo que deseja compensar o gasto dessa conta em uma de outro pacote. Com isso, nenhum gestor de pacote vai permitir essa compensação, uma vez que todos desejam alcançar as suas metas[123].

Além de eliminar os problemas do orçamento tradicional, o orçamento matricial traz os seguintes pontos positivos:

- Análise mais profunda das despesas.
- Identificação das causas dos resultados indesejados e formalização de planos de ação para bloqueio[124].
- Acompanhamento mais efetivo.

Nos parágrafos subsequentes, detalhamos esses três pontos positivos.

No orçamento tradicional, as análises das despesas de cada conta são realizadas apenas superficialmente, sobretudo por meio da sua evolução histórica (em R$). Já no orçamento matricial, além de se analisar a evolução histórica das despesas (em R$), estas são decompostas em um componente de preço e em parâmetros direcionadores do consumo. Por exemplo, no caso da despesa com serviços de limpeza, podemos decompor o gasto em R$ em: (i) R$/m^2 de limpeza (preço), (ii) área em m^2 para a qual é contratada a limpeza e (iii) número de limpezas realizadas no período (consumo). Conforme vimos no capítulo 3, a multiplicação desses três componentes fornece o valor em R$ gasto com a conta de serviços de limpeza.

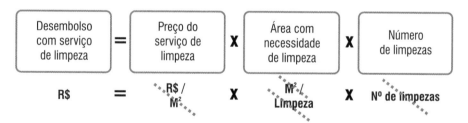

Figura 8.4[125] – Exemplo de desdobramento de um desembolso de despesa em um componente de preço e em parâmetros direcionadores do consumo.

---

123 É importante que o gestor de pacote seja suportado por um gestor de alto nível hierárquico, para que ele tenha poder suficiente para discutir e negociar com os gerentes responsáveis pelos Centros de Custo.

124 As análises detalhadas, a identificação de causas de problemas e a elaboração de planos de ação, bem como o acompanhamento de resultados, fazem parte do método de gestão detalhado no capítulo 10.

125 Essa figura é idêntica à Figura 3.6 apresentada no capítulo 3 e está repetida neste ponto apenas para relembrar e facilitar o entendimento do leitor.

Uma vez que o gasto total com determinada conta está decomposto em componentes de preço e consumo, eles é que passam a ser analisados, a fim de buscar oportunidades de melhoria. O componente de preço pode ser analisado ao longo do tempo, ou ser comparado com o preço pelo mesmo serviço em outras empresas ou em outras unidades da mesma organização. Os componentes de consumo também são analisados historicamente e comparados com o consumo em outras unidades da mesma empresa ou de outras companhias. Por fim, os contratos com os prestadores de serviço são analisados com o intuito de identificar multas, exceções e outras características que podem elevar desnecessariamente o gasto com o serviço contratado. Esse maior detalhamento das análises permite identificar oportunidades que o orçamento tradicional não faz.

Uma vez que as análises são detalhadas, o orçamento matricial permite melhor identificação das causas de resultados indesejados e, consequentemente, a elaboração de planos de ação robustos para o alcance dos valores orçados.

No que se refere ao acompanhamento dos resultados reais das despesas no decorrer do ano, a metodologia do orçamento matricial contempla uma série de reuniões, começando nas supervisões e terminando na Diretoria, a fim de identificar as causas de eventuais resultados indesejados e definir ações de bloqueio. Esse conjunto de características contribuiu para que a metodologia do orçamento matricial seja mais eficaz do que a do orçamento tradicional.

CASO REAL

Uma rede de casas de carnes, com atuação em quatro capitais brasileiras, convocou a nossa equipe para ajudá-la na melhoria do seu resultado financeiro.

Após a análise dos seus demonstrativos financeiros, dos processos operacionais e de reuniões com a Diretoria, decidiu-se por um trabalho focado na redução das despesas, utilizando a metodologia de "gerenciamento matricial de despesas". A estrutura matricial foi desenhada com sete gestores de pacote (veículos, administrativos, salários, benefícios, terceiros, utilidades e conservação). Além disso, foram definidos oito coordenadores para serem os gestores das entidades, que contemplavam as 62 lojas da rede, cada uma delas com um supervisor (aproximadamente oito lojas para cada coordenador).

Os gestores de pacote ficaram responsáveis, principalmente, pelo suporte durante as análises, negociações das metas e acompanhamento dos resultados, enquanto os coordenadores e supervisores de loja se encarregaram da implantação das ações definidas nos planos.

Os gastos de todos os pacotes foram analisados em detalhes, de forma geral, e abertos em preço e consumo. Por exemplo: o gasto com hora extra foi analisado em R$/funcionário (geral), em R$/hora extra (preço) e em hora extra/funcionário (consumo). Essas análises permitiram identificar as oportunidades de melhoria não apenas para horas extras, mas para todas as principais despesas de cada um dos pacotes. Em seguida, os planos de ação foram elaborados e implantados. Ao final de um ano, a economia foi de 8% da base de despesas trabalhadas, um resultado superior ao normalmente obtido no primeiro ano de aplicação de um orçamento matricial, que varia de 5% a 6%, de acordo com a experiência do autor deste livro.

8.2 Orçamento base zero

O "Orçamento Base Zero (OBZ)[126]" também pode utilizar a estrutura matricial para a consolidação dos valores orçados e acompanhados, tal como no orçamento matricial. O grande diferencial da metodologia "base zero" é que os gastos são analisados não apenas sob a perspectiva de consumo e preço, mas também sob a sua real necessidade e valor agregado.

De acordo com as teses do orçamento base zero, cada departamento deve ter clara a sua razão de existir e relacionar os seus entregáveis e os recursos necessários para fornecer essas entregas com determinado nível de serviço. Os gastos com cada uma dessas entregas são, então, classificados em duas categorias: (i) **Limiares** – são gastos necessários para garantir entregas essenciais e obrigatórias a um negócio em seu nível de serviço mínimo; (ii) **Incrementais** – são gastos complementares que agregam valor ao negócio ao fornecerem aumento do nível de serviço às entregas essenciais ou possibilitarem a realização de outras entregas não obrigatórias, que aumentam a qualidade do produto fornecido, ou do serviço prestado ou, então, mitigam riscos do negócio.

A metodologia preconiza que os gastos incrementais devem ser avaliados do ponto de vista da sua real necessidade e agregação de valor. Além disso, todos os gastos, sejam eles classificados como limiares ou incrementais, devem ser analisados quanto à eficiência, ou seja, como eles podem ser realizados com menos desperdícios de recursos. A Figura 8.5 ilustra as duas categorias de gastos e como eles devem ser tratados.

---

126 Os conceitos do orçamento base zero foram utilizados, inicialmente, na *Texas Instruments* e, em seguida, disseminados para outras empresas e órgãos governamentais dos EUA. Podem ser vistos em Pyhrr, P. A. *Zero-base budgeting*: a practical management tool for evaluating expenses. [S.l.] : Ed. John Wiley & Sons, 1973.

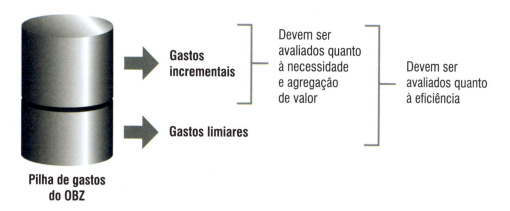

Figura 8.5 – Representação da classificação de gastos do OBZ.

Podemos utilizar como exemplo um Departamento de Recursos Humanos para ilustrar essa classificação. Os gastos relacionados ao processo de pagamento aos colaboradores devem ser classificados como limiares, uma vez que a empresa é obrigada a fazer o pagamento a seus funcionários. Já os gastos relacionados ao processo de capacitação e reciclagem de conhecimento da equipe técnica são importantes, mas não obrigatórios, o que os classifica como incrementais, de forma que a sua realização deve ser avaliada diante de outras entregas, considerando-se as prioridades do negócio.

Após a eliminação dos gastos com pouca agregação de valor, a otimização daqueles remanescentes segue a mesma lógica de trabalho do orçamento matricial.

O corte de muitos processos de trabalho e a eliminação profunda dos gastos podem ter efeito negativo na moral dos funcionários envolvidos, mas é extremamente necessário em períodos de crise, o que, muitas vezes, salva organizações da falência e evita perda grande de postos de trabalho.

CASO REAL

Uma grande instituição de classe da Região Sul do Brasil contratou uma equipe para trabalhar na diminuição de despesas e no aumento de receita, tendo em vista a redução do caixa disponível nos meses anteriores à contratação. No que tange à redução de despesas, o trabalho foi executado em duas etapas. Inicialmente, foi feito um orçamento matricial, contemplando todas as áreas e gastos. Para as metas definidas, foram elaborados planos de ação que, em seguida, começaram a ser acompanhados. Em um segundo momento, já com a estrutura matricial consolidada, foi elaborado o orçamento do ano seguinte, utilizando os conceitos do orçamento base zero. Durante a aplicação desses conceitos, foram identificados os gastos limiares, que foram otimizados, e, principalmente, os gastos incrementais, entre os quais alguns com pouca agregação de valor naquele momento. Esses últimos foram simplesmente cortados, a exemplo do suporte a algumas atividades esportivas e culturais, da contratação de fotógrafos profissionais para eventos e da gestão de uma frota de veículos disponibilizados aos diretores e alguns outros profissionais. Devido à necessidade urgente de caixa, a análise usando os conceitos "base zero" contemplou, inclusive, os investimentos, e aqueles de menor retorno e maior prazo de maturação também foram cortados. Como resultado, ao final de um ano, já com grande parte das ações concluídas, o déficit da organização foi eliminado e o caixa, recomposto.

8.3 Exemplo completo – parte 7/9
Um guia de trabalho para você e sua empresa

Conforme mencionamos durante este capítulo, em uma empresa de natureza industrial as despesas normalmente não são tão relevantes quantos os custos, mas nem por isso devem deixar de ser gerenciadas com atenção. Assim fez a equipe do nosso laticínio, que também realizou trabalhos para a redução das despesas.

As linhas do DRE e as respectivas equações da Figura 3.10 aqui trabalhadas são as despesas de telefonia, segurança e limpeza[127]. A Figura 8.3 reapresenta as equações relacionadas a cada uma dessas despesas, destacando com bordas grossas os componentes trabalhados de cada equação.

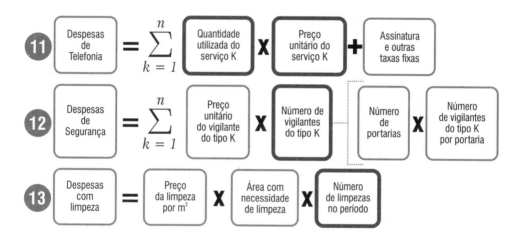

Figura 8.6 – Componentes de cada uma das equações de despesa trabalhados pelo laticínio do exemplo.

A área administrativa do laticínio passou a analisar as despesas utilizando a estrutura matricial e os conceitos do OBZ. Numa primeira etapa do trabalho, foi possível diminuir os gastos com três tipos de despesas. Com relação às despesas de telefonia, foi cancelada a disponibilização da TV por assinatura e renegociado o valor da Internet, ambos atrelados ao plano de telefonia. Já quanto aos gastos com segurança, dos três vigilantes armados contratados, um deles passou a atuar desarmado. E com relação à limpeza, o número de limpezas semanais na área administrativa foi reduzido. Essas medidas diminuíram os gastos desses três itens em 7%. Como consequência indireta de todas essas melhorias, a receita financeira aumentou em 13,51% (devido ao aumento

---

[127] Em uma empresa real, várias outras despesas são analisadas em um trabalho dessa natureza. Para fins didáticos, consideramos apenas três tipos de despesa nesse exemplo.

do caixa) e o valor absoluto do imposto de renda e da contribuição social aumentou em 5% (devido ao aumento do lucro antes dos impostos). O impacto dessas ações no lucro líquido da empresa pode ser visualizado na Figura 8.7.

Demonstrativo de Resultado do Exercício - DRE		Mês 0	Mês 4	Variação	Mês 5
1	Receita Líquida	R$ 3.280.000,00	R$ 3.357.887,58		R$ 3.357.887,58
1.1	Receita do Leite Vitaminado	R$ 874.120,00	R$ 856.260,85		R$ 856.260,85
1.2	Receita do Doce de Leite	R$ 870.840,00	R$ 950.140,81		R$ 950.140,81
1.3	Receita do Iogurte	R$ 715.040,00	R$ 731.485,92		R$ 731.485,92
1.4	Receita do Queijo	R$ 518.240,00	R$ 518.240,00		R$ 518.240,00
1.5	Receita do Requeijão	R$ 301.760,00	R$ 301.760,00		R$ 301.760,00
2	Custo dos Produtos Vendidos	- R$ 2.796.918,76	- R$ 2.797.296,86		- R$ 2.797.296,86
2.1	Leite	- R$ 1.889.755,60	- R$ 1.889.755,60		- R$ 1.889.755,60
2.1.1	Leite cru para o Leite Vitaminado	- R$ 769.225,60	- R$ 749.742,00		- R$ 749.742,00
2.1.2	Leite cru para o Doce de Leite	- R$ 304.794,00	- R$ 330.886,54		- R$ 330.886,54
2.1.3	Leite cru para o Iogurte	- R$ 300.316,80	- R$ 299.115,53		- R$ 299.115,53
2.1.4	Leite cru para o Queijo	- R$ 388.680,00	- R$ 384.793,20		- R$ 384.793,20
2.1.5	Leite cru para o Requeijão	- R$ 126.739,20	- R$ 125.218,33		- R$ 125.218,33
2.2	Insumos	- R$ 255.633,36	- R$ 262.884,79		- R$ 262.884,79
2.2.1	Insumo para o Leite Vitaminado	- R$ 8.741,20	- R$ 8.562,61		- R$ 8.562,61
2.2.2	Insumo para o Doce de Leite	- R$ 104.500,80	- R$ 114.016,90		- R$ 114.016,90
2.2.3	Insumo para o Iogurte	- R$ 78.654,40	- R$ 77.081,31		- R$ 77.081,31
2.2.4	Insumo para o Queijo	- R$ 12.437,76	- R$ 12.437,76		- R$ 12.437,76
2.2.5	Insumo para o Requeijão	- R$ 51.299,20	- R$ 50.786,21		- R$ 50.786,21
2.3	Embalagens	- R$ 197.529,80	- R$ 198.756,47		- R$ 198.756,47
2.3.1	Embalagens para o Leite Vitaminado	- R$ 21.853,00	- R$ 21.681,69		- R$ 21.681,69
2.3.2	Embalagens para o Doce de Leite	- R$ 69.667,20	- R$ 71.583,42		- R$ 71.583,42
2.3.3	Embalagens para o Iogurte	- R$ 71.504,00	- R$ 71.504,00		- R$ 71.504,00
2.3.4	Embalagens para o Queijo	- R$ 10.364,80	- R$ 9.846,56		- R$ 9.846,56
2.3.5	Embalagens para o Requeijão	- R$ 24.140,80	- R$ 24.140,80		- R$ 24.140,80

(continua)

CAPÍTULO 8 | OLHO NAS DESPESAS

(conclusão)

Demonstrativo de Resultado do Exercício - DRE		Mês 0	Mês 4	Variação	Mês 5
2.4	Pessoal de operação e manutenção	- R$ 258.000,00	- R$ 258.000,00		- R$ 258.000,00
2.4.1	Pessoal de operação	- R$ 240.000,00	- R$ 240.000,00		- R$ 240.000,00
2.4.2	Pessoal de manutenção	- R$ 18.000,00	- R$ 18.000,00		- R$ 18.000,00
2.5	Peças e serviços de manutenção	- R$ 45.000,00	- R$ 41.400,00		- R$ 41.400,00
2.6	Transporte de matéria-prima e insumos	- R$ 36.000,00	- R$ 34.000,00		- R$ 34.000,00
2.6.1	Fretes	- R$ 12.000,00	- R$ 18.000,00		- R$ 18.000,00
2.6.2	Frota própria	- R$ 24.000,00	- R$ 16.000,00		- R$ 16.000,00
2.7	Energia elétrica	- R$ 50.000,00	- R$ 50.000,00		- R$ 50.000,00
2.8	Energia térmica	- R$ 25.000,00	- R$ 22.500,00		- R$ 22.500,00
2.9	Outros custos	- R$ 40.000,00	- R$ 40.000,00		- R$ 40.000,00
3	Lucro Bruto	R$ 483.081,24	R$ 560.590,72		R$ 560.590,72
4	Despesas Gerais, Adm e de Vendas	- R$ 388.200,00	- R$ 390.536,63		- R$ 385.580,63
4.1	Pessoal adm e de vendas	- R$ 198.000,00	- R$ 198.000,00		- R$ 198.000,00
4.1.1	Pessoal adm	- R$ 162.000,00	- R$ 162.000,00		- R$ 162.000,00
4.1.2	Pessoal de vendas - fixo	- R$ 36.000,00	- R$ 36.000,00		- R$ 36.000,00
4.2	Comissões de vendas	- R$ 98.400,00	- R$ 100.736,63		- R$ 100.736,63
4.3	Telefonia	- R$ 4.800,00	- R$ 4.800,00	- 7,00%	- R$ 4.464,00
4.4	Segurança	- R$ 50.000,00	- R$ 50.000,00	- 7,00%	- R$ 46.500,00
4.5	Limpeza	- R$ 16.000,00	- R$ 16.000,00	- 7,00%	- R$ 14.880,00
4.6	Outras despesas	- R$ 21.000,00	- R$ 21.000,00		- R$ 21.000,00
5	EBITDA	R$ 94.881,24	R$ 170.054,09		R$ 175.010,09
6	Depreciação / Amortização	- R$ 53.333,33	- R$ 53.333,33		- R$ 53.333,33
7	EBIT	R$ 41.547,91	R$ 116.720,76		R$ 121.676,76
8	Resultado financeiro	R$ 1.600,00	R$ 10.368,91	13,51%	R$ 11.769,64
9	Lucro Antes dos Impostos	R$ 43.147,91	R$ 127.089,67		R$ 133.446,41
10	Imposto de renda / Contrib. social	- R$ 15.101,77	- R$ 44.481,38	5,00%	- R$ 46.706,24
11	Lucro Líquido	R$ 28.046,14	R$ 82.608,29		R$ 86.740,16

Figura 8.7 – Melhoria conseguida no DRE a partir da melhoria na gestão das despesas.

O resultado apresentado no DRE da Figura 8.7 comunica-se com o BP por meio do lucro do período e da depreciação, de forma que podemos ver indicado nos valores destacados no ativo do balanço da Figura 8.8 um aumento do caixa devido ao lucro acrescido da depreciação no período, além do incremento do valor absoluto da depreciação acumulada. No passivo, ocorre o aumento das reservas de lucro e, consequentemente, do patrimônio líquido[128].

	Ativo	Mês 0	Mês 4	Mês 5
1	Ativo Circulante	R$ 2.960.000,00	R$ 3.436.890,92	R$ 3.576.964,42
1.1	Caixa e disponibilidades	R$ 800.000,00	R$ 1.676.890,92	R$ 1.816.964,42
1.2	Estoques	R$ 1.200.000,00	R$ 800.000,00	R$ 800.000,00
1.3	Clientes	R$ 960.000,00	R$ 960.000,00	R$ 960.000,00
2	Realizável em Longo Prazo	R$ 240.000,00	R$ 240.000,00	R$ 240.000,00
3	Ativo Permanente	R$ 6.580.000,00	R$ 6.366.666,67	R$ 6.313.333,33
3.1	Máquinas e equipamentos	R$ 4.000.000,00	R$ 4.000.000,00	R$ 4.000.000,00
3.2	Imóveis	R$ 3.600.000,00	R$ 3.600.000,00	R$ 3.600.000,00
3.3	Veículos	R$ 480.000,00	R$ 480.000,00	R$ 480.000,00
3.4	Depreciação acumulada	- R$ 1.500.000,00	- R$ 1.713.333,33	- R$ 1.766.666,67
4	Total do Ativo	R$ 9.780.000,00	R$ 10.043.557,59	R$ 10.130.297,75

	Passivo	Mês 0	Mês 4	Mês 5
1	Passivo Circulante	R$ 2.340.000,00	R$ 2.340.000,00	R$ 2.340.000,00
1.1	Fornecedores	R$ 1.740.000,00	R$ 1.740.000,00	R$ 1.740.000,00
1.2	Salários a pagar	R$ 460.000,00	R$ 460.000,00	R$ 460.000,00
1.3	Impostos a pagar	R$ 140.000,00	R$ 140.000,00	R$ 140.000,00
2	Exigível em Longo Prazo	R$ 640.000,00	R$ 640.000,00	R$ 640.000,00
2.1	Emprestimo banco A	R$ 400.000,00	R$ 400.000,00	R$ 400.000,00
2.2	Emprestimo banco B	R$ 240.000,00	R$ 240.000,00	R$ 240.000,00
3	Patrimônio Líquido	R$ 6.800.000,00	R$ 7.063.557,59	R$ 7.150.297,75
3.1	Capital social	R$ 5.600.000,00	R$ 5.600.000,00	R$ 5.600.000,00
3.2	Reservas de lucro	R$ 1.200.000,00	R$ 1.463.557,59	R$ 1.550.297,75
4	Total do Passivo	R$ 9.780.000,00	R$ 10.043.557,59	R$ 10.130.297,75

Figura 8.8 – Melhorias operacionais refletidas no Balanço Patrimonial.

---

128 Para fins didáticos, consideramos que, entre esses dois períodos, não ocorreu alteração nos prazos de pagamento, recebimento ou estocagem, nem movimentações relacionadas aos investimentos e financiamentos. Também não foram consideradas no balanço as eventuais variações nas contas de fornecedores e clientes.

Essas melhorias refletem nos indicadores de rentabilidade Margem Líquida e ROE (Figura 8.9).

Indicador	Mês 0	Mês 1	Mês 2	Mês 3	Mês 4	Mês 5	Mês 6	Mês 7
Lucro Líquido do mês	R$ 28.046,14	R$ 42.431,30	R$ 67.555,04	R$ 70.962,96	R$ 82.608,29	R$ 86.740,16		
Margem Líquida (LL / Rec. Liq)	0,86%	1,29%	2,02%	2,12%	2,46%	2,58%		
ROE (LL anual / PL)	4,95%	7,44%	11,73%	12,20%	14,03%	14,56%		

Figura 8.9 – Evolução do lucro e dos indicadores de rentabilidade.

Melhoria similar pode ser obtida na sua empresa trabalhando não apenas os itens mencionados nesse exemplo, mas todas as oportunidades exploradas no capítulo 8 e naquelas específicas da sua empresa.

Resumo do capítulo

Apesar de a gestão das despesas já ser algo bastante disseminado nas empresas, vale atentar para alguns pontos, a fim de garantir que todas as oportunidades sejam aproveitadas. O capítulo enfatizou que:

- O orçamento tradicional é falho por permitir que apenas um gestor seja o responsável por um conjunto grande de gastos de um ou mais Centros de Custo e por favorecer que ele desenvolva um sentimento de "dono do silo" sob a sua responsabilidade.
- Outra falha do orçamento tradicional é permitir que uma economia gerada em uma conta seja desperdiçada por um gasto exagerado em outra conta sob a responsabilidade do gestor do Centro de Custo.
- O orçamento matricial, com o conceito de controle cruzado, ou seja, um gestor responsável pelo gasto do Centro de Custo e outro pelo gasto de um conjunto de contas de mesma natureza, impede que os problemas relacionados ao orçamento tradicional ocorram.
- O orçamento matricial também contempla uma análise mais minuciosa dos gastos, sempre que possível, de forma parametrizada, realizando comparações entre áreas semelhantes, de forma a identificar as melhores práticas. No orçamento matricial são analisados os componentes de consumo e de preço de cada gasto.
- Na elaboração de um orçamento de despesas com os conceitos de "base zero", cada gasto é relacionado aos processos de trabalho executados nas áreas e questionados do ponto de vista de sua real necessidade para apoiar a operação da empresa e o seu crescimento. Os processos de trabalho e respectivos gastos são classificados conforme o seu grau de importância, sendo os menos necessários eliminados. Essa metodologia pode causar insatisfações nos profissionais responsáveis pelas tarefas que estão sendo eliminadas, mas é muito eficaz e necessária, principalmente, em períodos de crise ou de crescimento estagnado.

Questões e Atividades

Questões

1) Cite duas grandes desvantagens do processo de orçamentação tradicional.

2) No orçamento matricial também existe a figura do gestor responsável pelo gasto de um Centro de Custo ou de um conjunto de Centros de Custo, tal como no orçamento tradicional. No entanto, também existe outro tipo de gestor. Que gestor é esse e qual é o seu papel?

3) Qual é o nome da metodologia de elaboração de orçamentos em que os gastos são analisados não apenas sob a perspectiva de preço e consumo, mas também do ponto de vista da real necessidade de sua realização?

Atividades

1) Verifique o plano de contas da sua empresa. Identifique as contas de natureza semelhante e as agrupe em pacotes, dando nomes a eles. Simule a identificação de profissionais da empresa que tenham capacidade de análise, bom relacionamento pessoal e conhecimento dos gastos dessas contas para serem os "gestores de pacote".

2) Levante todas as entregas realizadas pela área financeira da sua empresa. Relacione-as com os gastos da área e discuta sobre o nível de serviço atualmente aplicado a cada uma das entregas. Construa a "pilha de gastos do OBZ" da área, separando os limiares e os incrementais.

CAPÍTULO 9

Escolhendo e implantando projetos de investimento

CAPÍTULO 9
Escolhendo e implantando projetos de investimento

Introdução

Os cinco capítulos anteriores trouxeram informações para gerenciar a operação de uma empresa. No entanto, as questões relacionadas ao custo, à receita, ao ciclo financeiro, à manutenção de equipamentos e instalações e às despesas discutidas anteriormente tratam do momento atual da operação de uma empresa. Neste capítulo discutimos um dos pontos mais importantes para a operação futura de uma empresa, a seleção dos investimentos. Não é objetivo aqui discutir a estratégia ou o método utilizado para definir a estratégia da organização, a qual obviamente influencia a operação futura, mas sim, uma vez definida a linha geral da estratégia, como devemos analisar e escolher os investimentos mais adequados.

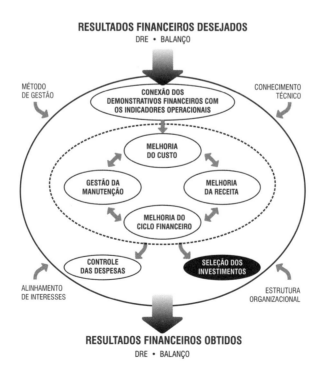

Figura 9.1 – Modelo de melhoria dos resultados financeiros por meio da gestão de operações, enfatizando a seleção dos investimentos.

Inicialmente, discutiremos os tipos de projetos com os quais os executivos, sócios e conselheiros se deparam na gestão de uma empresa. O tópico seguinte trata das metodologias matemáticas para a escolha dos projetos que trazem maior retorno financeiro. O terceiro tópico aborda as incertezas, restrições e fatores qualitativos que podem alterar as escolhas iniciais. Em seguida, a importância do gerenciamento da implantação dos projetos é discutida brevemente. Tal como nos capítulos anteriores, concluímos o capítulo com um exemplo teórico de aplicação prática desses conceitos e com um resumo dos tópicos.

9.1 Necessidade dos projetos de investimento e sua classificação[129]

Além de cuidar da operação da empresa no dia a dia, realizando esforços para garantir melhor resultado financeiro, os executivos e conselheiros devem se preocupar também com o futuro da empresa, com a sua continuidade operacional, com a melhoria dos seus resultados financeiros a cada ano e com o atendimento a novas normas ou exigências legais que permitirão sua operação no futuro. Por isso, as empresas frequentemente analisam as necessidades e oportunidades de investimentos que estão alinhadas com a sua estratégia. Quanto melhor for a análise e escolha desses investimentos, melhores serão os resultados no futuro. Na Figura 9.2, tentamos ilustrar como os projetos de investimentos são escolhidos e implantados com base nos resultados e na estratégia definida recentemente e, ao mesmo tempo, como vão influenciar os resultados futuros e o ajuste da estratégia[130].

---

129 Não é objetivo deste livro detalhar todos os conceitos de análise de investimentos. Maiores detalhes dos conceitos apresentados neste capítulo podem ser estudados nos livros "Administração Financeira", de Brigham, E. *et al*.; e "Engenharia Econômica", de Hess, G. *et al*.; e em outros textos específicos de análise de investimentos.

130 Em algumas situações, pode ocorrer um ajuste da estratégia pela simples análise mais detalhada da viabilidade financeira dos projetos decorrentes da estratégia inicial, ou seja, o ajuste pode ocorrer antes mesmo de os projetos serem implantados.

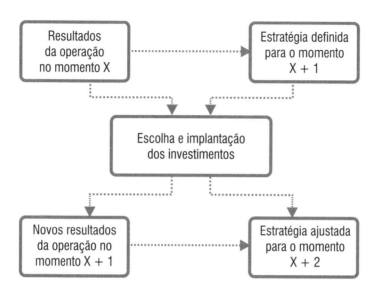

Figura 9.2 – A relação temporal entre a estratégia, os investimentos e os resultados da operação.

Antes de discutirmos as formas de analisar financeiramente os projetos, apresentaremos a seguir uma classificação dos projetos de investimento de acordo com o seu escopo, com base em Brigham, E. *et al*. (2001).

- Projetos para a continuidade e estabilidade operacional da empresa: referem-se, principalmente, à substituição de máquinas ou instalações que se tornaram obsoletas ou, então, a grandes reformas para a melhoria operacional. A análise de viabilidade financeira desse tipo de investimento é relativamente simples, pois os desembolsos e os benefícios podem ser estimados sem grandes incertezas.

- Projetos para a redução de custos: são relacionados, principalmente, a novos processos produtivos, que vão possibilitar economias de mão de obra, matéria-prima e insumos, a exemplo da energia. Nesse tipo de projeto, a análise de viabilidade financeira também é simples, pelo fato de os desembolsos e os benefícios poderem ser estimados sem grandes incertezas.

- Projetos para a ampliação das operações existentes: referem-se a investimentos para produzir e vender mais produtos ou serviços que já são fornecidos e que até o momento se mostraram lucrativos. A análise de viabilidade financeira desse tipo de projeto carrega um pouco mais de incertezas, pois não se sabe se o mercado irá absorver a produção adicional e retribuir à empresa com a mesma margem de contribuição.

- Projetos para a entrada em novos segmentos de mercado ou em novos mercados: são investimentos para a fabricação de novos produtos ou para vender os atuais e os futuros em mercados ainda não atendidos pela empresa. Nesse caso, a análise de viabilidade financeira do projeto traz uma incerteza ainda maior, pois não existem referências do passado sobre como será a aceitação do novo produto, nem se os novos mercados serão receptivos aos produtos e serviços da empresa.

– Projetos para atendimento a questões regulamentares ou a valores da empresa: são investimentos relacionados, principalmente, à minimização de riscos ambientais ou de segurança, para atendimento a normas externas ou a valores da empresa que sejam mais rígidos do que essas normas. A mensuração do resultado econômico desses projetos é complexa[131] e imprecisa, e, algumas vezes, não existem resultados financeiros atrelados a eles, no entanto a implantação desses projetos é compulsória. As decisões relacionadas a esses projetos envolvem, sobretudo, questões relacionadas ao momento adequado de implantação e à otimização entre o valor investido e o benefício qualitativo desejado.

– Projetos de pesquisa e desenvolvimento: eles se referem, principalmente, a investimentos para o desenvolvimento de novos produtos. Como a incerteza sobre o sucesso desses projetos é muito grande, normalmente os investimentos são feitos em etapas, só avançando para a seguinte, se a anterior tiver mostrado chances razoáveis de sucesso. Além disso, em muitas empresas, os projetos dessa natureza são analisados de forma consolidada, em "carteiras de projetos".

A seguir, discutiremos as formas de analisar o retorno financeiro de um investimento nas situações em que as saídas e entradas de valores são conhecidas. Obviamente, algumas restrições e incertezas quanto às premissas assumidas e outros fatores qualitativos também irão influenciar na escolha dos projetos de investimento, o que é tratado no tópico 9.3.

9.2 Escolha financeira dos projetos[132] – *Payback*, VPL e TIR

Normalmente, uma empresa possui várias possibilidades de investimento, mas executa um número reduzido delas, pois: (i) alguns projetos são excludentes, ou seja, a implantação de um faz que a efetivação de outro perca o sentido; (ii) na maioria das vezes, não existem recursos financeiros ou humanos para implantar todos os projetos simultaneamente. Por isso, em geral são escolhidos para serem implantados aqueles que podem gerar maior retorno financeiro[133].

---

131 Mesmo que na maioria das vezes essa mensuração seja complexa e imprecisa, em algumas situações é possível mensurar o benefício econômico de um projeto. Pode-se calcular, por exemplo, o valor que a empresa deixaria de desembolsar com multas, taxas e privações de receita, em certo período de tempo, caso determinado item regulatório fosse atendido conforme as condições técnicas especificadas.

132 Este tópico foi baseado em Brigham, E. *et al*. (2001) e em Hess, G. *et al*. (1992).

133 Em algumas situações, questões qualitativas, como o atendimento a normas ou a necessidade de se garantir o abastecimento de uma matéria-prima, entre outros fatores, também influenciam a escolha dos projetos de investimento.

CAPÍTULO 9 | ESCOLHENDO E IMPLANTANDO PROJETOS DE INVESTIMENTO

245

Uma vez definidas as premissas e variáveis relacionadas a cada um dos projetos, pode-se calcular a viabilidade financeira de cada um deles. Existem três métodos[134] bastante difundidos para calcular a viabilidade dos investimentos, cada um com seus pontos positivos e negativos[135]. Porém, um desses métodos é o mais adequado e deve ser utilizado como medida principal, sendo os outros dois ferramentas auxiliares na tomada de decisão.

O primeiro desses métodos é o cálculo do **Payback**, que é o tempo em que o valor investido retorna para o investidor. Imagine um investimento para o qual tenham que ser aplicados no momento zero 60 mil dólares e, ao final de cada ano, esse investimento gere 10 mil dólares de resultado líquido. Dessa forma, o período de *payback* do investimento é de seis anos. Esse método tem duas deficiências: (i) não considera os fluxos de caixa posteriores ao período de *payback* e (ii) nem o valor do dinheiro no tempo; afinal, 10 mil dólares daqui a seis anos valem menos do que 10 mil dólares hoje. Essa segunda deficiência pode ser neutralizada usando uma variante desse método, que é o cálculo do *payback descontado*, no qual os fluxos de caixa futuros são descontados usando-se o custo de capital do projeto. Isso faz com que o período de *payback* do projeto mencionado passe de seis para sete ou mais anos, dependendo do custo de capital do projeto. Apesar das suas limitações, o cálculo do *payback* é muito útil, porque fornece indicação sobre a liquidez do projeto e até sobre o seu risco, pois, se existem dois projetos com períodos de *payback* diferentes, o de menor *payback* pode ser considerado de menor risco, já que os fluxos de caixa em datas mais distantes são mais incertos do que aqueles com datas mais próximas. O período de *payback* pode ser calculado pela fórmula a seguir:

> Período de *Payback* = número de anos exatamente anterior à recuperação total do capital + fração do ano seguinte necessária para recuperar o valor restante do capital, considerando-se o fluxo de caixa deste ano.

O segundo método é o cálculo do **Valor Presente Líquido (VPL)**. Nesse método, todos os fluxos de caixa do projeto, tanto os de saída quanto os de entrada, são descontados a valor presente, usando-se o custo de capital do projeto, e somados. Quando essa soma gera resultado positivo, isso indica que o projeto é viável e pode ser aceito[136]. No caso de dois projetos concorrentes, escolhe-se aquele com maior VPL, pois ele gera maior retorno para o acionista.

---

134 Existem variantes para alguns desses métodos e há outros métodos menos difundidos que, devido à restrição do escopo deste livro, não serão apresentados.

135 Os métodos de cálculos de retorno financeiro de investimentos apresentados neste tópico, bem como os pontos positivos e negativos de cada um deles, são baseados em Brigham *et al*. (2001) e em Hess *et al*. (1992).

136 De forma similar, algumas empresas substituem na fórmula o custo de capital por uma "taxa mínima de atratividade", definida pela alta administração; caso o projeto gere um VPL positivo com essa taxa, ele pode ser aceito.

As maiores virtudes desse cálculo são a facilidade de entendimento, a utilização de uma taxa de desconto (custo de capital do projeto) para os fluxos de caixa futuros e o uso de todos os fluxos de caixa gerados e não apenas os existentes até o período de *payback*. Uma característica desse método que algumas pessoas consideram negativa é o fato de o seu resultado ser um valor absoluto e não uma taxa, pois os executivos que tomam as decisões sobre os projetos, normalmente, são cobrados por taxas. O VPL pode ser calculado pela fórmula a seguir:

$$VPL = FC_0 + FC_1/(1+i)^1 + FC_2/(1+i)^2 + FC_3/(1+i)^3 + ... + FC_n/(1+i)^n \text{, em que:}$$

FC é o fluxo de caixa a cada ano;
i é o custo de capital; e
n é o total de anos que o investimento gera fluxos de caixa.

O terceiro método é o cálculo da **Taxa Interna de Retorno** (TIR). Ele é bastante semelhante ao do valor presente líquido, mas, no lugar de utilizarmos uma taxa predefinida para calcular o VPL, calculamos a taxa de desconto que faz com que os fluxos de caixa, ao serem descontados, gerem um VPL igual a zero. A TIR, portanto, pode ser calculada resolvendo-se a seguinte equação com o auxílio de uma calculadora financeira ou planilha eletrônica.

$$0 = FC_0 + FC_1/(1+TIR)^1 + FC_2/(1+TIR)^2 + FC_3/(1+TIR)^3 + ... + FC_n/(1+TIR)^n \text{, em que:}$$

FC é o fluxo de caixa a cada ano;
TIR é a taxa interna de retorno que está sendo calculada; e
n é o total de anos que o investimento gera fluxos de caixa.

Caso a taxa interna de retorno de um projeto seja maior do que o custo do capital utilizado para financiá-lo, ele deve ser aceito. No caso de projetos excludentes, deve ser escolhido o que tenha a maior TIR. As principais vantagens do uso da TIR são que todos os fluxos de caixa são considerados e descontados, sendo o resultado fornecido por meio de uma taxa. A sua principal desvantagem é que, inerente ao seu cálculo, existe a premissa de que os fluxos de caixa gerados podem ser reinvestidos à mesma taxa interna de retorno do projeto[137]. Já o cálculo do

---

137 Outra desvantagem do cálculo da TIR é que nas situações em que os fluxos de caixa são incomuns, ou seja, com saídas de caixa não apenas no início do projeto, mas também durante ou no final do projeto, o cálculo pode levar a múltiplas soluções.

CAPÍTULO 9 | ESCOLHENDO E IMPLANTANDO PROJETOS DE INVESTIMENTO

VPL pressupõe que os fluxos de caixa gerados podem ser reinvestidos ao custo de capital utilizado para financiar o projeto, o que é uma premissa mais conservadora.

Dessa forma, a maioria dos autores sugere que o VPL deve ser utilizado como medida principal para avaliação de projetos. Porém, os cálculos da TIR e do *Payback* devem ser usados como informações complementares na escolha dos investimentos.

Por fim, vale mencionar que esses três métodos quantitativos devem ser utilizados em conjunto com as informações qualitativas e o bom senso para a tomada de decisões. No tópico seguinte, falamos um pouco mais sobre esses outros fatores que influenciam as decisões sobre investimentos.

9.3 Incertezas, restrições e outros fatores que influenciam a escolha dos projetos

Apesar de os cálculos financeiros indicarem a viabilidade financeira ou não de um projeto de investimento, os resultados desses cálculos devem ser analisados junto com outros fatores, para que a melhor decisão seja tomada quanto à realização de um ou de outro investimento.

O primeiro fator é relacionado às premissas que foram utilizadas para a realização dos cálculos. Devem-se avaliar as incertezas de cada uma dessas premissas, principalmente as seguintes: (i) Os valores do desembolso inicial e dos desembolsos durante o projeto serão realmente os valores que foram utilizados no cálculo? Podem surgir imprevistos que aumentem esse desembolso? (ii) É o momento adequado para implementar o projeto? O cenário econômico atual favorece a implantação do projeto? Alguns projetos envolvem a implantação de tecnologias em um estágio muito inicial, quando o valor a ser investido é alto e a incerteza quanto ao sucesso é maior. Será que daqui a um ano essas tecnologias estarão bem mais acessíveis e testadas, de forma que o desembolso seja menor e a chance de sucesso maior? (iii) O capital necessário para o projeto pode ser realmente captado com a taxa estimada durante todo o projeto? (iv) Neste investimento, a empresa está exposta ao risco de variação cambial?[138] O custo da operação financeira para garantir determinada taxa de câmbio foi considerado? (v) Além do câmbio e da taxa de juros, outras questões macroeconômicas relevantes e até geopolíticas, como acordos comerciais e impostos de importação, são favoráveis e relativamente estáveis? (vi) Questões culturais e organizacionais da própria empresa favorecem o sucesso da implantação do projeto? (vii) Vão realmente existir a redução de custo, o aumento de produção, a diminuição dos acidentes

---

138 Um caso emblemático relacionado à variação cambial é o de uma fábrica de automóveis que se instalou no Brasil no final da década de 1990. Logo após sua entrada em operação, o Banco Central abandonou o regime de bandas cambiais e passou a operar em regime de câmbio flutuante. Na prática, ocorreu uma desvalorização de aproximadamente 70% da moeda brasileira entre 1999 e 2000, aumentando absurdamente os custos de fabricação do veículo, que dependia de muitos componentes importados. Como consequência, o preço do automóvel ficou pouco competitivo, e as vendas fracassaram.

de trabalho ou qualquer outra melhoria que é desejada com a implantação deste projeto? e (viii) Os fluxos de caixa relativos ao retorno do investimento foram adequadamente estimados? Os fluxos de entrada de caixa podem ter sido superestimados? Esses fluxos dependem da aceitação do mercado quanto aos produtos ou serviços relacionados a esse investimento? Esse último questionamento é especialmente relevante, pois o aumento de vendas é fator que não está sob o controle total da empresa. Caso a resposta de algum desses questionamentos indique elevado grau de incerteza nas premissas utilizadas, a decisão sobre qual investimento será executado, ou até se algum investimento será executado, deve ser analisada mais a fundo.

O segundo fator a ser analisado são as restrições de recursos para realizar o investimento. Não importa se um projeto possui um VPL positivo ou uma TIR atrativa, se a empresa não tem acesso aos recursos para fazer esse investimento. O principal recurso para a realização do investimento é o financeiro, sem o qual não é possível fazer o investimento inicial, ou seja, mesmo que um projeto retorne no mesmo ano cinco mil dólares para cada mil dólares investidos, ele não poderá ser executado se a empresa não possui e não tem acesso aos mil dólares iniciais. Porém, outros recursos também são necessários e podem ser o gargalo para a implantação de um projeto, entre eles estão os recursos técnicos dentro da empresa e o tempo dos gestores. Por exemplo, uma empresa que trabalha com equipamentos simples e não possui Departamento de Manutenção bem estruturado para gerir a manutenção de equipamentos com elevada tecnologia, nem pessoas tecnicamente qualificadas, não deve fazer investimento de compra de máquinas de última geração sem considerar o custo de formação do seu pessoal para trabalhar com esses novos equipamentos ou o custo de um contrato de manutenção com um fornecedor especializado. O tempo dos gestores também deve ser avaliado, pois a implantação de um projeto absorve tempo. Caso esse tempo já esteja escasso, a execução do projeto corre maior risco de atrasar ou de haver falhas em sua efetivação, comprometendo o seu fluxo de caixa. As empresas de maior porte e mais bem estruturadas possuem "escritórios de gerenciamento de projetos" que fazem o planejamento e acompanhamento dos investimentos[139], mas, mesmo nessas situações, ainda é demandado tempo dos gestores que tomam as decisões.

Um conjunto de outros fatores, qualitativos e quantitativos, pode ser considerado na tomada de decisão sobre investimentos. Por exemplo, em algumas situações existe a alternativa de fazer o investimento em uma única etapa ou em duas ou mais etapas distintas. Mesmo que a execução em uma única etapa apresente o melhor VPL projetado, a escolha pode recair na opção de dividir o investimento, a fim de minimizar o risco, podendo interrompê-lo apenas com uma etapa concluída.

---

139 Falamos brevemente do planejamento e acompanhamento dos projetos na seção 9.4.

CASO REAL

Uma empresa de construção civil de uma importante cidade do Sudeste do Brasil tomou a decisão de dividir em etapas dois empreendimentos imobiliários que estavam sendo lançados. Nas duas situações, os lotes já estavam comprados e a prefeitura aprovou a construção de duas torres de apartamentos em cada um dos lotes. O primeiro empreendimento consistia em dois blocos de apartamentos de um quarto em um terreno próximo a uma universidade. Foi lançado o primeiro bloco, na frente do lote, que apresentou grande aceitação do mercado, viabilizando o início do investimento do segundo bloco antes que o primeiro tivesse sido concluído. Obviamente, se os dois blocos tivessem sido construídos juntos, a rentabilidade da obra seria maior, pois existiriam menos custos com mobilização e desmobilização de cada uma das etapas da obra, além de haver um ganho de escala. Ainda assim, a rentabilidade do empreendimento foi muito boa e os gestores ficaram menos expostos ao risco de um grande investimento sem ter a certeza da aceitação do mercado.

O segundo empreendimento consistia em duas torres de apartamentos de três quartos, em uma região um pouco mais afastada do centro, porém próxima a condomínios de casas e com o apelo do contato com a natureza. Nesse caso, também foram aprovadas

> as duas torres de apartamentos, e apenas uma começou a ser construída. Esse empreendimento não foi muito bem aceito pelo mercado, e, dessa forma, a construtora desistiu da construção da segunda torre. Apesar da demora para a venda dos apartamentos, o investimento ainda apresentou resultado positivo e, no futuro, a segunda torre poderá ser construída. Aqui, a decisão de dividir o investimento em duas etapas salvou a construtora de uma dificuldade financeira.

A divisão do investimento em duas etapas pode alterar, inclusive, a sua forma de financiamento, deixando de ser necessário o uso de empréstimos bancários para utilizar apenas capital próprio[140].

---

140 Apesar de vários autores argumentarem que o capital de terceiros é um capital mais barato do que o capital próprio, no Brasil (e em alguns outros países), algumas vezes, as taxas de juros cobradas pelos bancos são mais altas do que o retorno desejado pelo investidor em seu empreendimento. Além disso, em algumas situações, a burocracia e a demora para obter financiamento fazem que a utilização do capital próprio seja a alternativa escolhida.

CASO REAL

Uma empresa de Minas Gerais, fabricante de embalagens para comida pronta, tinha a necessidade urgente de diversificar a sua linha de produtos, dada a crescente resistência ao uso de plástico pela sociedade. Após muito trabalho, foi construído um projeto de embalagens de papel com fornecedores de máquinas e papéis europeus. O projeto previa a fabricação de dois tipos de embalagens de papel: as embalagens de bolo, que substituiriam as embalagens de alumínio; e as embalagens de pizza, que substituiriam as embalagens de plástico. O investimento chegava perto de quatro milhões de euros, um valor que a empresa não possuía em caixa, sendo necessário recorrer a financiamentos. Devido ao risco tecnológico do projeto, uma vez que nenhuma empresa no mundo tinha usado essa tecnologia, os conselheiros solicitaram o desenho de novas opções, dividindo o investimento inicial. Após mais uma rodada de cálculos e análises, decidiu-se efetuar o investimento para substituir apenas um dos tipos de embalagens. Com isso, o valor do investimento inicial cairia pela metade e não seria necessário recorrer a financiamentos, ou seja, o risco estaria compatível com o porte da empresa. Dessa forma, foi escolhida a parte do investimento referente às embalagens de pizza, pois era a parte com melhor retorno e substituiria o plástico, que possuía maior resistência da sociedade.

Eventuais dificuldades para implantar projetos de investimento relacionados às legislações ambientais, de ocupação do solo, trabalhistas, técnicas, entre outras, também devem ser levadas em conta na aprovação ou não de um investimento. Transtornos operacionais ocasionais também devem ser considerados, por exemplo: um projeto de substituição de máquinas de um processo produtivo pode ser inicialmente viável, mas, se o tempo entre a desmontagem das máquinas antigas e a montagem das novas for elevado a ponto de gerar perdas expressivas de produção, a rentabilidade do projeto como um todo pode ficar comprometida. A adequação das fontes de financiamento também deve ser questionada, pois um bom investimento pode ter a sua rentabilidade corroída se a forma de financiamento (prazo, taxas de juros, multas e garantias) não for adequada. Todas essas restrições financeiras ou não, e demais questões qualitativas, podem fazer com que a alta administração escolha um projeto com retorno previsto ligeiramente menor do que outro.

Outro fator a ser considerado na escolha dos projetos é que aqueles relacionados à redução de custo, tal como mencionado no início deste capítulo, têm menor risco do que os projetos relacionados ao aumento de produção e vendas, pois os primeiros não dependem dos clientes para que sejam gerados os resultados desejados. Dessa forma, entre dois projetos com rentabilidades semelhantes, os projetos de redução de custo têm vantagem sobre aqueles relacionados ao aumento de produção, uma vez que possuem menos incertezas ou variáveis fora de controle.

Neste ponto vale ressaltar que, quanto mais eficiente é a empresa na escolha dos seus projetos de investimento, melhores são os seus resultados no futuro. Essa escolha não é tarefa fácil, pois, quando uma alternativa de investimento é muito atrativa, os concorrentes, na maioria das vezes, também a visualizam e efetivam os investimentos, e aquela vantagem competitiva simplesmente desaparece. Existem alguns investimentos que são mais difíceis de serem copiados pelos concorrentes e, por isso, devem receber atenção especial da alta administração. Como exemplos, podemos citar aqueles que têm relação com esforços internos de pesquisa e desenvolvimento (P&D) e os que garantem à empresa o controle sobre matérias-primas ou outros recursos escassos.

Para concluir essa discussão sobre fatores qualitativos envolvidos na escolha dos investimentos, devemos lembrar que cada gestor que participa da avaliação de um investimento enxerga as questões qualitativas e até as questões quantitativas de maneira diferente. Alguns empresários são muito otimistas e tendem a considerar premissas positivas para justificar os projetos de investimento. Não é conveniente que todos os executivos e conselheiros envolvidos na avaliação dos projetos tenham esse mesmo perfil otimista. De forma semelhante, não é conveniente que o grupo de pessoas responsáveis pela análise seja composto exclusivamente por profissionais extremamente conservadores, pois a empresa correrá o risco de perder o momento adequado para investir. Assim, é recomendável que o comitê encarregado pela análise dos investimentos seja balanceado com pessoas de diferentes perfis, ou seja, com otimistas, realistas e conservadores.

CAPÍTULO 9 | ESCOLHENDO E IMPLANTANDO PROJETOS DE INVESTIMENTO

9.4 Nota sobre a implantação dos projetos

Nos tópicos anteriores, discutimos muito sobre a escolha dos projetos de investimento. No entanto, não basta escolhê-los, eles devem ser implantados de acordo com o escopo, prazo e custo planejados. Para que isso aconteça, é fundamental o uso de uma metodologia de gerenciamento de projetos, contemplando o planejamento e o seu acompanhamento.

É por meio do adequado planejamento da implantação dos projetos que se identificam as tarefas críticas, ou seja, aquelas que não podem atrasar sob o risco de comprometer o prazo do projeto como um todo. Nesse planejamento, identificam-se os recursos necessários em cada uma das etapas, tentando balancear o uso deles ao longo do tempo. Existem alguns *softwares* no mercado que auxiliam nessa tarefa de otimizar o tempo da implantação dos projetos, o custo e o uso dos recursos. A teoria por trás desses *softwares* é a metodologia PERT/CPM[141], conhecida há muitos anos, mas que só passou a ser utilizada em toda a sua extensão a partir da disseminação deles.

Além do adequado planejamento, a execução dos projetos de investimento deve ser acompanhada frequentemente, os desvios de escopo, prazo e custos analisados e as contramedidas definidas e implantadas. É esse adequado planejamento e acompanhamento que vão garantir a satisfatória execução dos projetos, possibilitando que a sua rentabilidade calculada se torne realidade.

Para que as empresas alcancem sucesso tanto na escolha dos projetos quanto na implantação daqueles selecionados, é importante a ajuda de profissionais especializados em gestão de projetos e com conhecimento e experiência na aplicação de metodologias, técnicas e *softwares* de gerenciamento de portfólio e projetos. De acordo com a quantidade, complexidade, recursos financeiros envolvidos e frequência de implantação de projetos, as empresas devem decidir entre a contratação de um profissional, a implantação de um *Project Management Office* (PMO – escritório de gerenciamento de projetos) ou a terceirização dessas atividades para empresas de consultoria.

---

141 PERT significa *Program Evaluation and Review Technique* (avaliação de programa e técnica de revisão), e CPM é *Critical Path Method* (método do caminho crítico).

CASO REAL

Uma tradicional empresa de açúcar e álcool possuía apenas uma unidade industrial e começou um projeto para a construção de uma segunda usina. Logo no início já foi contratada uma equipe de profissionais especializados na gestão de projetos de grande porte. O planejamento da obra foi feito em detalhes, e o acompanhamento era realizado com rigor. Como resultado, a nova usina entrou em operação com um desvio mínimo de custo e de prazo, produzindo de acordo com o planejado. Alguns meses depois, quando o presidente da empresa se reuniu com os executivos do banco de fomento que financiou a obra, ele ouviu a seguinte frase: "parabéns, a sua usina foi a única do estado que entrou em operação no prazo estipulado e sem a necessidade de liberação de mais recursos".

9.5 Exemplo completo – parte 8/9
Um guia de trabalho para você e sua empresa

Até este ponto, todas as melhorias operacionais foram realizadas por meio de ações que não demandavam gastos elevados. No entanto, alguns avanços podem ser obtidos com a escolha e implantação de projetos de investimento adequados. No caso do nosso laticínio, vários projetos foram analisados. O projeto escolhido para o momento em questão foi o de instalação de um sistema de energia solar. Esse projeto apresentava o melhor VPL entre todos os analisados, o período de *payback* satisfazia os critérios da administração e, ainda, não era sujeito a incertezas externas, como ocorre com os projetos de aumento de produção que são dependentes da aceitação do mercado consumidor e do desenvolvimento de fornecedores.

A linha do DRE (Figura 3.10) abordada neste tópico é o custo da energia elétrica. A Figura 9.3 reapresenta a equação relacionada a ela, destacando-se com bordas grossas os componentes trabalhados.

Figura 9.3 – Componentes da equação de custo da energia trabalhados.

A área financeira e a de produção identificaram a possibilidade de redução do custo de energia elétrica mediante a utilização da energia solar. A diminuição de valor pago à concessionária de energia foi de 25%, uma vez que a geração própria fez cair o consumo da energia fornecida pela concessionária. Obviamente, o investimento inicial nesse sistema de energia solar reduziu o caixa e, consequentemente, as receitas financeiras[142] (ver item 8 da Figura 9.4) em 4,38% e aumentou o valor a ser depreciado mês a mês em 3,13%. Mesmo assim, o impacto financeiro do investimento foi extremamente positivo, aumentando o Lucro Líquido. Como consequência indireta dessa melhoria, o valor absoluto do imposto de renda e da contribuição social aumentou em 7,73% (devido ao aumento do lucro antes dos impostos). No DRE a seguir, podemos observar o impacto positivo desse investimento.

---

[142] As receitas financeiras vinham crescendo todos os meses devido ao lucro acumulado, que se refletia em um maior valor na linha "caixa de disponibilidades" do BP e, consequentemente, em um melhor resultado financeiro. Nesse mês, mesmo com o aumento do lucro acumulado, a receita financeira caiu, pois o investimento no sistema de energia solar fez reduzir o valor apresentado na linha "caixa e disponibilidades".

Demonstrativo de Resultado do Exercício - DRE	Mês 0	Mês 5	Variação	Mês 6
1 Receita Líquida	R$ 3.280.000,00	R$ 3.357.887,58		R$ 3.357.887,58
1.1 Receita do Leite Vitaminado	R$ 874.120,00	R$ 856.260,85		R$ 856.260,85
1.2 Receita do Doce de Leite	R$ 870.840,00	R$ 950.140,81		R$ 950.140,81
1.3 Receita do Iogurte	R$ 715.040,00	R$ 731.485,92		R$ 731.485,92
1.4 Receita do Queijo	R$ 518.240,00	R$ 518.240,00		R$ 518.240,00
1.5 Receita do Requeijão	R$ 301.760,00	R$ 301.760,00		R$ 301.760,00
2 Custo dos Produtos Vendidos	- R$ 2.796.918,76	- R$ 2.797.296,86		- R$ 2.784.796,86
2.1 Leite	- R$ 1.889.755,60	- R$ 1.889.755,60		- R$ 1.889.755,60
2.1.1 Leite cru para o Leite Vitaminado	- R$ 769.225,60	- R$ 749.742,00		- R$ 749.742,00
2.1.2 Leite cru para o Doce de Leite	- R$ 304.794,00	- R$ 330.886,54		- R$ 330.886,54
2.1.3 Leite cru para o Iogurte	- R$ 300.316,80	- R$ 299.115,53		- R$ 299.115,53
2.1.4 Leite cru para o Queijo	- R$ 388.680,00	- R$ 384.793,20		- R$ 384.793,20
2.1.5 Leite cru para o Requeijão	- R$ 126.739,20	- R$ 125.218,33		- R$ 125.218,33
2.2 Insumos	- R$ 255.633,36	- R$ 262.884,79		- R$ 262.884,79
2.2.1 Insumo para o Leite Vitaminado	- R$ 8.741,20	- R$ 8.562,61		- R$ 8.562,61
2.2.2 Insumo para o Doce de Leite	- R$ 104.500,80	- R$ 114.016,90		- R$ 114.016,90
2.2.3 Insumo para o Iogurte	- R$ 78.654,40	- R$ 77.081,31		- R$ 77.081,31
2.2.4 Insumo para o Queijo	- R$ 12.437,76	- R$ 12.437,76		- R$ 12.437,76
2.2.5 Insumo para o Requeijão	- R$ 51.299,20	- R$ 50.786,21		- R$ 50.786,21
2.3 Embalagens	- R$ 197.529,80	- R$ 198.756,47		- R$ 198.756,47
2.3.1 Embalagens para o Leite Vitaminado	- R$ 21.853,00	- R$ 21.681,69		- R$ 21.681,69
2.3.2 Embalagens para o Doce de Leite	- R$ 69.667,20	- R$ 71.583,42		- R$ 71.583,42
2.3.3 Embalagens para o Iogurte	- R$ 71.504,00	- R$ 71.504,00		- R$ 71.504,00
2.3.4 Embalagens para o Queijo	- R$ 10.364,80	- R$ 9.846,56		- R$ 9.846,56
2.3.5 Embalagens para o Requeijão	- R$ 24.140,80	- R$ 24.140,80		- R$ 24.140,80
2.4 Pessoal de operação e manutenção	- R$ 258.000,00	- R$ 258.000,00		- R$ 258.000,00
2.4.1 Pessoal de operação	- R$ 240.000,00	- R$ 240.000,00		- R$ 240.000,00

(continua)

CAPÍTULO 9 | ESCOLHENDO E IMPLANTANDO PROJETOS DE INVESTIMENTO

257

(conclusão)

	Demonstrativo de Resultado do Exercício - DRE	Mês 0	Mês 5	Variação	Mês 6
2.4.2	Pessoal de manutenção	- R$ 18.000,00	- R$ 18.000,00		- R$ 18.000,00
2.5	Peças e serviços de manutenção	- R$ 45.000,00	- R$ 41.400,00		- R$ 41.400,00
2.6	Transporte de matéria-prima e insumos	- R$ 36.000,00	- R$ 34.000,00		- R$ 34.000,00
2.6.1	Fretes	- R$ 12.000,00	- R$ 18.000,00		- R$ 18.000,00
2.6.2	Frota própria	- R$ 24.000,00	- R$ 16.000,00		- R$ 16.000,00
2.7	Energia elétrica	- R$ 50.000,00	- R$ 50.000,00	- 25,00%	- R$ 37.500,00
2.8	Energia térmica	- R$ 25.000,00	- R$ 22.500,00		- R$ 22.500,00
2.9	Outros custos	- R$ 40.000,00	- R$ 40.000,00		- R$ 40.000,00
3	Lucro Bruto	R$ 483.081,24	R$ 560.590,72		R$ 573.090,72
4	Despesas Gerais, Adm e de Vendas	- R$ 388.200,00	- R$ 385.580,63		- R$ 385.580,63
4.1	Pessoal adm e de vendas	- R$ 198.000,00	- R$ 198.000,00		- R$ 198.000,00
4.1.1	Pessoal adm	- R$ 162.000,00	- R$ 162.000,00		- R$ 162.000,00
4.1.2	Pessoal de vendas - fixo	- R$ 36.000,00	- R$ 36.000,00		- R$ 36.000,00
4.2	Comissões de vendas	- R$ 98.400,00	- R$ 100.736,63		- R$ 100.736,63
4.3	Telefonia	- R$ 4.800,00	- R$ 4.464,00		- R$ 4.464,00
4.4	Segurança	- R$ 50.000,00	- R$ 46.500,00		- R$ 46.500,00
4.5	Limpeza	- R$ 16.000,00	- R$ 14.880,00		- R$ 14.880,00
4.6	Outras despesas	- R$ 21.000,00	- R$ 21.000,00		- R$ 21.000,00
5	EBITDA	R$ 94.881,24	R$ 175.010,09		R$ 187.510,09
6	Depreciação / Amortização	- R$ 53.333,33	- R$ 53.333,33	3,13%	- R$ 55.000,00
7	EBIT	R$ 41.547,91	R$ 121.676,76		R$ 132.510,09
8	Resultado financeiro	R$ 1.600,00	R$ 11.769,64	- 4,38%	R$ 11.254,11
9	Lucro Antes dos Impostos	R$ 43.147,91	R$ 133.446,41		R$ 143.764,21
10	Imposto de renda / Contrib. social	- R$ 15.101,77	- R$ 46.706,24	7,73%	- R$ 50.317,47
11	Lucro Líquido	R$ 28.046,14	R$ 86.740,16		R$ 93.446,73

Figura 9.4 – Melhoria conseguida no DRE devido ao investimento em energia solar.

O DRE da Figura 9.4 apresentou aumento do lucro devido ao investimento realizado e à redução do custo de energia elétrica. Essa melhoria do lucro e a compra do sistema de geração de energia solar estão representadas nos valores destacados do Balanço Patrimonial. No ativo do BP ocorre variação do caixa devido ao lucro acrescido da depreciação do período (impacto positivo) e ao desembolso referente à compra dos equipamentos de energia solar (impacto negativo), além do aumento do ativo relacionado aos equipamentos e do incremento do valor absoluto da depreciação acumulada. No passivo ocorre o acréscimo das reservas de lucro e, consequentemente, do Patrimônio Líquido[143].

	Ativo	Mês 0	Mês 5	Mês 6
1	Ativo Circulante	R$ 2.960.000,00	R$ 3.576.964,42	R$ 3.525.411,15
1.1	Caixa e disponibilidades	R$ 800.000,00	R$ 1.816.964,42	R$ 1.765.411,15
1.2	Estoques	R$ 1.200.000,00	R$ 800.000,00	R$ 800.000,00
1.3	Clientes	R$ 960.000,00	R$ 960.000,00	R$ 960.000,00
2	Realizável em Longo Prazo	R$ 240.000,00	R$ 240.000,00	R$ 240.000,00
3	Ativo Permanente	R$ 6.580.000,00	R$ 6.313.333,33	R$ 6.458.333,33
3.1	Máquinas e equipamentos	R$ 4.000.000,00	R$ 4.000.000,00	R$ 4.200.000,00
3.2	Imóveis	R$ 3.600.000,00	R$ 3.600.000,00	R$ 3.600.000,00
3.3	Veículos	R$ 480.000,00	R$ 480.000,00	R$ 480.000,00
3.4	Depreciação acumulada	- R$ 1.500.000,00	- R$ 1.766.666,67	- R$ 1.821.666,67
4	Total do Ativo	R$ 9.780.000,00	R$ 10.130.297,75	R$ 10.223.744,48

---

143 Para fins didáticos, consideramos que entre estes dois períodos não ocorreram alteração nos prazos de pagamento, recebimento ou estocagem e nem movimentações relacionadas aos financiamentos. Também não foram consideradas no balanço as eventuais variações nas contas de fornecedores e clientes.

CAPÍTULO 9 | ESCOLHENDO E IMPLANTANDO PROJETOS DE INVESTIMENTO

	Passivo	Mês 0	Mês 5	Mês 6
1	Passivo Circulante	R$ 2.340.000,00	R$ 2.340.000,00	R$ 2.340.000,00
1.1	Fornecedores	R$ 1.740.000,00	R$ 1.740.000,00	R$ 1.740.000,00
1.2	Salários a pagar	R$ 460.000,00	R$ 460.000,00	R$ 460.000,00
1.3	Impostos a pagar	R$ 140.000,00	R$ 140.000,00	R$ 140.000,00
2	Exigível em Longo Prazo	R$ 640.000,00	R$ 640.000,00	R$ 640.000,00
2.1	Emprestimo banco A	R$ 400.000,00	R$ 400.000,00	R$ 400.000,00
2.2	Emprestimo banco B	R$ 240.000,00	R$ 240.000,00	R$ 240.000,00
3	Patrimônio Líquido	R$ 6.800.000,00	R$ 7.150.297,75	R$ 7.243.744,48
3.1	Capital social	R$ 5.600.000,00	R$ 5.600.000,00	R$ 5.600.000,00
3.2	Reservas de lucro	R$ 1.200.000,00	R$ 1.550.297,75	R$ 1.643.744,48
4	Total do Passivo	R$ 9.780.000,00	R$ 10.130.297,75	R$ 10.223.744,48

Figura 9.5 – Melhorias operacionais refletidas no Balanço Patrimonial.

Essa melhoria pode ser verificada pelos indicadores de rentabilidade Margem Líquida e ROE (Figura 9.6).

Indicador	Mês 0	Mês 1	Mês 2	Mês 3	Mês 4	Mês 5	Mês 6	Mês 7
Lucro Líquido do mês	R$ 28.046,14	R$ 42.431,30	R$ 67.555,04	R$ 70.962,96	R$ 82.608,29	R$ 86.740,16	R$ 93.446,73	
Margem Líquida (LL / Rec. Liq)	0,86%	1,29%	2,02%	2,12%	2,46%	2,58%	2,78%	
ROE (LL anual / PL)	4,95%	7,44%	11,73%	12,20%	14,03%	14,56%	15,48%	

Figura 9.6 – Evolução do lucro e dos indicadores de rentabilidade.

Melhoria similar à apresentada pode ser obtida na sua empresa, considerando todos os fatores quantitativos e qualitativos expostos neste capítulo para escolher adequadamente os investimentos.

Resumo do capítulo

Este capítulo tratou da escolha dos investimentos que, depois de implantados, irão impactar a operação e resultados de uma empresa. Os principais assuntos tratados e as principais conclusões são as seguintes:

- Os projetos de investimento são provenientes da estratégia definida pela empresa, que, por sua vez, foi desenvolvida com base nas oportunidades de mercado e nos resultados da operação atual. No entanto, o levantamento mais detalhado da viabilidade financeira dos projetos e os resultados efetivamente obtidos com a sua implantação podem contribuir para um ajuste fino da estratégia geral inicialmente definida.

- A lista total de projetos possíveis para uma empresa inclui projetos com diferentes propósitos, entre eles aumento de produção (e receita), redução de custos, estabilidade e continuidade operacional, aumento de segurança, atendimento a requisitos legais, entrada em novos segmentos, entre outros. Os projetos de atendimento a requisitos legais devem ser implantados, no prazo e escopo determinados, independentemente do retorno financeiro. Já os demais devem ser escolhidos com base, entre outros fatores, em uma análise de retorno financeiro. As análises são feitas a partir de dados da empresa, informações técnicas do projeto e outras premissas, a exemplo da aceitação de um novo produto pelo mercado. Como as premissas nem sempre se tornam realidade no futuro, devemos analisar com cuidado redobrado os projetos cujas premissas fogem ao controle da empresa. Um projeto de redução de custos normalmente possui menos premissas fora de controle do que um projeto de aumento de produção ou vendas. É importante ter em mente que, quando o retorno de dois projetos é o mesmo, deve-se priorizar aquele com menos variáveis fora de controle.

- Existem três metodologias difundidas para analisar a viabilidade financeira de um projeto: (a) o período de *Payback*, (b) o Valor Presente líquido (VPL) e (c) a taxa interna de retorno (TIR). A metodologia mais utilizada e a que possui mais aspectos positivos é o cálculo do VPL, mas as demais devem ser empregadas de maneira complementar.

- O início das análises dos projetos deve envolver uma reflexão sobre o que vai ser melhorado com a sua implantação. Vão realmente ocorrer redução de custo, aumento de produção ou redução no número de acidentes? Também deve-se questionar se o momento atual é o adequado para implantar o projeto. Algumas tecnologias têm custo muito alto no primeiro ano, e esse custo se reduz em pouco tempo. Pode ser que daqui a um ano o retorno do investimento nessa mesma tecnologia seja maior, uma vez que o desembolso inicial será menor. Além disso, os resultados obtidos com essa nova tecnologia serão menos incertos.

- Mesmo que um projeto apresente excelente retorno para o investimento, a sua implantação depende de outros fatores, que podem se tornar restrições. O principal fator é a disponibilidade de recursos financeiros em caixa na empresa, ou o acesso a formas de financiamento adequadas para a implantação do projeto. Alguns projetos com excelente retorno podem se tornar um mau negócio quando a forma de financiamento (prazo, taxas de juros e garantias) não é adequada.

- Outros fatores podem dificultar a implantação de um projeto, como as diversas legislações a serem obedecidas, a pouca disponibilidade de tempo dos executivos da empresa, a indisponibilidade de técnicos da própria empresa e das empresas fornecedoras para a instalação e manutenção do projeto, entre outros. Essas restrições, sejam elas financeiras, sejam de outra natureza, podem fazer os executivos, sócios e conselheiros escolherem um projeto com retorno ligeiramente menor do que outro com maior retorno previsto.

- Os investimentos que têm relação com desenvolvimentos internos de P&D, ou que garantem o controle sobre matérias-primas ou recursos escassos, apresentam menos chances de serem copiados por concorrentes e, por isso, merecem atenção especial da alta administração.

- É importante que os investimentos sejam analisados por um comitê composto por pessoas com diferentes perfis pessoais. Executivos e empresários extremamente otimistas tendem a assumir premissas positivas para justificar a realização dos projetos. O inverso ocorre com executivos ou conselheiros muito conservadores. É preciso haver um balanço adequado de perfis de profissionais para avaliação e seleção dos investimentos da empresa.

- A implantação dos projetos é tão importante quanto a sua escolha. A utilização de uma metodologia de gestão de projetos é fundamental para garantir que estes sejam implantados conforme o escopo, prazo e custo estimados inicialmente e gerem os resultados esperados. Para isso, de acordo com a quantidade, complexidade e frequência de projetos implantados, a empresa pode optar pela contratação de profissionais especializados, pela criação de um escritório de gerenciamento de projetos (PMO) ou pela contratação de uma consultoria.

Questões e Atividades

Questões

1) Cite seis classificações de projeto de acordo com o seu escopo.

2) A que se referem os "projetos para ampliação das operações existentes"?

3) Quais são as principais virtudes do método do Valor Presente Líquido (VPL) para o cálculo da viabilidade financeira de projetos?

4) Cite seis questionamentos que devem ser feitos sobre as premissas adotadas para cálculo da viabilidade financeira dos projetos, a fim de avaliar as incertezas relacionadas a cada uma dessas premissas antes de se decidir pela implantação do projeto.

Atividades

1) Liste três projetos da sua empresa. Identifique-os de acordo com a classificação apresentada na seção 9.1 e justifique a escolha.

2) Identifique um projeto de redução de custo na sua empresa e levante as informações referentes às entradas e saídas de caixa desse projeto. Calcule o período de *payback* e o VPL do projeto identificado.

CAPÍTULO 10

Fazendo tudo acontecer – Método de gestão, conhecimento técnico, estrutura organizacional e alinhamento de interesses

CAPÍTULO 10

Fazendo tudo acontecer – Método de gestão, conhecimento técnico, estrutura organizacional e alinhamento de interesses

Introdução

Todos os capítulos apresentados até o momento tratam de questões financeiras e de como podemos trabalhar cada uma das partes dos demonstrativos financeiros, para que o resultado da empresa melhore ao longo do tempo. Apresentamos algumas técnicas e alguns exemplos que ajudam os leitores a promover as melhorias de resultados nas organizações. No entanto, ainda não discutimos a respeito das pessoas. E todas as melhorias, sejam elas de produção, receita, custos, despesas ou quaisquer outras, são desenvolvidas pelos profissionais da empresa. Não é objetivo deste texto aprofundar em questões específicas de recursos humanos, como seleção ou desenvolvimento de pessoas, embora sejam assuntos que possam ser mencionados indiretamente em algum tópico. O foco deste capítulo é orientar o leitor sobre como desenvolver a equipe, organizá-la em uma estrutura eficiente e garantir que os interesses do grupo estejam alinhados com os interesses da empresa. É essa capacitação, organização e alinhamento que vão servir de base para que as diversas melhorias mencionadas nos capítulos anteriores sejam planejadas e implantadas adequadamente, garantindo, assim, os resultados financeiros desejados.

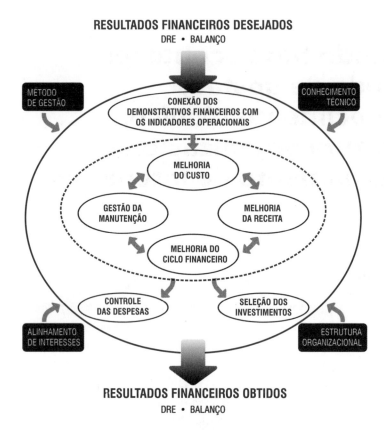

Figura 10.1 – Modelo de melhoria dos resultados financeiros por meio da gestão de operações, enfatizando o método de gestão, o conhecimento técnico, a estrutura organizacional e o alinhamento de interesses.

Os dois primeiros tópicos deste capítulo tratam do conhecimento da equipe. O tópico 10.1 discute a disseminação dentro da empresa de um método de gestão, que é algo primordial para que as pessoas trabalhem com foco nos resultados, tenham indicadores de desempenho e saibam analisar os resultados e elaborar planos de ação. O tópico 10.2 traz uma reflexão sobre a necessidade de obtenção, desenvolvimento e manutenção do conhecimento técnico específico para o negócio da empresa.

O terceiro tópico fornece orientações de como devemos construir a estrutura organizacional da empresa, incluindo não apenas o agrupamento das pessoas em áreas ou departamentos, mas, também, as formas de integrar esses colaboradores para a condução adequada dos processos de trabalho que, muitas vezes, são interfuncionais. A forma como as pessoas estão organizadas é tão ou mais importante do que a capacitação delas em si. Uma estrutura adequada é primordial para que se consiga obter o melhor desempenho de cada profissional e também a maior satisfação pelo trabalho realizado por parte dos profissionais. O quarto tópico discute as formas de alinhar

CAPÍTULO 10 | FAZENDO TUDO ACONTECER

o interesse dos profissionais ao interesse da empresa, principalmente por meio de políticas de remuneração variável adequadas. Este capítulo ainda apresenta a última parte do exemplo teórico sequencial que nos acompanhou durante todo o texto. Por fim, é apresentado o resumo dos tópicos do capítulo.

10.1 Método de gestão

Nos capítulos anteriores, apresentamos orientações de como obter os resultados financeiros desejados por meio de melhorias nas operações da empresa. No entanto, para que elas ocorram, sejam relacionadas ao aumento de produção, à diminuição de despesas, à redução de ciclo financeiro ou a qualquer outro tema abordado anteriormente neste livro, é imprescindível que os profissionais encarregados delas possuam vivência com um método de gestão que vai guiá-los nesse trabalho.

O método de gestão mais disseminado no Brasil para a solução de problemas é o PDCA / SDCA[144], que foi concebido por americanos, usado com sucesso pelos japoneses e trazido ao Brasil pela Fundação Christiano Ottoni (UFMG), nas décadas de 1980 e 1990[145]. O PDCA e o SDCA estão detalhados no livro "Formação de Gestores: criando as bases da gestão" de Godoy, R; Bessas, C. (2021).

Esse método é composto por dois ciclos de trabalho, o PDCA e o SDCA. O PDCA é o ciclo utilizado para melhorar os resultados e é composto de quatro grandes etapas: P (Plan – Planejamento), D (Do – Execução), C (*Check* – Verificação) e A (*Action* – Ação corretiva).

Na etapa de planejamento é feita a identificação do problema (resultado indesejado) e de suas causas, seguida da elaboração do plano de ação para a melhoria do resultado. Na etapa de execução, o plano é implantado. Na de verificação, o resultado é avaliado; caso não tenha sido alcançado o resultado desejado, deve-se aprofundar no levantamento de informações e análises para tomada de ações corretivas. Caso a verificação indique resultado satisfatório, deve-se partir para a última etapa do PDCA, que é a atuação corretiva definitiva, ou seja, a padronização da nova forma de trabalho que vai garantir o resultado em um patamar superior.

Quando o resultado é alcançado pelo giro do PDCA, passamos a utilizar o ciclo SDCA, que vai estabilizar os resultados no patamar desejado. O SDCA também é composto de quatro grandes etapas: S (*Standard* – Padrão), D (Do – Execução), C (*Check* – Verificação) e A (*Action* – Ação corretiva).

---

144 Existem outros métodos de gestão que cumprem o mesmo objetivo e possuem uma sequência de trabalho muito semelhante à do PDCA, a exemplo do DMAIC.

145 Grande parte dos profissionais que realizaram o trabalho de introduzir e disseminar no Brasil o PDCA como um método de gestão, contribuíram com o desenvolvimento ou fazem parte do Grupo Aquila, incluindo os professores José Martins de Godoy, Carlos Alberto Bottrel Coutinho e Orlando Euler de Castro. Todo o movimento de busca e disseminação deste conhecimento está retratado no livro "A gestão no Brasil", de Carlos Alberto Bottrel Coutinho.

A primeira etapa do SDCA contempla a formalização do "resultado-padrão" que se deve alcançar e também dos padrões que devem ser utilizados para o alcance desse resultado. Na etapa de execução, os padrões são cumpridos de forma a gerar os produtos ou serviços. Na etapa de verificação, o resultado é avaliado e, se estiver dentro das especificações, continua-se indefinidamente na execução e verificação. Caso a verificação indique resultado indesejado, passa-se à última etapa do SDCA, de tratamento de anomalias, que também é uma ação corretiva. Nessa último passo, é removido o sintoma do problema e eliminada a causa do mau resultado.

A Figura 10.2 ilustra a utilização conjunta do PDCA e do SDCA para manter e melhorar os resultados em um esforço de melhoria contínua e também em um esforço de inovação.

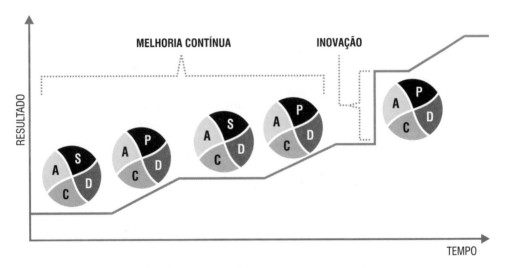

Figura 10.2 – Utilização conjunta dos ciclos PDCA e SDCA para manter e melhorar os resultados.
Fonte: Baseado em Godoy, R; Bessas, C. (2021)

Não é objetivo deste livro detalhar a utilização do PDCA e do SDCA, porque, inclusive, já existe bibliografia específica sobre o tema[146]. O foco aqui é apenas enfatizar a importância do uso de um método de gestão para auxiliar na melhoria dos resultados descritos nos capítulos anteriores.

---

[146] Entre os vários textos que detalham a utilização do método PDCA/SDCA e as técnicas estatísticas usadas com este método, podemos citar os de Godoy, R. e Bessas, C. *Formação de gestores*: criando as bases da gestão. Belo Horizonte : Aquila, 2021; Kume, H. *Métodos estatísticos para a melhoria da qualidade*. São Paulo: Gente, 1993; e Umeda, M. *99 perguntas e 99 respostas sobre o TQC no estilo japonês*. Belo Horizonte : Fundação Christiano Ottoni, Escola de Engenharia da UFMG, 1995.

10.1.1 Desdobramento das metas e uso do método de gestão de forma ampla

O PDCA/SDCA não é apenas um método de solução de problemas que pode ser usado pontualmente para solucionar um problema relacionado a custo, produtividade, ciclo financeiro etc. Ele é também um método de gestão poderoso que auxilia os executivos a gerenciarem a empresa como um todo.

No capítulo 2, deixamos claro que são os resultados financeiros que guiam a gestão de uma empresa, e no capítulo 3 mostramos que os resultados financeiros podem ser traduzidos em indicadores técnicos. As metas financeiras ou dos indicadores técnicos podem ser delegadas diretamente para um gestor ou ser desdobradas em metas mais detalhadas (financeiras ou técnicas), para, então, serem delegadas a determinados gestores.

A Figura 10.3 apresenta um exemplo de desdobramento das metas financeiras e técnicas e a delegação das metas para os gestores de uma empresa.

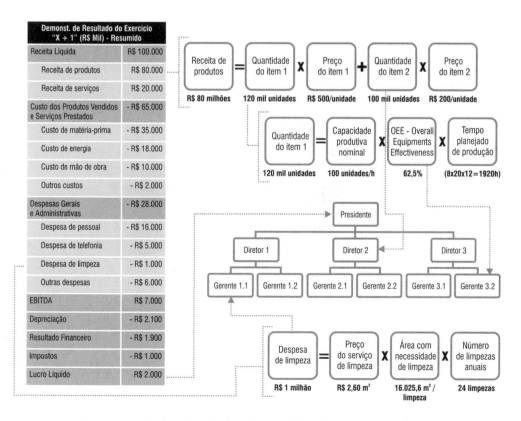

Figura 10.3 – Exemplo de desdobramento das metas e sua delegação para os gestores de uma empresa.

Veja que algumas metas podem ser delegadas diretamente para determinado gestor. No exemplo da Figura 10.3, isso acontece com a meta de lucro líquido, que foi delegada diretamente para o presidente da empresa; e com a meta de despesas de limpeza, que, apesar de ser desdobrada em um componente de preço e dois de consumo, foi delegada de forma integral (valor completo de preço x consumo) diretamente para o gerente 1.2. Entretanto, a meta de receita foi desdobrada na receita de dois produtos, sendo cada uma delas desdobrada em quantidade de itens e em preço dos itens. Em seguida, uma das metas de quantidade foi traduzida em termos de OEE (Overall Equipment Effectiveness) e, então, delegada ao gerente 3.2.

A grande vantagem de definir as metas específicas para cada uma das áreas, a partir de um desdobramento das grandes metas da empresa, é que não se corre o risco de definir metas para os níveis inferiores que, mesmo quando alcançadas, não contribuem para o resultado global da empresa.

CASO REAL

Certa ocasião, realizamos um diagnóstico em uma indústria de embalagens de papelão. A empresa era bem estruturada, com os demonstrativos contábeis organizados e com uma área de gestão estabelecida há alguns anos. Os resultados financeiros da empresa eram razoáveis. Entrevistamos os responsáveis pela área de gestão para verificar

> os trabalhos que estavam sendo realizados com o intuito de melhorar o resultado financeiro da empresa. Para a nossa surpresa, quase a totalidade dos projetos de melhoria executados pelas equipes operacionais tinha sido definida de forma independente pelos próprios funcionários e, muitas vezes, trazia melhorias apenas das condições de trabalho locais. Apesar de esse tipo de melhoria também ter a sua importância, o tempo dos funcionários seria mais bem aproveitado se eles estivessem desenvolvendo projetos alinhados com os grandes objetivos da empresa. Para que isso acontecesse, era necessário que as metas das supervisões tivessem sido definidas a partir de um desdobramento das metas globais da organização. Se isso estivesse ocorrendo, os resultados financeiros talvez não fossem apenas razoáveis, mas, sim, excepcionais.

A partir do momento que as metas são todas delegadas aos gestores, cada um deles deve trabalhar para alcançá-las[147]. O trabalho dos gestores é muito facilitado quando se utiliza o método de gestão PDCA/SDCA para identificar o que precisa ser melhorado, definir as ações de melhoria e implantá-las, acompanhar o resultado e padronizar as boas práticas. Ou seja, o método de gestão não é algo focado apenas na melhoria de indicadores isolados, mas pode, e deve, ser utilizado para melhorar os resultados da empresa como um todo.

Para garantir que esses resultados na empresa como um todo sejam alcançados, é muito importante que existam "rituais de gestão", que são reuniões entre os profissionais de dois ou no máximo três níveis hierárquicos, em que são apresentados e discutidos os resultados de cada indicador e o cumprimento das ações planejadas. Os rituais nos níveis hierárquicos mais baixos discutem os resultados dos indicadores específicos da área, e os rituais dos níveis hierárquicos mais altos debatem sobre os resultados dos indicadores mais consolidados.

---

147 É importante mencionar que o gestor que recebe a responsabilidade pelo alcance de uma meta deve ter autoridade sobre os recursos que possibilitam alcançá-la.

CASO REAL

Uma empresa de telefonia que possui operações em ampla área geográfica foi comprada por um consórcio que desejava obter um bom retorno desse investimento. Assim, foram estipuladas metas ousadas de geração de caixa para a alta administração.

Ela sabia que, para alcançar metas tão ousadas, precisaria de toda a equipe de gestores trabalhando de maneira focada e organizada. Para ajudá-los nessa empreitada, uma equipe de consultoria foi contratada para auxiliar os gestores de todos os níveis. O primeiro passo do trabalho foi desdobrar as metas financeiras gerais em metas específicas por toda a estrutura da empresa. Algumas metas financeiras ainda foram desdobradas em metas técnicas.

Para a grande maioria das metas foram elaborados planos de ação que buscavam aproveitar as oportunidades de mercado e bloquear as causas de problemas que poderiam prejudicar o resultado. Com esse trabalho, todos os gestores passaram a ter suas metas bem estabelecidas e os planos de ação para alcançá-las. Como as metas foram estabelecidas a partir do desdobramento da grande meta financeira da empresa, ficou garantido o alinhamento dos esforços da equipe de gestores com os da alta administração.

Também foi estabelecida uma sistemática de acompanhamento de resultados, em que periodicamente os gestores avaliavam se as suas metas estavam sendo alcançadas ou não e também acompanhavam a implantação das ações dos planos.

> Além disso, foi estabelecida uma cascata de reuniões, em que mensalmente os cordenadores apresentavam os seus resultados para os gerentes, estes para os diretores e os diretores para o presidente. Ou seja, o método de gestão PDCA foi implantado por toda a empresa, contemplando o estabelecimento de metas alinhadas entre os gestores, a elaboração dos planos de ação e sua implantação e o acompanhamento dos resultados.
>
> Os resultados financeiros da empresa foram excepcionais, o que comprovou a competência dos gestores e a importância de se utilizar um método de gestão de forma ampla em toda a empresa.

Obviamente, a melhoria dos resultados não é alcançada apenas com o uso de um método de gestão, também são necessários o aporte de conhecimento técnico para a solução dos problemas e grande capacidade de liderança do gestor para mobilizar os recursos e priorizar a implantação das ações necessárias. Tais assuntos são tratados nos tópicos subsequentes.

10.2 Agregando conhecimento técnico

Para alcançar os resultados desejados, além do conhecimento gerencial, é fundamental que a empresa possua conhecimento técnico suficiente para alavancar e sustentar os resultados financeiros. Quando falamos de conhecimento técnico, nos referimos àquele relevante para o negócio da organização. Por exemplo, em uma empresa de fabricação de vacinas, o conhecimento técnico necessário é o de microbiologia e áreas afins, enquanto em uma empresa de projeto e fabricação de máquinas é em engenharia mecânica, engenharia elétrica e engenharia de automação.

O conhecimento técnico tem que ser constantemente agregado e mantido na empresa. A agregação dele se dá por várias formas, entre elas[148]:

– Contratação de profissionais de nível técnico elevado.

– Contratação de consultorias específicas.

– Participação em feiras e congressos das áreas afins à da empresa.

– Convênios com universidades, escolas técnicas e centros de pesquisa.

---

148 Nos últimos anos, tem se tornado comum a busca de conhecimento técnico, principalmente para resolver problemas específicos, por intermédio de *startups*. O grande segredo para conseguir captá-lo por esse meio é ter acesso a essas organizações e aos ecossistemas dos quais elas fazem parte. Para isso, é importante que profissionais da empresa demandante do conhecimento dediquem parte do seu tempo a transitar nos ecossistemas de seu interesse, de forma a viabilizar a rápida localização das *startups* que poderão ajudá-los quando necessário.

– Participação dos profissionais em treinamentos específicos, oferecidos por instituições de ensino, pesquisa ou entidades de classe.

– Intercâmbio com empresas do mesmo segmento que atuam em outros mercados.

– Relacionamento próximo com os fornecedores de equipamentos e insumos, entre outros.

– Programas internos de reciclagem.

Além disso, o trabalho no dia a dia para a solução dos problemas pela equipe interna gera naturalmente conhecimento técnico para a empresa.

Independentemente de esse conhecimento ter sido gerado internamente na empresa ou obtido de fontes externas, outro desafio que a empresa possui é a manutenção desse conhecimento.

A primeira forma de manter o conhecimento técnico na empresa é mediante a padronização, ou seja, do registro dos detalhes importantes dos processos de trabalho em padrões técnicos de processos e em procedimentos operacionais.

A segunda forma é o arquivamento adequado (físico ou eletrônico) de toda a documentação relevante da empresa, não apenas dos padrões de trabalho elaborados, mas também dos manuais dos equipamentos e dos documentos que registram os problemas, as análises e as soluções que a empresa vivenciou no passado, entre outros.

Por fim, uma sistemática de treinamento dos colaboradores formal e prática, de forma a garantir que os conhecimentos e habilidades críticos para a empresa estejam sob o domínio de várias pessoas, irá ajudar na manutenção do conhecimento técnico da organização.

10.3 Conceitos básicos de estrutura organizacional

O terceiro tópico a ser tratado neste capítulo, que impacta a melhoria das operações e do resultado financeiro, é a estrutura organizacional da empresa. Deve-se ter em mente que todo o trabalho de melhoria é feito por pessoas e a forma como elas estão organizadas impacta fortemente na qualidade e produtividade desse trabalho. Por isso, a estrutura organizacional é tão relevante.

Obviamente, não existe uma única estrutura ótima nem um único conceito de estrutura que deve ser utilizado por todas as empresas, pois cada organização possui características próprias (de tipos de produto, mercado em que atua, cliente, processo produtivo, exigências governamentais, qualificação do seu pessoal, entre outras), de forma que a estrutura organizacional a ser adotada deve considerar essas características, a fim de organizar as pessoas da maneira mais produtiva possível.

A seguir, fornecemos algumas orientações sobre importantes aspectos a serem considerados no desenho de uma estrutura que seja adequada para determinada empresa. Discutimos como devemos agrupar as pessoas em áreas ou departamentos, em seguida refletimos como integrar as pessoas pertencentes a diversos setores para a execução das tarefas interdepartamentais e, posteriormente, abordamos as características de liderança que devem ser buscadas para as diferentes áreas da empresa[149], [150]. Por fim, são apresentadas sugestões relacionadas ao desenho de três pontos específicos da estrutura organizacional de indústrias.

10.3.1 Agrupamento de funções

O agrupamento de funções é a primeira das grandes decisões do projeto da estrutura organizacional de uma empresa, a partir da qual todas as demais serão orientadas. O agrupamento de funções é a definição de áreas ou unidades organizacionais que executam tarefas específicas[151]. Por exemplo, em uma indústria, podemos delimitar uma área responsável pela produção dos componentes e outra encarregada pela montagem final dos produtos; demarcar uma única área de manutenção para toda a empresa ou criar áreas de manutenção específicas subordinadas às áreas de produção; e subordinar a área de Planejamento e Controle da Produção (PCP) à produção ou deixá-la independente.

Essas decisões devem ser tomadas em função das características da empresa, e não se pode falar que uma decisão é melhor do que a outra. No entanto, é sabido que cada uma das formas de agrupar traz vantagens e desvantagens em relação a outras forma, conforme apresentaremos a seguir.

– Agrupamento funcional: nessa situação, os profissionais são agrupados de acordo com as atividades que executam, tal como apresentado na Figura 10.4.

Figura 10.4 – Exemplo de agrupamento funcional[152].

---

149 Outro aspecto importante no desenho da estrutura é o alinhamento de interesses entre os profissionais e a própria empresa, assunto que será tratado à parte no tópico 10.4.

150 Apesar de as questões relacionadas à cultura organizacional também influenciarem a montagem de uma estrutura adequada a cada empresa, esse é um assunto que foge ao escopo deste livro. Informações sobre esse tema podem ser encontradas em "Ancona *et al*. *Organizational behavior & Process* – Management for the future. Massachusets : Ed South Western, Massachusets Institute of Technology, 1999"; e em outras bibliografias específicas.

151 Ancona *et al*. (1999).

152 Fonte: Ancona *et al*., 1999.

A vantagem desse tipo de agrupamento é favorecer a especialização do conhecimento, pois os profissionais de cada unidade organizacional se dedicam apenas a um tipo de atividade e têm a oportunidade de trocar informações constantemente com seus colegas de trabalho.

A desvantagem é dificultar a integração entre atividades diferentes, o que prejudica a visão do todo por parte dos membros de determinada unidade organizacional e o alcance de metas em conjunto (ANCONA et al., 1999; MINTZBERG, 1995).

– Agrupamento por produto: nessa situação, os indivíduos são agrupados em unidades de acordo com o produto ou serviço fornecido. O organograma da Figura 10.5 ilustra essa situação.

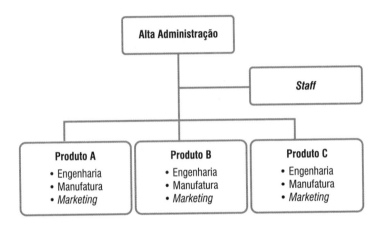

Figura 10.5 – Exemplo de agrupamento por produto[153].

Esse tipo de agrupamento, ao contrário do funcional, favorece a integração entre as atividades, o que facilita a resolução de problemas e o alcance de metas em conjunto, as quais também são mais facilmente estipuladas e os resultados são mais facilmente medidos.[154]

Entretanto, a especialização do conhecimento fica sacrificada, uma vez que os responsáveis por engenharia em determinado produto, por exemplo, acabam se envolvendo com outras atividades pertencentes a esse produto, além de não terem contato estreito com os profissionais de engenharia dos outros produtos. Outro problema relacionado a esse tipo de agrupamento é a necessidade de recursos redundantes, pois a descentralização de atividades acaba gerando aumento de mão de obra (ANCONA et al., 1999; MINTZBERG, 1995).

---

153 Fonte: Adaptado de Ancona et al., 1999.
154 Outro tipo de agrupamento muito similar ao agrupamento por produto (ou serviço) e com as mesmas vantagens e desvantagens deste último é o agrupamento geográfico ou por conjunto de clientes, o que é muito utilizado dentro de departamentos comerciais.

É importante notar na Figura 10.5 que existem dois níveis de agrupamento. No nível logo abaixo da alta administração é feito o agrupamento por produto. No nível seguinte, ou seja, dentro do agrupamento de determinado produto, os profissionais estão reunidos de acordo com a sua função na empresa. Na montagem de uma estrutura, temos que decidir pela melhor forma de agrupamento não apenas no primeiro nível, mas em todos os níveis, e muitas vezes a melhor estrutura irá mesclar formas diferentes de se agruparem os profissionais.

– Agrupamento matricial: principalmente nas empresas de maior porte, é comum o uso de estruturas matriciais. Nesse caso, as subunidades ficam agrupadas em relação a dois fatores, por exemplo função e região geográfica. Esse tipo de estrutura é adequado quando se quer dar ênfase simultaneamente a duas formas de agrupamento. A Figura 10.6 ilustra esse tipo de agrupamento.

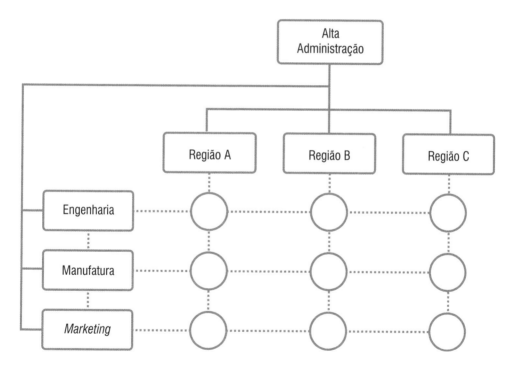

Figura 10.6 – Exemplo de agrupamento matricial.

Esse tipo de estrutura tenta juntar o favorecimento da especialização do conhecimento, que é típico do agrupamento funcional, com a maior integração entre as unidades que é típica do agrupamento por produto/serviço fornecido ou região geográfica/conjunto de clientes.

Uma grande vantagem da estrutura matricial é a facilidade de relacionamento do cliente com os profissionais da empresa responsáveis pelo produto de interesse, ao mesmo tempo que a empresa tem uma estrutura funcional capaz de desenvolver novos projetos[155].

O maior inconveniente dessa estrutura é que os supervisores de linha têm que se reportar a dois chefes. Essa duplicidade de comando, quando não é bem coordenada, pode gerar tensão, insatisfação e incerteza a esses supervisores (KNIGHT, 1997). Além disso, esse tipo de estrutura requer duplicidade de sistemas, controles e remunerações para refletir as duas dimensões da matriz. Essa complexidade pode gerar confusões, aumento de custos e atraso nas decisões (ANCONA *et al.*, 1999).

Conforme mencionamos no início deste tópico, as decisões sobre o agrupamento são as primeiras a serem tomadas no projeto da estrutura organizacional de uma empresa, a partir das quais todas as demais decisões são tomadas. As seguintes são relacionadas à integração entre as áreas e as características de liderança dos gestores designados para as áreas. Essas novas decisões[156] podem potencializar as vantagens do agrupamento escolhido e, principalmente, minimizar as desvantagens desse agrupamento. Nos sub-tópicos seguintes, detalhamos essas outras decisões.

10.3.2 Integração entre as áreas

A partir do momento que os profissionais estão agrupados em áreas distintas, surge a necessidade de garantir a integração entre esses profissionais, pois os processos de trabalho são interfuncionais, ou seja, precisam da participação de pessoas de várias áreas, que foram separadas pelas decisões relacionadas ao agrupamento. É possível integrar esses profissionais para a realização conjunta dos processos de trabalho e existem vários mecanismos que auxiliam nessa integração entre os colaboradores de duas ou mais áreas.

O primeiro dos mecanismos é o ajustamento mútuo, ou contato natural entre as áreas. As pessoas das diversas áreas se relacionam de forma automática para a realização de determinadas tarefas. Para as tarefas mais simples, esse contato pode ser informal, enquanto nas tarefas mais complexas é importante que esse ajustamento entre áreas seja formalizado por meio de padrões de trabalho. Estes, que detalham o que cada área deve fazer para a conclusão de determinado serviço, constituem o segundo mecanismo de integração.

Uma terceira forma de conseguir a integração entre duas áreas é pela supervisão direta de um líder de ambas, garantindo que o trabalho se desenvolva da melhor maneira possível.

---

155 Ver Knight (1997).

156 As decisões relacionadas ao alinhamento de interesses (tópico 10.4), inclusive a remuneração variável, também podem complementar, de forma adequada, o agrupamento de funções, a fim de otimizar o desenho da estrutura.

CAPÍTULO 10 | FAZENDO TUDO ACONTECER

Por fim, o líder, ou os líderes superiores, pode estabelecer metas para os indicadores que, para serem alcançadas, forcem a integração entre duas ou mais áreas. Como exemplo, podemos citar uma meta de tempo médio para carregamento de caminhões que, para ser alcançada, depende do trabalho conjunto das áreas de armazenagem e de transporte. Dessa forma, o estabelecimento de metas é outro mecanismo de integração[157].

A utilização de sistemas de informação que compartilham de maneira fácil a informação entre as áreas também auxilia fortemente a integração entre elas, principalmente quando se trata de integração necessária para a execução de tarefas rotineiras. Os sistemas de informação podem ser preparados para disponibilizar os dados necessários a cada uma das áreas envolvidas.

Nas situações em que as tarefas a serem executadas, e que dependem de integração, não são rotineiras, é conveniente a utilização de grupos de trabalho temporários[158]. Esses times são formados por pessoas de diferentes habilidades, provenientes de mais de uma área, que interagem para solucionar um problema ou conduzir um projeto de melhoria.

Por fim, consegue-se a integração entre as áreas que foram separadas no agrupamento por meio de reuniões periódicas entre elas. Quando são objetivas, elas são um eficiente mecanismo de integração e não demandam muito tempo dos envolvidos.

Esse leque de mecanismos deve ser utilizado para solucionar as deficiências de integração que foram geradas quando se agruparam as áreas do organograma. Nem sempre todos esses instrumentos são necessários e, muitas vezes, os que são utilizados em uma área da empresa são diferentes daqueles usados em outras áreas. O importante é que a alta administração tenha consciência desses mecanismos e saiba usá-los de forma a otimizar o desempenho da estrutura. A Figura 10.7 ilustra o emprego dos mecanismos de integração na estrutura da empresa.

---

157 O estabelecimento de metas, por si só, já é um mecanismo integrador. Além disso, os indicadores e metas trazem outro benefício, pois eles são a base de um sistema de remuneração variável que vai garantir o alinhamento de interesses entre os profissionais e a empresa. Esse assunto é tão relevante que merece ser tratado em um tópico específico (tópico 10.4).

158 Para tarefas não rotineiras, além dos grupos de trabalho, o ajustamento mútuo é outro mecanismo de integração eficiente. Já para obter a integração entre áreas nas situações em que as tarefas são muito rotineiras, a supervisão direta e a padronização das tarefas se destacam como mecanismos adequados.

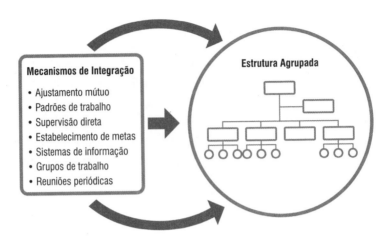

Figura 10.7 – Mecanismos de integração complementando as decisões de agrupamento.

Quando, mesmo com todos os mecanismos apresentados, não se consegue a integração desejada, deve-se tentar diminuir a necessidade de integrar as áreas. Isso pode ser feito delegando um conjunto completo de tarefas para uma única área ou alocando recursos redundantes para várias áreas, de forma que elas consigam realizar as tarefas sem a necessidade de interagir com outras[159].

10.3.3 Características de liderança

No tópico anterior, vimos que uma das formas de garantir a integração entre duas áreas é pela supervisão exercida por um líder sobre essas áreas. Dessa forma, a liderança contribui diretamente para a integração delas. Mas essa é apenas uma das funções da liderança que, na verdade, tem atribuição bem mais ampla dentro da estrutura, haja vista que ela é responsável por fazer as coisas acontecerem, ou seja, fazer as decisões se tornarem realidade. E, dependendo das características da pessoa que ocupa esse papel, ele pode ser mais bem executado.

No entanto, antes de abordarmos as características necessárias da pessoa que ocupa a liderança para que o seu papel seja bem executado, vamos comentar sobre o "atributo" do líder que possibilita que a sua função seja cumprida, que é o "poder". Não existe liderança se não houver poder. Dessa forma, os sócios da empresa devem prover e garantir poder ao presidente, que deve prover e garantir aos diretores, dentro dos limites da função de cada um, e, assim por

---

159 Essa solução, muitas vezes, não é eficiente ou econômica, mas pode ser opção viável em razão das dificuldades de integração.

CAPÍTULO 10 | FAZENDO TUDO ACONTECER

diante, até os coordenadores, que devem prover e garantir aos supervisores, para que eles o exerçam nas suas equipes. É o nível de poder elevado que permite aos líderes fazer as coisas acontecerem.

E quais são as fontes desse poder[160]? Algumas delas são fornecidas pela própria estrutura e pelos níveis superiores, entre as quais podemos citar a "autoridade formal" da posição ocupada, que é fornecida por meio do respaldo dos níveis superiores da organização e pelos "regulamentos internos", que especificam as atribuições e autoridades. Essa autoridade formal, muitas vezes, atribui ao líder poderes sobre recursos escassos e sobre o processo de tomada de decisão. Outra parte do poder provém da própria competência do líder e do respeito que ele constrói perante os seus liderados devido às suas características.

Entre as características de um líder que o fazem ser reconhecido e respeitado, consequentemente tendo mais poder, e que viabilizam a sua atribuição de fazer as coisas acontecerem, podemos citar[161]:

– Saber formar as equipes, desenvolver as pessoas e dar *feedback*.

– Ter foco em resultados, saber definir os indicadores de resultado dos subordinados e os critérios para a remuneração variável, criando uma cultura baseada em resultados.

– Ter atitudes éticas e responsáveis.

– Saber envolver a sua equipe, motivá-la, ter poder de convencimento, habilidade de comunicar e espírito de colaboração.

– Conhecimento técnico relacionado à área liderada.

– Habilidades para quebrar resistências e conduzir mudanças.

– Habilidades de negociação e de gestão de conflitos.

– Habilidades para gerir crises.

Todas essas habilidades[162] citadas são amplamente discutidas em bibliografias específicas. Porém, existe uma que não é tão discutida. Trata-se da habilidade de balancear o poder dos líderes internos de sua equipe; por exemplo, um gerente deve saber balancear o poder que é dado a cada um de seus coordenadores. Isso é essencial para que toda a gerência apresente bons resultados e não apenas uma coordenação se destaque. O gerente deve identificar quando um coordenador, devido tanto ao poder que lhe foi atribuído quanto ao poder que ele construiu ajudado pelas suas próprias características, consegue obter prioridades sobre os recursos escassos ou uma influência maior em processos decisórios relacionados a questões que envolvem também outros

---

160 Este parágrafo é baseado em Lukes (1980), Ancona *et al*. (1999), Morgan (1996) e Buchanan e Badham (1999).

161 Essa listagem é baseada em Hrebiniak (2005), Kotter (2012) e no material do programa de educação executiva "High Potentials Leadership Program", da Harvard Bussiness School (2014).

162 Muitas das habilidades dos líderes não são estáticas, ou seja, elas podem ser desenvolvidas ao longo do tempo.

coordenadores, muitas vezes prejudicando os seus pares. Isso se aplica em todos os níveis hierárquicos. Após identificar deficiências deste tipo, o líder deve atuar para equilibrar essas questões, de forma que todos os seus liderados tenham recursos e poder de decisão compatíveis com as suas atribuições.

Neste ponto, fica claro que o poder e as características das lideranças influenciam fortemente o adequado funcionamento da estrutura organizacional e o alcance dos resultados pela empresa. Além disso, sabemos que líderes devem ser escolhidos pelas características que possuem e devem receber autoridade formal dos superiores. A adequada definição do nível de autoridade formal delegada aos líderes e a alocação de cada um deles de acordo com características e habilidades adequadas em cada função contribuem fortemente para o bom funcionamento da estrutura.

10.3.4 Situações críticas de estrutura organizacional em empresas industriais

Em uma empresa industrial ou de serviços de natureza industrial existem as áreas responsáveis pela produção dos bens ou serviços, além das responsáveis por compras e por vendas que existem também nas empresas estritamente comerciais. A existência de uma grande área a mais faz com que as alternativas de agrupamento de áreas e as necessidades de integração entre elas aumentem significativamente. Algumas situações relacionadas ao agrupamento e à integração da estrutura organizacional de uma empresa de natureza industrial são críticas e devem ser tratadas com atenção especial. A seguir, relatamos três dessas situações e fornecemos algumas orientações sobre o que deve ser considerado na montagem dessas estruturas, com a ressalva de que não existe estrutura ótima e cada caso deve ser estudado individualmente.

1) Relacionamento entre produção e vendas

Em uma empresa industrial, muitas vezes, o que é vendido ainda nem foi produzido. Além disso, a capacidade de produção não é completamente aderente à demanda do mercado. Como as áreas de vendas e produção são independentes, torna-se de suma importância realizar a integração entre elas, de forma que a demanda de mercado e a capacidade produtiva sejam aproveitadas ao máximo, por meio de um plano de produção acordado entre as áreas. A existência de uma área de Planejamento e Controle da Produção (PCP) não supre automaticamente essa necessidade, pois teoricamente o PCP parte de uma necessidade de produção já definida e faz o melhor sequenciamento dessa produção nas máquinas, a fim de que a produção aconteça no menor tempo possível e otimizando a utilização dos insumos produtivos.

Existe uma necessidade anterior ao sequenciamento da produção que é a definição da necessidade de produção, aproveitando ao máximo a demanda existente e a capacidade fabril.

Muitas vezes, não é possível fabricar tudo que é demandado, de forma que se deve decidir o que produzir. Em outras situações, pode ser necessário que a área de vendas busque demandas para aqueles produtos que a empresa possui capacidade de produzir. A integração entre as áreas de vendas e de produção para solucionar esses problemas pode ser feita por uma liderança superior, por um grupo de trabalho ou por reuniões específicas. Todas essas opções de integração possibilitam que seja feito um trabalho para definir os melhores planos de produção e vendas possíveis[163]. Vale mencionar que a área de PCP e outras, como a área financeira, podem contribuir muito nesse processo de trabalho.

Uma vez que o plano de produção e vendas ótimo está definido, passa-se às etapas seguintes: o planejamento e controle da produção e a própria produção. Normalmente, a área de PCP fica agrupada dentro da Diretoria de Produção, de forma que a integração entre as áreas produtivas e o PCP fica facilitada tanto pela supervisão direta quanto pelo ajustamento mútuo entre as áreas e, ainda, por reuniões periódicas existentes entre elas.

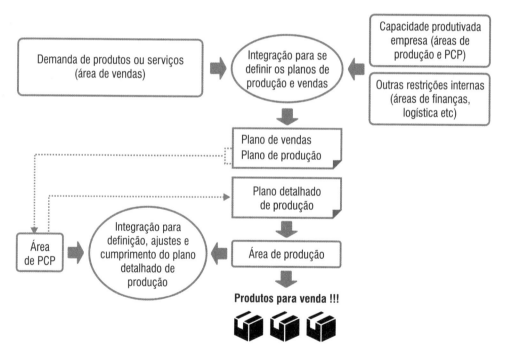

Figura 10.8 – Esquema simplificado dos processos de vendas, planejamento e produção, enfatizando a integração entre as áreas de produção e vendas.

---

[163] Este processo de trabalho é denominado na bibliografia como "processo de S&OP", ou processo de planejamento de vendas e operações. É mais amplo e contempla mais coisas do que simplesmente integrar as áreas de produção e vendas, contemplando também o planejamento e controle da produção, o planejamento de materiais e outras questões. O detalhamento do processo de S&OP foge do escopo deste livro. Existe vasta literatura específica sobre este tema que pode ser consultada, a exemplo de Wallace (1999).

2) Relacionamento entre Produção e Manutenção

As áreas de produção e de manutenção de equipamentos e instalações possuem interdependência de grande proporção. Os trabalhos executados pela manutenção, normalmente, demandam um tempo que poderia ser utilizado para a produção, por outro lado a área de produção depende do trabalho da manutenção para ter os equipamentos em condições de produzir. Por fim, a área de manutenção depende de que o pessoal da operação utilize os equipamentos obedecendo aos padrões operacionais, a fim de que as falhas sejam minimizadas para reduzir o custo e também para que as metas de disponibilidade sejam alcançadas. É o trabalho coordenado entre as áreas que vai garantir a produção desejada, com baixo custo de manutenção, maximizando o retorno financeiro dos ativos (equipamentos e instalações) da empresa.

Existem algumas possibilidades de estruturas que são adequadas para conseguir uma boa coordenação entre as áreas de produção e de manutenção e, consequentemente, alcançar tanto os objetivos de curto e médio prazos – como o volume produzido, o custo de manutenção e a disponibilidade dos equipamentos – quanto o objetivo de longo prazo de retorno sobre os ativos (equipamentos e instalações). Independentemente de qual seja a estrutura adotada, o estabelecimento de indicadores e metas coerentes entre as áreas deve garantir o alinhamento de interesses dos profissionais das duas áreas e da empresa como um todo.

Quando se define um organograma com um agrupamento em que a manutenção fica subordinada à Diretoria de Produção, facilita-se a integração entre as áreas para alcançar os objetivos de curto e médio prazos tanto da produção quanto da manutenção, ou seja, o volume produzido, a disponibilidade dos equipamentos e o custo da manutenção. Entretanto, o objetivo de longevidade de utilização do equipamento, que impacta diretamente o retorno de longo prazo sobre o capital nele empregado, pode ficar comprometido. Para minimizar esse problema, a alta administração pode definir objetivos para a produção que sejam relacionados à vida útil dos equipamentos e criar mecanismos que integrem a área de produção com as áreas financeiras e de investimentos.

Já quando se define uma estrutura com as áreas de manutenção e produção completamente independentes, a área de manutenção fica mais próxima da alta administração e, consequentemente, os objetivos de longo prazo relacionados à longevidade de uso do equipamento e retorno financeiro esperado deles ganham importância. E, pelo fato de a manutenção não ser subordinada à produção, pode ser dada prioridade exagerada às paradas para manutenção preventiva, que irão garantir a disponibilidade dos equipamentos no longo prazo, mas que podem prejudicar o volume produzido em determinados períodos críticos. Nessa última situação, o problema pode ser minimizado por meio de uma integração forte entre as áreas de PCP e de PCM, pois assim será feita uma distribuição correta das atividades de manutenção ao longo do tempo e obtido um balanceamento adequado entre o cumprimento das paradas para manutenção preventiva e os planos de produção. Ou seja, o organograma geral da empresa e os mecanismos de integração devem ser desenhados para facilitar o atendimento da manutenção tanto dos interesses da área de produção quanto dos da alta administração.

CAPÍTULO 10 | FAZENDO TUDO ACONTECER

Quanto à estrutura interna do Departamento de Manutenção, também são possíveis vários agrupamentos e a utilização de diversos mecanismos para integrar suas áreas. O mais importante é que existam áreas responsáveis tanto por executar e controlar ordens de serviços de manutenção preventivas e corretivas no chão de fábrica (ou seja, as supervisões de execução e o PCM) quanto por elaborar e atualizar os planos e os padrões de manutenção, por analisar as falhas dos equipamentos, por planejar reformas nos equipamentos e participar da compra de novos equipamentos (ou seja, uma área de suporte ou de engenharia de manutenção). A integração entre todas as áreas de um Departamento de Manutenção é facilitada pela existência de um gerente único e pela proximidade física dos profissionais, o que facilita o ajustamento mútuo entre eles. No que se refere à integração com as outras áreas, cuidado especial deve ser tomado quando não existe uma área de compras dentro da manutenção, mas, sim, uma centralizada para toda a empresa. Nessa situação, deve haver forte integração da manutenção com a área de compras, a fim de garantir que as peças e serviços sejam comprados com a qualidade necessária e baixo custo[164].

3) Relacionamento entre Produção e Controle da Qualidade

A última situação que retratamos é o relacionamento entre a Área de Produção e a de Controle de Qualidade. O grande cuidado que devemos ter ao fazer o agrupamento delas é que precisamos, ao mesmo tempo, garantir a independência da Área de Controle de Qualidade, evitando que ela sofra pressões da Área de Produção, e assegurar que a ela não assuma posturas excessivamente conservadoras, exigindo um nível de qualidade superior ao percebido pelos clientes. Esse preciosismo exagerado da Área de Controle de Qualidade pode levar a padrões de trabalho muito rígidos na produção ou a um elevado percentual de produtos rejeitados desnecessariamente, o que aumenta o custo de produção.

A estrutura mais adequada para a Área de Controle de Qualidade é com ela subordinada a outra Diretoria, que não seja a de produção ou a alta administração. Isso garante a sua independência e evita que os seus profissionais sejam pressionados pela Área de Produção a aceitarem produtos não conformes, para que as metas e compromissos da produção sejam alcançados.

Por outro lado, para que a Área de Controle de Qualidade não trabalhe de forma excessivamente conservadora, sendo mais rigorosa do que o necessário em seus padrões de qualidade[165], uma boa opção é deixar sob a responsabilidade dessa área tanto o controle dos defeitos na linha de produção quanto as reclamações de defeitos provenientes de clientes. No caso de se ter um nível de rejeições internas elevado e um nível de reclamações de clientes nulo, tem-se um indicativo de que os padrões de qualidade internos podem estar mais elevados do que o necessário. O inverso

---

164 O caso real do tópico 7.4 ilustra um ajuste de estrutura para melhorar a integração entre as Áreas de Manutenção e de Suprimentos.

165 Nas questões relacionadas à segurança do produto e do processo, não podem existir tolerâncias, ou seja, os padrões de qualidade devem ser tão rígidos ou mais do que as normas externas.

também é verdadeiro, ou seja, caso o nível de rejeições internas na linha de produção esteja baixo e as reclamações de clientes elevadas, tem-se o indicativo de que ou os padrões de qualidade internos estão fracos ou não estão sendo seguidos. Nesse caso, é necessário tornar os padrões mais rígidos e garantir que eles sejam cumpridos.

Por fim, vale mencionar que, para o cumprimento adequado das suas atribuições, a Área de Controle de Qualidade deve possuir uma estrutura interna em que existem pessoas responsáveis pela auditoria dos processos de trabalho, pela apuração dos defeitos nos produtos no chão de fábrica e dos defeitos reclamados pelos clientes e, também, por pessoas com habilidades para as tarefas de análise e identificação da causa dessas não conformidades, bem como de bloqueio delas. Os profissionais da Área de Controle de Qualidade devem ter habilidade no uso de um método de gestão, tal como mencionado no tópico 10.1, além de conhecimento intermediário de estatística.

CASO REAL

Uma indústria metalmecânica convocou a nossa equipe de consultoria para ajudá-la a solucionar os problemas de qualidade de seus produtos.

O diagnóstico inicial da estrutura organizacional da empresa, no que se referia especificamente às áreas relacionadas à qualidade, identificou algumas deficiências, entre elas:

(a) Apesar de a Área de Controle de Qualidade ser responsável tanto pela qualidade na linha de produção quanto pelas reclamações de clientes, essas atividades eram executadas por grupos de pessoas diferentes e não existia integração suficiente entre elas. Para se ter uma ideia dessa falta de integração, as listas de nomes padronizados de defeitos usadas pelo pessoal da qualidade interna e da qualidade externa eram diferentes.

(b) Apesar de a equipe de controle de qualidade interna ser formada por pessoas com grande conhecimento técnico sobre os produtos e sobre os processos produtivos, elas não possuíam conhecimentos estatísticos relacionados à coleta, análise, classificação e apresentação dos dados. Soma-se a isso o fato de que a área de qualidade, apesar de fazer a apuração dos defeitos, não desenvolvia trabalhos para a melhoria da qualidade utilizando um método de gestão, como o PDCA, mencionado no tópico 10.1 deste livro. No entanto, existia uma área designada como "melhoria contínua" que era subordinada à produção, cujos profissionais utilizavam adequadamente o método de gestão PDCA para solucionar os problemas. Porém, infelizmente, essa equipe trabalhava apenas com as perdas de tempo, operacionais ou de manutenção, que impactavam a eficiência global das linhas de produção (OEE).

A solução apresentada para a empresa contemplou um ajuste completo da estrutura de qualidade, que passou a englobar tanto a equipe de qualidade interna quanto a de qualidade externa (reclamações de clientes) e a equipe de melhoria contínua. Essa nova equipe passou a trabalhar toda em um único espaço para facilitar a integração e a troca de informações e habilidades no dia a dia. A equipe de qualidade interna passou a treinar as demais em questões técnicas dos produtos e processos, o time de qualidade externa treinou os demais em coleta, organização e análise de dados e, por fim, a equipe de melhoria contínua treinou as outras no uso do método de solução de problemas. Para completar, foi substituído o gerente dessa nova estrutura de qualidade por um jovem com formação estatística mais forte, com foco maior na solução de problemas e uma grande capacidade de integrar e motivar a equipe.

Quatro meses após a implantação da nova estrutura, os resultados já apresentavam melhoria significativa, apesar de a empresa ainda não ter alcançado os patamares esperados. Com oito meses, as metas de qualidade passaram a ser atingidas.

Existe outro aspecto relacionado à estrutura que contribui pesadamente não apenas para o funcionamento da estrutura organizacional, mas também para o sucesso da gestão das operações e dos resultados financeiros da empresa. Trata-se do alinhamento de interesses das pessoas que trabalham na organização com os interesses da própria organização, o que é conseguido, principalmente, por meio da remuneração variável. O alinhamento de interesses e esses incentivos são tratados em um tópico independente, logo a seguir.

10.4 Alinhamento de interesses e remuneração variável

Com a estrutura organizacional da empresa definida, tanto no que se refere ao agrupamento das funções quanto à integração, e com os profissionais alocados nas áreas atendendo às necessidades de conhecimento técnico, gerencial e capacidade de liderança, mencionados nas seções anteriores, a empresa está quase pronta para a sua jornada rumo ao sucesso. No entanto, ainda corre-se o risco de que toda essa estrutura fracasse. E isso pode ocorrer, principalmente, se não houver alinhamento dos interesses globais da empresa com os interesses de suas áreas específicas ou com os interesses pessoais dos seus profissionais.

Conforme relatado no capítulo 2, o maior interesse de uma empresa é obter resultado financeiro. Nos capítulos que se seguiram, mostramos como várias áreas devem trabalhar para serem eficientes em custos, produtividade e receita, ciclo financeiro, manutenção de equipamentos, despesas e, por fim, na seleção e implantação de investimentos, sempre para essas áreas estarem alinhadas ao objetivo de retorno financeiro da empresa como um todo. No entanto, ainda não discutimos a questão do alinhamento dos interesses pessoais dos profissionais com os da empresa.

Assim como as empresas, o principal interesse dos profissionais que nela trabalham[166] também é obter ganhos financeiros. Dessa forma, para alinhar os interesses de ambos, o mecanismo mais eficiente é um sistema de remuneração variável.

Para que essa remuneração variável seja eficaz em sua missão de alinhar os interesses da organização com os interesses das pessoas, ela tem que ser baseada em um sistema de medição do desempenho dos funcionários.

Formalmente, pode-se definir um sistema de medição de desempenho como um conjunto de indicadores que, dependendo do seu valor, indicam uma situação boa, razoável ou ruim na execução do trabalho em uma área.

---

166 Obviamente, os profissionais também possuem interesses de realização pessoal, crescimento na carreira, construção de laços profissionais e pessoais com os colegas, servir ao próximo, entre outros. A discussão desses outros interesses foge ao escopo deste livro, apesar da importância e nobreza deles.

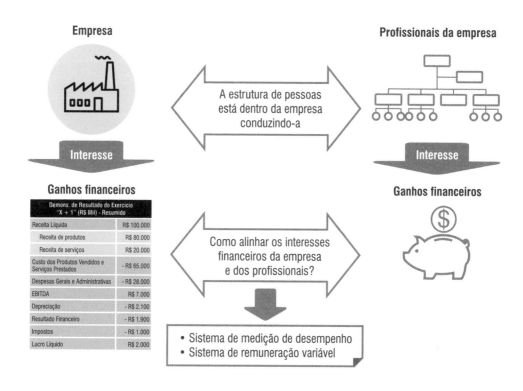

Figura 10.9 – Sistema de remuneração variável como mecanismo de alinhamento de interesses entre a empresa e seus profissionais.

Esses sistemas, quando implantados adequadamente, garantem que as áreas trabalhem de forma coordenada e medindo os resultados de forma coerente com os objetivos estratégicos da organização[167]. No capítulo 3, fizemos o relacionamento do resultado financeiro com os indicadores técnicos[168]. Estes, bem como alguns indicadores financeiros específicos e globais, formam um leque de opções para montar a "tabela de indicadores de desempenho" dos profissionais de cada uma das áreas[169].

Uma vez que o sistema de medição do desempenho está implantado, pode-se, e deve-se, conectá-lo ao sistema de remuneração variável da empresa.

---

[167] Ver: Ancona et al. (1999) e Tsang et al. (1999).

[168] Para as empresas que possuem várias unidades produtivas independentes, é muito importante que a fórmula de medição dos indicadores técnicos seja uniforme em todas as unidades, para ser possível a comparação justa dos resultados com a posterior troca de experiência entre as unidades.

[169] Um cuidado que se deve tomar na definição dos indicadores e metas das diversas áreas de uma empresa é evitar que gerem competição exagerada entre os profissionais, prejudicando a colaboração das pessoas em torno dos objetivos comuns da empresa e o relacionamento entre os colegas de trabalho.

A primeira das decisões relacionadas a um sistema de remuneração variável é sobre o gatilho a ser adotado, ou seja, um valor mínimo de resultado financeiro a partir do qual a empresa começa a fazer o pagamento da remuneração variável. Isso é muito relevante, uma vez que não existe sentido algum em fazer esses pagamentos se a empresa não está alcançando os resultados financeiros mínimos desejados.

A segunda das decisões relacionadas ao sistema de remuneração é sobre o valor total que será distribuído ao conjunto de profissionais da empresa. É recomendável que esse valor seja um percentual do resultado da empresa que excedeu o gatilho. Ele será o "pote de dinheiro" a ser distribuído.

A terceira decisão é relacionada à forma como será repartido o "pote de dinheiro" entre os funcionários. É nesse ponto que entra o sistema de medição de desempenho. No pagamento a cada área ou profissional, deve-se levar em conta o resultado alcançado e mensurado por esse sistema, por área e por profissional.

De forma geral, os princípios que norteiam o sucesso dos sistemas de remuneração variável são[170]:

– A remuneração deve estar ligada ao resultado financeiro da empresa.

– A remuneração deve estar ligada aos objetivos acordados no sistema de medição do desempenho, os quais estão sob a responsabilidade da pessoa ou do grupo avaliado[171].

A Figura 10.10 ilustra o funcionamento de um sistema de remuneração variável baseado no resultado da empresa e no seu sistema de medição de desempenho.

Figura 10.10 – Esquema simplificado de um sistema de remuneração variável baseado no sistema de medição de desempenho.

---

170 Adaptado de Nadler e Thusman (1997).

171 Vale enfatizar que a remuneração deve estar relacionada com a natureza do trabalho em cada nível da organização. Dessa forma, em algumas situações, a remuneração deve estar mais ligada ao desempenho da coletividade, enquanto em outras, ao desempenho individual.

CASO REAL

A mesma indústria metalmecânica do exemplo anterior precisava estruturar um sistema de remuneração variável.

A primeira análise que fizemos foi sobre a regra vigente até o ano anterior. O sistema não estabelecia de antemão como seria calculado o montante total a ser distribuído e, além disso, todos os funcionários recebiam o mesmo número de salários como remuneração (no ano anterior, todos tinham recebido 1,2 salário mensal). Ou seja, não existia diferenciação entre os funcionários e, o mais grave, não era percebido por eles uma relação entre a qualidade do seu trabalho e a remuneração que seria recebida. Também não havia percepção de como eles poderiam contribuir para o resultado da organização.

Inicialmente, foi desenvolvido um sistema de medição de desempenho para os funcionários, definindo os indicadores relacionados ao trabalho de cada um deles que contribuía de forma mais efetiva para o resultado da empresa.

Paralelamente, foi definido o resultado financeiro mínimo (gatilho) a partir do qual seria realizada a distribuição de uma remuneração variável. Também foram acertados os percentuais, as regras e as fórmulas para calcular o valor total a ser distribuído e o valor de cada um dos funcionários (com base nos resultados da sua medição de desempenho).

O passo seguinte foi aprovar a metodologia da remuneração variável no sindicato e comunicar as regras para a equipe.

Mês a mês, a prévia do resultado da empresa e do "pote de dinheiro a ser distribuído" era calculada e apresentada. Os funcionários também eram comunicados das suas avaliações de desempenho individuais, de forma que sabiam em quais indicadores deveriam melhorar.

No início do ano seguinte, foi realizado o primeiro pagamento de remuneração variável com base no novo critério. Tanto o lucro da empresa quanto o valor total distribuído para os funcionários cresceram em relação ao ano anterior. A alta administração tinha certeza de que o novo sistema de remuneração variável auxiliou na melhoria de resultado da empresa e acreditava que no ano seguinte este seria melhor ainda, pelo fato de a cultura focada em resultados estar se enraizando entre os seus profissionais.

10.5 Exemplo completo – parte 9/9
Um guia de trabalho para você e sua empresa

Além de todos os trabalhos relacionados a custos, receita, ciclo financeiro, manutenção, despesas e investimentos, a administração do "Laticínio Silva e Filhos" trabalhou também na parte humana da organização, ajustando a estrutura organizacional de algumas áreas, oferecendo treinamentos técnico e gerencial e definindo metas atreladas a um sistema de remuneração variável.

As linhas do DRE e as respectivas equações da Figura 3.10 aqui trabalhadas são os custos de insumos, embalagens, pessoal de manutenção, peças e serviços de manutenção, transporte, energia elétrica e energia térmica, além das despesas com pessoal administrativo e de telefonia, segurança e limpeza.

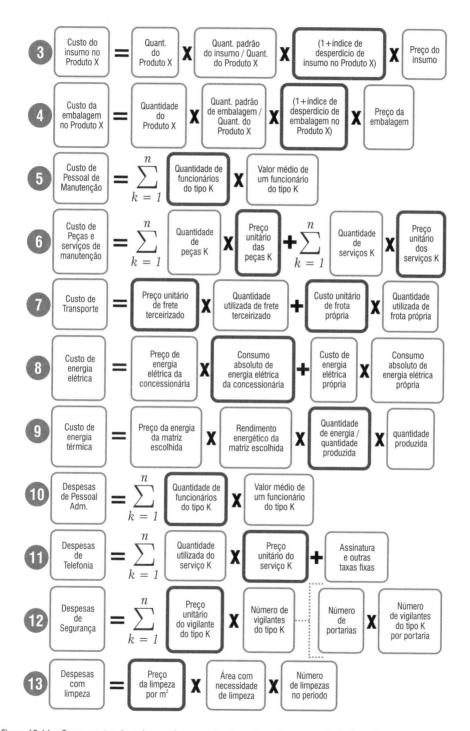

Figura 10.11 – Componentes de cada uma das equações de custos e despesas trabalhados pelo laticínio nesta etapa.

O redesenho da estrutura organizacional da área de manutenção e da área administrativa, além de melhorar a execução dos processos de trabalho, permitiu a redução do custo com pessoal nessas duas áreas em 4% e 8%, respectivamente.

As equipes administrativa e de produção receberam aportes de conhecimento técnico e de gestão e foram estimuladas por uma política de remuneração variável atrelada aos resultados da empresa. Isso contribuiu para a diminuição dos desperdícios de insumos e embalagens; para a redução do custo unitário da frota própria, de frete, de peças e serviços de manutenção e do consumo de energia elétrica; para o aumento da eficiência no consumo da energia térmica; e para uma redução adicional dos preços unitários dos serviços de telefonia, segurança e limpeza. Tudo isso contribuiu para que todas essas contas tivessem uma queda de 2%[172]. Como consequência indireta de todas essas melhorias, a receita financeira aumentou em 14,84% (devido ao aumento do caixa) e o valor absoluto do imposto de renda e da contribuição social aumentou em 19,9% (devido ao aumento do lucro antes dos impostos). O impacto de todas essas melhorias no lucro líquido está apresentado no DRE (Figura 10.12).

---

172 A redução uniforme de 2% é uma simplificação desse exemplo. Em uma empresa real, cada uma dessas linhas apresentaria uma oportunidade específica.

CAPÍTULO 10 | FAZENDO TUDO ACONTECER

Demonstrativo de Resultado do Exercício - DRE	Mês 0	Mês 6	Variação	Mês 7
1	Receita Líquida	R$ 3.280.000,00	R$ 3.357.887,58		R$ 3.357.887,58
1.1	Receita do Leite Vitaminado	R$ 874.120,00	R$ 856.260,85		R$ 856.260,85
1.2	Receita do Doce de Leite	R$ 870.840,00	R$ 950.140,81		R$ 950.140,81
1.3	Receita do Iogurte	R$ 715.040,00	R$ 731.485,92		R$ 731.485,92
1.4	Receita do Queijo	R$ 518.240,00	R$ 518.240,00		R$ 518.240,00
1.5	Receita do Requeijão	R$ 301.760,00	R$ 301.760,00		R$ 301.760,00
2	Custo dos Produtos Vendidos	- R$ 2.796.918,76	- R$ 2.784.796,86		- R$ 2.772.136,03
2.1	Leite	- R$ 1.889.755,60	- R$ 1.889.755,60		- R$ 1.889.755,60
2.1.1	Leite cru para o Leite Vitaminado	- R$ 769.225,60	- R$ 749.742,00		- R$ 749.742,00
2.1.2	Leite cru para o Doce de Leite	- R$ 304.794,00	- R$ 330.886,54		- R$ 330.886,54
2.1.3	Leite cru para o Iogurte	- R$ 300.316,80	- R$ 299.115,53		- R$ 299.115,53
2.1.4	Leite cru para o Queijo	- R$ 388.680,00	- R$ 384.793,20		- R$ 384.793,20
2.1.5	Leite cru para o Requeijão	- R$ 126.739,20	- R$ 125.218,33		- R$ 125.218,33
2.2	Insumos	- R$ 255.633,36	- R$ 262.884,79		- R$ 257.627,09
2.2.1	Insumo para o Leite Vitaminado	- R$ 8.741,20	- R$ 8.562,61	- 2,00%	- R$ 8.391,36
2.2.2	Insumo para o Doce de Leite	- R$ 104.500,80	- R$ 114.016,90	- 2,00%	- R$ 111.736,56
2.2.3	Insumo para o Iogurte	- R$ 78.654,40	- R$ 77.081,31	- 2,00%	- R$ 75.539,69
2.2.4	Insumo para o Queijo	- R$ 12.437,76	- R$ 12.437,76	- 2,00%	- R$ 12.189,00
2.2.5	Insumo para o Requeijão	- R$ 51.299,20	- R$ 50.786,21	- 2,00%	- R$ 49.770,48
2.3	Embalagens	- R$ 197.529,80	- R$ 198.756,47		- R$ 194.781,34
2.3.1	Embalagens para o Leite Vitaminado	- R$ 21.853,00	- R$ 21.681,69	-2,00%	- R$ 21.248,06
2.3.2	Embalagens para o Doce de Leite	- R$ 69.667,20	- R$ 71.583,42	- 2,00%	- R$ 70.151,76
2.3.3	Embalagens para o Iogurte	- R$ 71.504,00	- R$ 71.504,00	- 2,00%	- R$ 70.073,92
2.3.4	Embalagens para o Queijo	- R$ 10.364,80	- R$ 9.846,56	- 2,00%	- R$ 9.649,63
2.3.5	Embalagens para o Requeijão	- R$ 24.140,80	- R$ 24.140,80	- 2,00%	- R$ 23.657,98
2.4	Pessoal de operação e manutenção	- R$ 258.000,00	- R$ 258.000,00		- R$ 257.280,00
2.4.1	Pessoal de operação	- R$ 240.000,00	- R$ 240.000,00		- R$ 240.000,00

(continua)

(conclusão)

	Demonstrativo de Resultado do Exercício - DRE	Mês 0	Mês 6	Variação	Mês 7
2.4.2	Pessoal de manutenção	- R$ 18.000,00	- R$ 18.000,00	- 4,00%	- R$ 17.280,00
2.5	Peças e serviços de manutenção	- R$ 45.000,00	- R$ 41.400,00	- 2,00%	- R$ 40.572,00
2.6	Transporte de matéria-prima e insumos	- R$ 36.000,00	- R$ 34.000,00		- R$ 33.320,00
2.6.1	Fretes	- R$ 12.000,00	- R$ 18.000,00	- 2,00%	- R$ 17.640,00
2.6.2	Frota própria	- R$ 24.000,00	- R$ 16.000,00	- 2,00%	- R$ 15.680,00
2.7	Energia elétrica	- R$ 50.000,00	- R$ 37.500,00	- 2,00%	- R$ 36.750,00
2.8	Energia térmica	- R$ 25.000,00	- R$ 22.500,00	- 2,00%	- R$ 22.050,00
2.9	Outros custos	- R$ 40.000,00	- R$ 40.000,00		- R$ 40.000,00
3	Lucro Bruto	R$ 483.081,24	R$ 573.090,72		R$ 585.751,55
4	Despesas Gerais, Adm e de Vendas	- R$ 388.200,00	- R$ 385.580,63		- R$ 371.303,75
4.1	Pessoal adm e de vendas	- R$ 198.000,00	- R$ 198.000,00		- R$ 185.040,00
4.1.1	Pessoal adm	- R$ 162.000,00	- R$ 162.000,00	- 8,00%	- R$ 149.040,00
4.1.2	Pessoal de vendas - fixo	- R$ 36.000,00	- R$ 36.000,00		- R$ 36.000,00
4.2	Comissões de vendas	- R$ 98.400,00	- R$ 100.736,63		- R$ 100.736,63
4.3	Telefonia	- R$ 4.800,00	- R$ 4.464,00	- 2,00%	- R$ 4.374,72
4.4	Segurança	- R$ 50.000,00	- R$ 46.500,00	- 2,00%	- R$ 45.570,00
4.5	Limpeza	- R$ 16.000,00	- R$ 14.880,00	- 2,00%	- R$ 14.582,40
4.6	Outras despesas	- R$ 21.000,00	- R$ 21.000,00		- R$ 21.000,00
5	EBITDA	R$ 94.881,24	R$ 187.510,09		R$ 214.447,80
6	Depreciação / Amortização	- R$ 53.333,33	- R$ 55.000,00		- R$ 55.000,00
7	EBIT	R$ 41.547,91	R$ 132.510,09		R$ 159.447,80
8	Resultado financeiro	R$ 1.600,00	R$ 11.254,11	14,84%	R$ 12.924,53
9	Lucro Antes dos Impostos	R$ 43.147,91	R$ 143.764,21		R$ 172.372,33
10	Imposto de renda / Contrib. social	- R$ 15.101,77	- R$ 50.317,47	19,90%	- R$ 60.330,32
11	Lucro Líquido	R$ 28.046,14	R$ 93.446,73		R$ 112.042,02

Figura 10.12 – Melhoria conseguida no DRE a partir da redução adicional dos custos e das despesas.

CAPÍTULO 10 | FAZENDO TUDO ACONTECER

O resultado expresso no DRE da Figura 10.12 reflete no Balanço Patrimonial (BP) da empresa. Podemos ver indicado nos valores destacados no ativo do BP da Figura 10.13 um aumento do caixa devido ao lucro acrescido da depreciação do período, além do incremento do valor absoluto da depreciação acumulada. No passivo, tem-se o aumento das reservas de lucro e, consequentemente, do patrimônio líquido[173].

	Ativo	Mês 0	Mês 6	Mês 7
1	Ativo Circulante	R$ 2.960.000,00	R$ 3.525.411,15	R$ 3.692.453,17
1.1	Caixa e disponibilidades	R$ 800.000,00	R$ 1.765.411,15	R$ 1.932.453,17
1.2	Estoques	R$ 1.200.000,00	R$ 800.000,00	R$ 800.000,00
1.3	Clientes	R$ 960.000,00	R$ 960.000,00	R$ 960.000,00
2	Realizável em Longo Prazo	R$ 240.000,00	R$ 240.000,00	R$ 240.000,00
3	Ativo Permanente	R$ 6.580.000,00	R$ 6.458.333,33	R$ 6.403.333,33
3.1	Máquinas e equipamentos	R$ 4.000.000,00	R$ 4.200.000,00	R$ 4.200.000,00
3.2	Imóveis	R$ 3.600.000,00	R$ 3.600.000,00	R$ 3.600.000,00
3.3	Veículos	R$ 480.000,00	R$ 480.000,00	R$ 480.000,00
3.4	Depreciação acumulada	- R$ 1.500.000,00	- R$ 1.821.666,67	- R$ 1.876.666,67
4	Total do Ativo	R$ 9.780.000,00	R$ 10.223.744,48	R$ 10.335.786,50

	Passivo	Mês 0	Mês 6	Mês 7
1	Passivo Circulante	R$ 2.340.000,00	R$ 2.340.000,00	R$ 2.340.000,00
1.1	Fornecedores	R$ 1.740.000,00	R$ 1.740.000,00	R$ 1.740.000,00
1.2	Salários a pagar	R$ 460.000,00	R$ 460.000,00	R$ 460.000,00
1.3	Impostos a pagar	R$ 140.000,00	R$ 140.000,00	R$ 140.000,00
2	Exigível em Longo Prazo	R$ 640.000,00	R$ 640.000,00	R$ 640.000,00
2.1	Emprestimo banco A	R$ 400.000,00	R$ 400.000,00	R$ 400.000,00
2.2	Emprestimo banco B	R$ 240.000,00	R$ 240.000,00	R$ 240.000,00
3	Patrimônio Líquido	R$ 6.800.000,00	R$ 7.243.744,48	R$ 7.355.786,50
3.1	Capital social	R$ 5.600.000,00	R$ 5.600.000,00	R$ 5.600.000,00
3.2	Reservas de lucro	R$ 1.200.000,00	R$ 1.643.744,48	R$ 1.755.786,50
4	Total do Passivo	R$ 9.780.000,00	R$ 10.223.744,48	R$ 10.335.786,50

Figura 10.13 – Melhorias operacionais refletidas no Balanço Patrimonial.

173 Para fins didáticos, estamos considerando que entre esses dois períodos não ocorreram alteração nos prazos de pagamento, recebimento ou estocagem e nem movimentações relacionadas aos investimentos e financiamentos. Também não foram consideradas no balanço as eventuais variações nas contas de fornecedores e clientes

Essa melhoria pode ser verificada pelos indicadores de rentabilidade Margem Líquida e ROE da Figura 10.14. Pode ser observado também que, ao final de todo o trabalho, o desempenho financeiro do "Laticínio Silva e Filhos" passou a ser um dos melhores, em comparação com os das empresas reais pesquisadas.

Indicador	Mês 0	Mês 1	Mês 2	Mês 3	Mês 4	Mês 5	Mês 6	Mês 7
Lucro Líquido do mês	R$ 28.046,14	R$ 42.431,30	R$ 67.555,04	R$ 70.962,96	R$ 82.608,29	R$ 86.740,16	R$ 93.446,73	R$ 112.042,02
Margem Líquida (LL / Rec. Liq)	0,86%	1,29%	2,02%	2,12%	2,46%	2,58%	2,78%	3,34%
ROE (LL anual / PL)	4,95%	7,44%	11,73%	12,20%	14,03%	14,56%	15,48%	18,28%

Indicador	Concorrente 1	Concorrente 2	Concorrente 3	Concorrente 4	Média dos Concorrentes	Silva e Filhos (Mês 0)	Silva e Filhos (Mês 7)
Margem Líquida (LL / Rec. Liq)	4,86%	0,23%	1,73%	3,29%	2,53%	0,86%	3,34%
ROE (LL anual / PL)	17,39%	0,95%	12,36%	15,12%	11,46%	4,95%	18,28%

Figura 10.14 – Evolução do lucro e dos indicadores de rentabilidade do laticínio, em comparação com os dos laticínios concorrentes.

Melhoria similar a essa pode ser obtida na sua empresa, trabalhando constantemente para a agregação de conhecimentos técnico e gerencial e para a construção de uma estrutura organizacional eficiente e definindo, de forma justa e alinhada, os critérios da remuneração variável, tal como orientado no capítulo 10.

Os ganhos adicionais gerados por todo o trabalho de melhoria operacional trouxeram benefícios para os sócios e para os funcionários do laticínio. Do lucro adicional gerado em relação ao ano anterior, 25% formaram o "pote de dinheiro" a ser distribuído entre os funcionários pelo sistema de remuneração variável, 25% foram distribuídos para os sócios e 50% desse valor ficou retido na empresa para expansões futuras[174]. Essa distribuição está detalhada na Figura 10.15.

---

174 A parcela do lucro que já existia desde o momento zero também ficou retida na empresa.

Lucro Mensal			Lucro Anual	Remuneração variável		Distribuição aos sócios		Retenção do Lucro na Empresa	
Mês 0	Mês 7	Adicional	Adicional	%	Valor	%	Valor	%	Valor
R$ 28.046,14	R$ 112.042,02	R$ 83.995,88	R$ 1.007.950,51	25,00%	R$ 251.987,63	25,00%	R$ 251.987,63	50,00%	R$ 503.975,26

Figura 10.15 – Destinação do lucro acional gerado pelas melhorias operacionais.

Esperamos que a conclusão desse exemplo tenha deixado claros para o leitor a viabilidade e os benefícios financeiros provenientes das melhorias operacionais. Na maioria das situações reais, o horizonte de tempo para que elas ocorram e para a obtenção dos resultados financeiros é maior, porém é perfeitamente possível que tais resultados sejam alcançados, inclusive, na sua empresa, prezado leitor.

Resumo do capítulo

Este capítulo trouxe conceitos e recomendações sobre assuntos variados que servem de pano de fundo para que a empresa seja eficiente na melhoria dos resultados operacionais e, consequentemente, dos resultados financeiros. Entre os principais pontos discutidos, podemos citar:

- Para que os funcionários e departamentos trabalhem de forma eficiente na melhoria dos resultados, eles devem ser capacitados em um método de gestão eficiente. O método de gestão mais eficiente e disseminado no Brasil é o PDCA/SDCA. É por meio dele que os profissionais identificam os problemas mais relevantes da empresa, estabelecem metas, analisam os dados e identificam as causas dos problemas, que passam a ser atacadas e o resultado, acompanhado. A capacitação dos funcionários no método PDCA/SDCA é fundamental para que eles apliquem o seu conhecimento técnico na solução dos problemas primordiais da empresa, contribuindo para a evolução dos resultados técnicos e financeiros.

- Tão importante quanto o conhecimento de gestão é o conhecimento técnico da equipe de profissionais da empresa, o qual pode ser impulsionado por meio da contratação de consultorias e profissionais especializados, bem como realizando convênios com centros de pesquisa. Além de captar e desenvolver esse conhecimento, a empresa deve organizá-lo e mantê-lo. A padronização dos processos de trabalhos e das tarefas operacionais críticas e o arquivamento de informações referentes aos problemas e soluções vivenciados no passado são uma forma eficiente de manter o conhecimento técnico da empresa.

- O desenvolvimento da estrutura organizacional de uma empresa envolve o agrupamento das funções em um organograma e a integração entre as pessoas que foram agrupadas em unidades diferentes para a execução de trabalhos interfuncionais.

- Os profissionais podem ser agrupados de diferentes formas, por exemplo: por função, por produto, por geografia e até matricialmente. Cada uma dessas formas possui vantagens e desvantagens que devem ser consideradas em cada situação.

- Paralelamente à definição relativa ao agrupamento dos profissionais, devem-se definir os mecanismos de integração entre as áreas. Uma integração adequada pode minimizar as desvantagens de determinado tipo de agrupamento. Entre os mecanismos de integração mais usados, podemos citar o ajustamento mútuo, a padronização dos processos de trabalho, a supervisão direta, o uso de sistemas de informação e os grupos de trabalho.

- A liderança de uma estrutura tem o papel não apenas de integrar as áreas subordinadas, mas também de fazer os planos se tornarem realidade, ou seja, fazer as coisas acontecerem. Para que se facilite a execução dessa função, é primordial que a liderança possua um nível suficiente de poder e algumas habilidades específicas, como saber formar equipes, ter foco em resultados, possuir habilidades de negociação e capacidade de gerir crises. Por fim, é

CAPÍTULO 10 | FAZENDO TUDO ACONTECER

importante que a liderança saiba balancear adequadamente o poder entre os seus liderados, de forma a evitar que alguns deles controlem a maioria dos recursos escassos e, também, as tomadas de decisão, prejudicando os seus pares e a equipe.

- A integração entre as áreas de produção e vendas é primordial para o bom resultado da empresa, pois só assim se consegue aproveitar ao máximo a capacidade produtiva, considerando as restrições do mercado. A existência de uma área de PCP atuante e de um processo de S&OP contribui, de forma muito positiva, para essa integração.

- As estruturas das áreas de produção e manutenção devem obedecer aos conceitos básicos de qualquer estrutura, lembrando-se de que a necessidade de integração entre elas é imensa. O estabelecimento de indicadores e metas coerentes entre essas áreas deve garantir o alinhamento de interesses dos profissionais das duas áreas e da empresa como um todo. A estrutura da manutenção deve contemplar áreas responsáveis tanto para a garantia da disponibilidade dos equipamentos no momento presente quanto para assegurar a continuidade operacional e a gestão dos ativos (equipamentos) da forma mais econômica para a empresa no longo prazo.

- É importante que a Área de Controle de Qualidade fique subordinada a outro setor, que não seja o de produção, de forma a garantir a sua independência e a execução adequada de suas atribuições. Ao mesmo tempo, é importante que a Área de Controle de Qualidade não tenha posturas excessivamente conservadoras, exigindo da Área de Produção um nível de qualidade muito superior ao exigido pelo mercado e pelas eventuais normas externas.

- O alinhamento dos interesses entre os funcionários das diversas áreas e a empresa é conseguido, principalmente, com a implantação de uma política de remuneração variável adequada. Os dois conceitos principais dessa política são: (a) só deve existir remuneração variável se a empresa alcançar um mínimo estabelecido de rentabilidade no período; (b) o critério de remuneração variável de cada funcionário deve contemplar, sobretudo, os resultados dos indicadores sob a sua responsabilidade ou de seu departamento.

Questões e Atividades

Questões

1) Por que é importante definir metas para as diversas áreas e departamentos de uma empresa a partir das metas da alta administração?

2) Cite cinco formas de agregar conhecimento técnico na empresa.

3) Relate uma grande vantagem e uma grande desvantagem de uma estrutura organizacional construída com base no agrupamento funcional.

4) Cite cinco mecanismos de integração utilizados para integrar uma estrutura organizacional.

5) Mencione seis características de um líder que o fazem ser reconhecido e respeitado, consequentemente tendo mais poder.

Atividades

1) Levante as metas da área em que você trabalha na sua empresa. Levante também as metas das áreas superiores à sua até chegar à alta administração. Reflita se existe alinhamento entre as metas da alta administração e as metas da sua área.

2) Desenhe a estrutura organizacional da empresa onde você trabalha, tanto a estrutura geral quanto a de cada departamento até o nível de supervisor. Verifique se toda a estrutura tem um único tipo de agrupamento ou se existem agrupamentos diferentes em áreas diferentes.

3) Levante no RH da sua empresa as principais características do sistema de remuneração variável adotado. Verifique se existe um gatilho (resultado financeiro mínimo) a partir do qual a empresa realiza o pagamento de remuneração variável e se a divisão do dinheiro entre os funcionários está atrelada a um sistema de medição do desempenho.

CAPÍTULO 11

Conclusão

CAPÍTULO 11
Conclusão

Introdução

Chegamos ao último capítulo do livro com um conhecimento elevado de cada um dos aspectos da gestão de operações que contribuem para o resultado financeiro da empresa. Cada um dos capítulos anteriores explorou detalhadamente um assunto específico, por meio de uma revisão teórica, de conceitos práticos e de casos reais.

Neste capítulo faremos uma breve reflexão sobre os principais pontos discutidos no livro e daremos uma orientação de como conduzir os trabalhos de melhoria nas organizações. O objetivo é solidificar os conceitos na mente dos empresários, conselheiros, executivos e equipe gerencial e dar o pontapé inicial para o trabalho seguinte, que é a implantação de todos esses conceitos nas respectivas empresas.

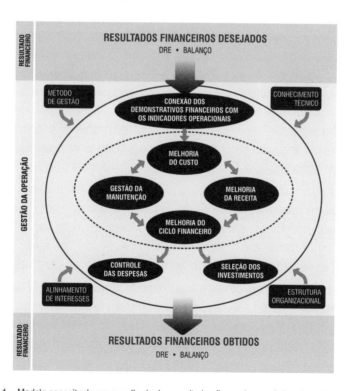

Figura 11.1 – Modelo conceitual para a melhoria dos resultados financeiros, enfatizando todos os aspectos de gestão de operações tratados nos capítulos anteriores.

Este capítulo contém apenas dois tópicos, sendo o primeiro um resumo dos principais assuntos abordados em cada um dos capítulos do livro. O segundo, por sua vez, é o cerne deste último capítulo e tem por objetivo orientar os empresários, executivos e conselheiros sobre como priorizar e conduzir os trabalhos de melhoria da gestão de operações em suas empresas.

Diferentemente dos demais capítulos, neste trazemos poucos tópicos em seu resumo final, uma vez que grande parte deste texto já é uma síntese do livro. No entanto, nestas últimas linhas deixamos algumas palavras finais para a reflexão sobre a importância deste tema e de incentivo ao leitor.

11.1 Resumo dos principais conceitos, conclusões e sugestões apresentados no texto

Nos parágrafos seguintes são destacados os principais ensinamentos de cada um dos capítulos desta obra. É interessante que o leitor relacione cada parágrafo com o modelo conceitual apresentado na Figura 11.1 e, caso tenha interesse, volte ao resumo do capítulo em questão ou, mesmo, ao corpo dele, para relembrar mais detalhes do seu conteúdo.

Uma vez que o primeiro capítulo foi apenas a delimitação do escopo do livro e orientação ao leitor, o capítulo 2 foi o primeiro com densidade de conteúdo. Nele, mostramos que as empresas, ou quaisquer outras organizações, possuem uma missão, ou seja, uma razão de ser. E, para que ela seja cumprida, devem-se gerir adequadamente os recursos financeiros – para a grande maioria das organizações, o objetivo final é a própria geração de resultados financeiros. Em seguida, mostramos que os demonstrativos financeiros mensuram a obtenção desses resultados financeiros e que a gestão das operações da empresa possui relação direta com o alcance deles. Por fim, apresentamos o modelo conceitual que orienta a melhoria de resultados financeiros por meio da gestão de operações, o que serviu de espinha dorsal de todo o livro.

No capítulo 3, mostramos como é possível identificar indicadores técnicos que possuem relação direta com os resultados do DRE, tanto de receita quanto de custo e despesa. Também mostramos como a gestão adequada do ciclo financeiro reflete em maior disponibilidade de caixa retratada no Balanço Patrimonial e como os investimentos selecionados impactam, ao longo do tempo, na evolução dos indicadores operacionais e, consequentemente, financeiros.

O capítulo 4 traz orientação de como reduzir o custo do produto vendido. São apresentadas sugestões de como diminuir tanto o consumo quanto o preço de matéria-prima, de insumos, de energia e de mão de obra, além de explicitar o custo oculto em reprocessamentos desnecessários. Por fim, fornece dicas relacionadas ao custo de transporte e à localização da empresa.

O capítulo 5 mostra que podemos aumentar a receita por meio de duas grandes frentes de trabalho. A primeira é relacionada ao aumento do volume produzido e vendido, que é conseguido trabalhando para melhorar os indicadores de disponibilidade, desempenho e qualidade, que são os três componentes da OEE[175]. Apresenta como o PCP e a gestão dos estoques podem ser trabalhados para reduzir as perdas de tempo das máquinas. Também discute como podem ser reduzidas as perdas por qualidade. Por fim, fornece orientações sobre como melhorar o preço de venda dos produtos, atuando de forma a possibilitar a fabricação do melhor mix de produtos e também para diminuir os descontos oferecidos por causa de problemas de qualidade e de prazo de validade dos produtos.

O capítulo 6 deixa claro que o ciclo financeiro é composto pelos prazos médios de pagamento, recebimento e estocagem e o que podemos fazer nas nossas operações para reduzir esse ciclo, a fim de possibilitar a liberação de maior quantidade de dinheiro em caixa ou em aplicações de liquidez imediata. Detalha como se devem gerir os estoques sob a perspectiva do ciclo financeiro e o que podemos fazer para diminuir o *lead-time* (e, consequentemente, o ciclo financeiro) tanto da fabricação quanto dos processos anteriores e posteriores a ela.

O capítulo 7 esclarece que o objetivo de um Departamento de Manutenção é conseguir elevada disponibilidade dos equipamentos, aliada a um baixo custo de manutenção, e aponta o caminho para alcançar esse objetivo. Esse percurso contempla a elaboração e utilização de planos e padrões de manutenção adequados, a formação de um histórico de anomalias, a análise das causas das falhas e a gestão adequada da compra de peças e serviços, além da realização de trabalhos para melhorar a produtividade da mão de obra dos profissionais executantes da manutenção.

No capítulo 8, vimos como os conceitos de gestão de custos apresentados no capítulo 4 podem ser utilizados também para a redução de despesas. Detalhamos as vantagens da gestão matricial das despesas em relação à gestão tradicional destas e, por fim, apresentamos a metodologia de "Orçamento Base Zero – OBZ" para as despesas, o que possibilita grandes economias para as organizações.

No capítulo 9, apresentamos a importância de escolher adequadamente os projetos de investimentos para garantir a melhoria dos resultados financeiros ao longo do tempo, viabilizando a perenidade da empresa. Foram apresentadas metodologias para cálculo do retorno financeiro dos projetos e, por fim, discutimos outros fatores que devem ser levados em consideração na escolha dos projetos de investimento, inclusive as incertezas quanto às premissas adotadas.

Por fim, o capítulo 10 trata de questões mais qualitativas em uma empresa que propiciam um ambiente adequado para a prosperidade financeira. Revisamos o método de gestão PDCA/SDCA, que é muito importante, adequado e útil para empresas de natureza industrial. Discutimos a importância do conhecimento técnico em uma empresa e sobre como geri-lo. Abordamos vários aspectos da construção de uma estrutura organizacional para a empresa, tanto do ponto de vista do agrupamento das áreas quanto da integração entre elas, além de características desejadas para as lideranças. Também enfatizamos os cuidados que se deve tomar em três situações específicas

---

175 Uma parte do indicador de disponibilidade é relacionada à manutenção dos equipamentos, que é tratada em detalhes no Capítulo 7.

de empresas de natureza industrial. Por fim, refletimos sobre a importância de um sistema de remuneração variável para alinhar os interesses pessoais dos profissionais da empresa com os interesses da própria organização e sugerimos algumas características para o bom funcionamento do sistema.

Todo esse conjunto de informações deve, agora, ser utilizado para melhorar os resultados financeiros de uma empresa. Para isso, devemos implantar as sugestões mais aderentes a cada organização. No tópico seguinte serão fornecidas orientações sobre como conduzir essa evolução da gestão das operações focada na melhoria dos resultados financeiros.

11.2 Sugestões sobre como conduzir o trabalho na sua empresa

A seguir, damos algumas sugestões para os empresários, executivos, conselheiros e gestores sobre como implantar as melhorias sugeridas neste livro.

Inicialmente, temos que relembrar que existem alguns pré-requisitos para a implantação dos trabalhos. O primeiro é a vontade da alta administração. Promover melhorias operacionais em uma empresa envolve muitas pessoas, muitas informações e demanda tempo. É preciso que a alta administração respalde, apoie e cobre a realização dos trabalhos. Esse respaldo deve ser proveniente de um grupo de pessoas da alta administração (presidente, diretores e conselheiros) que tenham conhecimento e necessidades relacionadas às questões operacionais e financeiras, além de forte liderança, para que o trabalho árduo de melhoria da gestão de operações seja efetivado.

O segundo desses pré-requisitos é a confiabilidade das informações financeiras da empresa e a possibilidade de detalhamento dessas informações, seja no ERP[176] da empresa ou em outro sistema confiável. Lembre-se de que todos os capítulos tratam de melhorias operacionais que geram impacto nos resultados financeiros, ou seja, é por meio dos resultados financeiros que confirmamos se as ações estão gerando resultados ou não. Os demonstrativos financeiros são o retrato da saúde da empresa; logo, eles devem ser claros e detalhados.

O terceiro, e último, pré-requisito é que as informações operacionais já sejam coletadas com um nível suficiente de confiabilidade, para que possam ser analisadas pela administração da empresa e decisões possam ser tomadas em função delas. Muitas vezes, não existem sistemas automáticos de coleta de informações operacionais, porém, mesmo que elas sejam colhidas manualmente, desde que da forma correta, podem-se usar esses dados nos trabalhos. Caso as informações operacionais necessárias não estejam disponíveis, o serviço prévio de implantação dessas coletas de dados deve ser feito.

---

176 Um sistema ERP ("Enterprise Resource Planning" ou "Planejamento dos recursos da Empresa") é um tipo de software utilizado nas empresas que centraliza grande parte das suas informações, principalmente as financeiras.

Uma vez que todos os pré-requisitos estão atendidos, temos que priorizar quais esforços são realizados em uma primeira onda de trabalhos. Essa priorização deve ser feita com base em simulações nos indicadores operacionais e nos demonstrativos financeiros. Por exemplo, se um trabalho na área de redução de custos fornece mais retorno financeiro do que um trabalho de gestão de manutenção de equipamentos, é o de custos que deve ser priorizado. E a quantidade de trabalhos que serão realizados simultaneamente dependerá da disponibilidade de profissionais da empresa para executá-los.

CASO REAL

Uma empresa de beneficiamento e venda de mármores e granitos apresentava rápido crescimento e percebeu que era necessário iniciar trabalhos estruturados para melhorar a gestão de suas operações, pois isso era essencial para sustentar o seu crescimento.

As primeiras áreas a serem trabalhadas foram o planejamento de vendas e o PCP, pois o diagnóstico inicial elaborado pela empresa de consultoria contratada indicou que a melhor coordenação entre essas duas áreas possibilitaria menor ruptura de estoques de produtos finais e, consequentemente, maior venda, que se traduziria em bons resultados financeiros. Em seguida, foi dada atenção maior às despesas, pois as melhorias necessárias seriam de fácil implantação e sem a necessidade de grandes investimentos.

> A melhoria desses dois aspectos da gestão das operações (coordenação entre vendas e PCP e o controle de despesas) trouxe benefícios financeiros para a empresa e também uma cultura de excelência operacional para os gestores. Essa cultura foi a base para a condução, pelos próprios gestores, de vários outros trabalhos de melhoria operacional nos anos seguintes.

Vamos discutir, agora, sobre as pessoas que devem conduzir os projetos de melhoria. No primeiro ano, o mais recomendável é que o trabalho seja conduzido por uma equipe com visão nova, não viciada, e sistêmica dos processos, como uma consultoria externa, prestando contas diretamente para a alta administração da empresa, que terá o papel de cobrar dos gestores de cada uma das áreas a implantação das ações provenientes das análises desenvolvidas pela consultoria. É importante que esse trabalho de consultoria seja acompanhado de perto por uma equipe da própria empresa, para que ela absorva o conhecimento metodológico e se torne uma equipe de consultoria interna. Então, nos anos seguintes, será esse time interno que irá orientar e conduzir o trabalho, ainda com suporte da alta administração. Com o passar do tempo, as diversas gerências da empresa devem passar a desenvolver de forma autônoma os seus projetos de melhoria operacional. Neste ponto, os profissionais da equipe de consultoria interna podem se tornar funcionários das gerências para as quais eles davam suporte anteriormente. Assim, após alguns anos, a empresa praticamente não irá depender de consultoria externa, e a interna será totalmente absorvida pelas áreas operacionais ou se tornará apenas um pequeno grupo para garantir a uniformidade do trabalho entre as áreas.

Resumo do capítulo e palavras finais

Como grande parte deste capítulo (especificamente o tópico 11.1) já é um resumo, não faz sentido repetir os itens relacionados a esse tópico neste momento. Com relação ao tópico 11.2, os principais conceitos e sugestões relacionados ao desenvolvimento dos trabalhos de melhoria operacional foram os seguintes:

- A consciência da necessidade de um trabalho estruturado na gestão das operações deve se consolidar na mente de não apenas um executivo ou um conselheiro, mas de um grupo de pessoas da alta administração que tenha conhecimento e, também, necessidades relacionadas a finanças e a questões operacionais, além de capacidade de liderança.

- Para a realização dos trabalhos de melhoria, é muito importante que os dados financeiros da empresa sejam confiáveis e que a abertura dos dados em informações mais estratificadas seja possível por meio do sistema ERP da empresa ou de outros sistemas confiáveis.

- Normalmente, os dados disponíveis relacionados à operação não são tão precisos quanto os financeiros. O ideal é que existam dados coletados automaticamente por sistemas existentes na operação ou coletas específicas já em uso consolidado e confiável. No entanto, caso eles não existam, devemos implantar uma coleta específica para apoiar as análises necessárias. O mais importante é não deixar de fazer os trabalhos devido à indisponibilidade de dados no momento inicial.

- Como se trata de um trabalho amplo, a liderança da empresa não deve ser impulsiva e tentar atacar todas as frentes de trabalho simultaneamente. Um período inicial de planejamento, com a análise detalhada dos demonstrativos financeiros, a identificação dos problemas mais relevantes e a tradução desses problemas financeiros em operacionais, é primordial para que sejam definidas as áreas prioritárias do trabalho de gestão de operações.

- É recomendável que o trabalho de melhoria operacional seja conduzido, inicialmente, por uma equipe de consultores externa, que deverá treinar um time de consultoria interna da própria empresa. Com o passar dos anos e a assimilação das habilidades e da cultura de melhoria pelos gestores da empresa, os profissionais da consultoria interna poderão ser absorvidos pelas diversas áreas da organização.

Depois de termos percorrido juntos todos os 11 capítulos deste livro, esperamos que o leitor tenha se conscientizado de que a gestão das operações é o aspecto primordial para a obtenção de bons resultados financeiros. Esperamos ter contribuído para o melhor entendimento de cada um dos aspectos tratados em cada um dos capítulos, desde os custos de produção até a seleção dos investimentos, passando pela receita, pelo ciclo financeiro, pela gestão da manutenção e pelas despesas.

Relembramos aos empresários, executivos e conselheiros a não descuidarem dos aspectos humanos das suas empresas, incluindo o desenho da estrutura organizacional, das formas de remuneração e do aporte de conhecimentos técnico e gerencial.

Por fim, esperamos que os conhecimentos adquiridos neste texto sejam aplicados com afinco nas organizações de cada leitor, a quem desejamos sucesso nessa jornada.

Questões e Atividade

Questões

1) Quais são os pré-requisitos para se iniciar um trabalho de melhoria dos resultados financeiros por meio da gestão de operações?

2) Por que é importante que no primeiro ano do trabalho de melhoria dos resultados financeiros ,por meio da gestão de operações, a equipe de consultoria externa seja acompanhada por uma equipe da própria empresa?

Atividade

1) Verifique se os indicadores operacionais da sua empresa são levantados e se os dados são confiáveis. Elabore um plano de trabalho para iniciar a coleta de dados que ainda não são rotineiramente colhidos e para melhorar a confiabilidade das informações.

Respostas às questões

Respostas às questões

Respostas às questões do capítulo 2

1) Quais são os dois principais demonstrativos utilizados para medir o resultado financeiro de uma empresa?

Resposta: (i) Balanço Patrimonial (BP) e (ii) Demonstrativo de Resultado do Exercício (DRE).

2) Relate brevemente quais são as informações apresentadas no BP de uma empresa.

Resposta: O Balanço Patrimonial apresenta as fontes de recursos financeiros utilizadas para iniciar e operar uma empresa, incluindo o lucro acumulado ao longo do tempo. Também apresenta a aplicação desses recursos, inclusive os investimentos em instalações, máquinas e estoques, além do dinheiro em caixa.

3) Relate brevemente quais são as informações apresentadas no DRE de uma empresa.

Resposta: O DRE apresenta o resultado, lucro ou prejuízo da operação ano a ano, detalhando as receitas, os custos dos produtos vendidos ou dos serviços prestados, as despesas administrativas, os impostos e a depreciação.

4) A seguir estão listados cinco exemplos de decisões que podem ser tomadas em uma empresa, relacionadas tanto às suas atividades operacionais quanto de investimento e de financiamento. Para cada uma delas, informe qual será o impacto no caixa (aumento ou redução), guiando-se pelas informações da Tabela 2.1.

a) Distribuição do lucro do exercício anterior.

b) Venda de parte da frota de caminhões de entrega.

c) Construção de um novo prédio administrativo.

d) Redução do prazo de pagamento aos fornecedores.

e) Diminuição do nível de estoque de produtos finais.

Resposta: (a) redução do caixa, (b) aumento do caixa, (c) redução do caixa, (d) redução do caixa e (e) aumento do caixa.

Respostas às questões do capítulo 3

1) Uma empresa panificadora tem como um de seus maiores custos a farinha de trigo. Faça a abertura do desembolso com essa farinha nos componentes de preço, de consumo e de produção.

Resposta: Desembolso com farinha de trigo (R$) = Componente de preço (R$ / kg de farinha) x Componente de consumo (kg de farinha consumida / kg de pão produzido) x Produção (kg de pão produzido).

2) Qual é a receita total mensal de uma empresa que produz 200 produtos por mês (20% do tipo A, 30% do tipo B e 50% do tipo C), sendo o produto do tipo A vendido por R$ 50, o do tipo B por R$ 60 e o do tipo C por R$ 40? Uma vez que não existe demanda adicional para os produtos A e C e o produto B possui demanda total mensal de 100 unidades, qual a alteração que deve ser feita no *mix* de forma a aumentar ao máximo a receita? Qual é a receita máxima? (Obs.: os produtos são feitos na mesma máquina, gastam o mesmo tempo de processamento para cada unidade e não existe a possibilidade de aumento do tempo de funcionamento do equipamento).

Resposta: Receita inicial = 40 x R$ 50 + 60 x R$ 60 + 100 x R$ 40 = R$9.600,00. Para aumentar ao máximo a receita, o novo mix deve contemplar uma produção de 20% do tipo A, 50% do tipo B e 30% do tipo C. A receita máxima = 40 x R$ 50 + 100 x R$ 60 + 60 x R$ 40 = R$ 10.400,00.

3) De acordo com a fórmula apresentada na Figura 3.5, qual é a eficiência global de uma linha de envase de refrigerante que apresenta produção real de 2.000 garrafas em um tempo planejado de produção de uma hora e cuja produção nominal é de 2.500 garrafas por hora?

Resposta: 80%.

4) As seguintes variações no PMP, PME e PMR causam aumento ou redução do ciclo financeiro?

a) Aumento do PME.

b) Redução do PMR.

c) Redução do PMP.

Resposta: (a) aumento do ciclo financeiro, (b) redução do ciclo financeiro e (c) aumento do ciclo financeiro.

Respostas às questões do capítulo 4

1) Cite três causas de perdas de matérias-primas.

Resposta: (i) Perdas de início de processo relacionadas ao ajuste das máquinas, (ii) Perdas causadas pelo não cumprimento dos padrões operacionais e (iii) Perdas devidas às embalagens danificadas das matérias-primas.

2) A piscina do clube que você frequenta pode ser aquecida com gás natural (GN) ou com gás liquefeito de petróleo (GLP). O poder calorífico do GN é de 8.800 kcal/m³ e o do GLP, 11.100 kcal/kg. Em determinado mês, o preço do GN era R$3,64/m³ e do GLP, R$5,76/kg. Qual combustível o diretor do clube deve ter usado no mês em questão?

Resposta: Preço da kcal no GN = (3,64 R$/m³) / (8.800 kcal/m3) = 0,041 centavo/kcal. Preço da kcal no GLP = (5,76 R$/kg) / (11.100 kcal/kg) = 0,052 centavo/kcal. Logo, no mês em questão, o diretor do clube deve ter escolhido utilizar o gás natural. (Obs.: numa situação real, deve ser verificada a existência de taxas de consumo mínimo e outros custos para o cálculo da alternativa mais viável).

3) Cite uma análise útil para a redução do custo com mão de obra dos operadores e outra para a diminuição do custo com mão de obra dos supervisores.

Resposta: Análise de tempos e movimentos (operadores) e Análise do "spam de controle" (supervisores).

4) Por que o reprocesso gera aumento do custo dos produtos?

Resposta: O reprocesso pode gerar necessidade de mais matéria-prima, insumos ou energia para reprocessar um item que já estava pronto. Além disso, o reprocesso ocupa as máquinas e a mão de obra uma segunda vez, o que pode impedir a produção de um novo item em situações de alta demanda, fazendo que o custo fixo se dilua em uma quantidade menor de produtos.

5) De acordo com a Figura 4.15, quais são as quatro formas básicas de trabalhar o componente preço das matérias-primas e dos insumos?

Resposta: (i) Negociação pura de preços, (ii) Análise das alternativas de fabricação interna do insumo ou da sua compra, (iii) Substituição de um item por outro com o mesmo efeito no processo e (iv) Otimização do mix de itens em situações de mistura.

Respostas às questões do capítulo 5

1) Considere um equipamento que está planejado para produzir durante 20 horas por dia. Dessas 20 horas, essa máquina esteve disponível apenas 17 horas, das quais foi perdida 1,7 hora devido a pequenas paradas e reduções de velocidade. Das 15,3 horas remanescentes e efetivamente trabalhadas, em 1,3 hora foram produzidos produtos defeituosos. Calcule a disponibilidade do equipamento, o desempenho dele, o índice de qualidade e a OEE. Considerando que esse equipamento possui capacidade nominal para produzir 300 unidades nas 20 horas planejadas de produção e que foram fabricados 210 produtos bons nessas 20 horas, calcule a OEE como a produção real no período / produção nominal no período.

Resposta: Disponibilidade (17 horas/20 horas = 85%), Desempenho (15,3 horas/17 horas = 90%), Qualidade ((15,3 horas – 1,3hora)/15,3 horas = 91,5%), OEE (85% x 90% x 91,5% = 70%). Ou, alternativamente, OEE = 210/300 = 70%.

2) O que é uma máquina gargalo em um processo produtivo?

Resposta: A máquina gargalo em um processo produtivo é a máquina que possui a menor capacidade de produção em relação às demais e à demanda de produção.

3) Por que um problema de qualidade em que o produto é perdido gera perda de OEE?

Resposta: Porque o produto não se converteu em um produto adequado para venda, mesmo tendo demandado tempo das máquinas da área produtiva.

4) Cite dois problemas relacionados à gestão de operações que podem obrigar a empresa a dar descontos no preço de venda dos produtos finais.

Resposta: (i) Problemas de qualidade (produtos classificados como "LD – Leves defeitos" ou "2ª qualidade") e (ii) Proximidade do término do prazo de validade.

Respostas às questões do capítulo 6

1) Uma empresa produtora de esquadrias de alumínio terminou o ano apresentando em seu DRE um CPV de R$ 50 milhões e, no seu Balanço, um Estoque de R$ 10 milhões. Qual é o PME dessa empresa?

Resposta: PME = Estoques / (CPV/360) = 10.000.000 / (50.000.000/360) = 72 dias.

2) Como podemos definir o que são os estoques intermediários?

Resposta: Os estoques intermediários compreendem os materiais que já foram trabalhados em algumas etapas do processo produtivo, mas que ainda não estão concluídos.

3) Qual deve ser a estratégia para gerir os estoques considerados estratégicos para a continuidade operacional?

Resposta: Estes estoques devem ser suficientes para abastecer as máquinas gargalo (ou as máquinas que geram desperdícios quando ocorre uma parada não programada) durante um período de tempo. Este período é definido em função da duração da maioria das paradas não programadas. Os itens escolhidos para serem estocados nessas posições devem ser aqueles que são transformados em produtos de grande venda, para evitar que fiquem parados no estoque de produtos finais.

4) Explique por que, quanto maior o lead time para a empresa entregar um produto ao cliente, maior o seu ciclo financeiro?

Resposta: Quando o lead time total para a empresa entregar um produto ao cliente é elevado, também é elevado o tempo em que a empresa fica com o estoque de matérias-primas, de produto em processo e de produto final em seu poder. Logo, quanto maior o lead time, maior o Prazo Médio de Estocagem e, consequentemente, maior o ciclo financeiro.

Respostas às questões do capítulo 7

1) Quais são os dois maiores objetivos da gestão da manutenção de equipamentos de uma empresa?

Resposta: Alcançar elevada disponibilidade dos equipamentos e baixo custo de manutenção.

2) Quais são as informações que devem constar no "plano de manutenção" de um equipamento? Quais são as informações mais importantes dos "padrões de execução da manutenção"?

*Resposta: Os planos de manutenção são os documentos que definem **quais** são as tarefas de manutenção preventiva requeridas para os equipamentos e **quando** estas tarefas devem ser executadas. Os padrões de execução definem **como** as tarefas devem ser realizadas.*

3) De acordo com a Figura 7.7, por que os planos de manutenção podem ser considerados o elemento central da gestão da manutenção de uma empresa?

Resposta: Os planos de manutenção são considerados o elemento central da manutenção de equipamentos de uma empresa pelo fato de as suas informações definirem grande parte dos trabalhos e gastos do departamento (com pessoas, serviços contratados e peças) e, consequentemente, do orçamento anual desse setor. Além disso, os resultados reais da manutenção realimentam o conteúdo dos planos de manutenção, de forma a ajustar o trabalho e os gastos à real necessidade dos equipamentos.

4) Por que é importante que a área de PCM desenvolva e implante um sistema de inspeção e remoção das anomalias (problemas em estágio inicial, como folgas, vazamentos etc.)? Por que é importante envolver os operadores nessas inspeções?

Resposta: A inspeção e remoção das anomalias em seu estágio inicial evitam que elas evoluam para uma falha, com a consequente parada do equipamento. A participação dos operadores é importante pelo fato de eles trabalharem ao lado da máquina, com grande chance de detectar os problemas no estágio inicial.

5) Cite as duas principais formas de reduzir o custo das peças e serviços de manutenção.

Resposta: (i) Por meio da redução da necessidade de troca de peças e compra de serviços, o que é conseguido principalmente com a diminuição das falhas dos equipamentos; e (ii) Por meio da redução do valor das peças e serviços, que é conseguida principalmente com o estabelecimento de um processo de compras em que seja envolvido um profissional com conhecimento técnico para discutir as necessidades e negociar com os fornecedores.

6) Quais são os dois principais benefícios da melhor utilização da mão de obra da manutenção?

Resposta: (i) A melhor utilização da mão de obra possibilita a disponibilização de tempo dos mecânicos e eletricistas para que eles cumpram todas as tarefas preventivas e corretivas programadas que, muitas vezes, não são cumpridas por falta de tempo; e (ii) Caso todas as tarefas de manutenção já estejam sendo executadas, a melhor utilização da mão de obra da manutenção possibilita a transferência de profissionais para outras áreas, reduzindo o custo da manutenção ou a compra e instalação de novos equipamentos sem a necessidade de contratação de novos profissionais.

Respostas às questões do capítulo 8

1) Cite duas grandes desvantagens do processo de orçamentação tradicional.

Resposta: (i) O modelo tradicional para elaborar orçamento favorece que os gestores "defendam a manutenção dos gastos das suas áreas" e tenham um sentimento de "dono do silo sob a sua responsabilidade". Como um orçamento maior, na maioria das vezes, se traduz em mais subordinados, responsabilidades e poder para os gestores de cada "silo", o orçamento tradicional torna-se pouco eficaz para a redução de gastos. (ii) Como os gestores normalmente são cobrados apenas pelo resultado total do seu centro de custo, ou dos centros de custo sob a sua responsabilidade, muitas oportunidades de economia em contas específicas deixam de ser trabalhadas.

2) No orçamento matricial também existe a figura do gestor responsável pelo gasto de um Centro de Custo ou de um conjunto de Centros de Custo, tal como no orçamento tradicional. No entanto, também existe outro tipo de gestor. Que gestor é esse e qual é o seu papel?

Resposta: São os gestores responsáveis pelos "pacotes de contas". Eles são encarregados de analisar, orçar e acompanhar um conjunto de contas de natureza semelhante em todos os centros de custo.

3) Qual é o nome da metodologia de elaboração de orçamentos em que os gastos são analisados não apenas sob a perspectiva de preço e consumo, mas também do ponto de vista da real necessidade de sua realização?

Resposta: Orçamento base zero.

Respostas às questões do capítulo 9

1) Cite seis classificações de projeto de acordo com seu o escopo.

Resposta: (i) Projetos para a continuidade e estabilidade operacional; (ii) Projetos para a redução de custos; (iii) Projetos para a ampliação das operações existentes; (iv) Projetos para a entrada em novos segmentos de mercado ou em novos mercados; v) Projetos para atendimento às questões regulamentares; e (vi) Projetos de pesquisa e desenvolvimento.

2) A que se referem os "projetos para ampliação das operações existentes"?

Resposta: São projetos para produzir e vender mais produtos ou serviços que já são fornecidos e que até o momento se mostraram lucrativos.

3) Quais são as principais virtudes do método do Valor Presente Líquido (VPL) para o cálculo da viabilidade financeira de projetos?

Resposta: As maiores virtudes deste método são a facilidade de entendimento, a utilização de uma taxa de desconto para os fluxos de caixa futuros e o uso de todos os fluxos de caixa gerados e não apenas dos fluxos produzidos até o período de payback.

4) Cite seis questionamentos que devem ser feitos sobre as premissas adotadas para cálculo da viabilidade financeira dos projetos, a fim de avaliar as incertezas relacionadas a cada uma dessas premissas antes de se decidir pela implantação do projeto.

Resposta: (i) Os valores do desembolso inicial e dos desembolsos durante o projeto serão realmente os valores que foram utilizados no cálculo? (ii) É o momento adequado para implantar esse projeto? (iii) O capital necessário para o projeto pode ser realmente captado com a taxa estimada durante todo o projeto? (iv) Neste investimento, a empresa está exposta ao risco de variação cambial? (v) Vão realmente existir redução de custo, aumento de produção, redução dos acidentes de trabalho ou qualquer outra melhoria que é desejada com a implantação deste projeto? (vi) Os fluxos de caixa relativos ao retorno do investimento foram adequadamente estimados?

Respostas às questões do capítulo 10

1) Por que é importante definir metas para as diversas áreas e departamentos de uma empresa a partir das metas da alta administração?

Resposta: Definindo as metas desta forma, garante-se o alinhamento das grandes metas da empresa com as de cada um dos departamentos e áreas, impedindo que a organização deixe de alcançar as suas metas globais mesmo quando os departamentos atingem as suas metas.

2) Cite cinco formas de agregar conhecimento técnico na empresa.

Resposta: (i) Contratação de profissionais de nível técnico elevado; (ii) Contratação de consultorias específicas; (iii) Participação em feiras e congressos das áreas afins à empresa; (iv) Convênios com universidades, escolas técnicas e centros de pesquisa; e (v) Intercâmbio com empresas do mesmo segmento que atuam em outros mercados.

3) Relate uma grande vantagem e uma grande desvantagem de uma estrutura organizacional construída com base no agrupamento funcional.

Resposta: A maior vantagem do agrupamento funcional é favorecer a especialização do conhecimento, pois os profissionais de cada unidade organizacional se dedicam a apenas um tipo de atividade e têm a oportunidade de trocar informações constantemente com seus colegas de trabalho. A maior desvantagem é dificultar a integração entre atividades diferentes, o que prejudica a visão do todo por parte dos membros de determinada unidade organizacional e o atingimento de metas em conjunto.

4) Cite cinco mecanismos de integração utilizados para integrar uma estrutura organizacional.

Resposta: (i) Ajustamento mútuo, (ii) Supervisão direta, (iii) Sistemas de informação, (iv) Grupos de trabalho e (v) Reuniões periódicas.

5) Mencione seis características de um líder que o fazem ser reconhecido e respeitado, consequentemente tendo mais poder.

Resposta: (i) Saber formar uma equipe e motivá-la; (ii) Ter foco em resultado, sabendo definir os indicadores de resultado de seus subordinados; (iii) Possuir conhecimento técnico relacionado à área liderada; (iv) Habilidades para quebrar resistências e conduzir mudanças; (v) Habilidades para negociação e gestão de conflitos; e (vi) Habilidades para gerir crises.

Respostas às questões do capítulo 11

1) Quais são os prerrequisitos para se iniciar um trabalho de melhoria dos resultados financeiros por meio da gestão de operações?

Resposta: (i) Vontade e respaldo da alta administração; (ii) Confiabilidade das informações contábeis; (iii) Informações operacionais já coletadas, com nível aceitável de confiabilidade.

2) Por que é importante que no primeiro ano do trabalho de melhoria dos resultados financeiros por meio da gestão de operações a equipe de consultoria externa seja acompanhada por uma equipe da própria empresa?

Resposta: Para que a equipe da empresa absorva o conhecimento metodológico da consultoria externa e nos anos seguintes se torne uma equipe de consultoria interna.

Referências

REFERÊNCIAS

1 ANCONA *et al*. **Organizational Behavior & Process** – Management for the future. Massachusets: Ed. South Western/Massachusets Institute of Technology, 1999.

2 BARROS, E. C.; DREON, F. R. **Análise financeira**: enfoque empresarial. 2. ed. Belo Horizonte: Aquila, 2020.

3 BARKDULL, C. W. **Span of control** – A method of evaluation. Michigan : Michigan Business Review, 1963.

4 BOSSIDY, L.; CHARAN, R. **Execução** : a disciplina para atingir resultados. Rio de Janeiro: Elsevier, 2005.

5 BRIGHAM, E.; GAPENSKI, L. C.; EHRHARDT, M. C. **Administração financeira**: teoria e prática. São Paulo : Atlas, 2001.

6 BUCHANAN, D.; BADHAM, R. **Power, politics and organizational change**. [S.l.] : Sage Publications, 1999.

7 CARMAGNANI, Edson; BRAGA, Gilberto; MOTA, Haroldo; BRULL, Thomas; ÁLVARES, Elismar; PROCIANOY, Jairo; BOLOGNA, José Ernesto; LUCAS, Reinaldo; SPITZECK, Heiko; VICENTE, Paulo; MALVEZZI, Sigmar. (org). **Material do programa de educação executiva PDC** – Programa de Desenvolvimento de Conselheiros. [S.l.] : Fundação Dom Cabral, 2018.

8 CHILD, J. **Organization** – A guide to problems and practice. 2. ed. [S.l.] : Ed Harper & Row, 1984.

9 CORREA, H. L.; GIANESI, I. G. N. **Just in time, MRPII e OPT**: um enfoque estratégico. São Paulo : Atlas, 1993.

10 COUTINHO, C. A. **A gestão no Brasil**. 2. ed. Belo Horizonte : Libreteria, 2018.

11 DÖRR, A. *et al.* **Formação de preço de derivados de leite**: um estudo de caso da usina escola de laticínios (UFSM), filial da Cooperterra. Santa Maria, RS : UFSM, 2012. Disponível em: http://cdn.fee.tche.br/eeg/6/mesa13.

12 ELKINGTON, J. **Canibais com garfo e faca**. [S.I.] : Mbooks, 2011.

13 GALBRAITH, I. R. **Designing organizations**. [S.I.] : Jossey-Pass Publishers, 1995.

14 GODOY, R.; BESSAS, C. **Formação de gestores**: criando as bases da gestão. Belo Horizonte: Aquila, 2021.

15 GODOY, R.; GODOY, N.; PIRES, F. **8 passos da excelência**. [S.I.] : Aquila, 2020.

16 GODOY, R.; NEVES, R.; RISCHELE, L. **O poder da excelência comercial**. [S.I.] : Aquila, 2020.

17 GRANT, Adam; HERSHEY, Jack; HREBINIAK, Lawrence; MOUSSA, Mário; PEARSON, Kathy; RYAN, Joe. (org.). **Material do programa de educação executiva "Making Strategy Work**: leading effective execution. Wharton : University of Pennsylvania, 2012.

18 HARTMANN, E. H. **Successfully installing TPM in a non-japanese plant**. Pittsburgh : TPM Press, 1992.

19 HATAKEYAMA, Y. **A revolução dos gerentes**. Belo Horizonte : Fundação Christiano Ottoni/ Escola de Engenharia da UFMG, 1995.

20 HELMAN, H.; ANDREY, P. R. **Análise de falhas (Aplicação dos métodos de FMEA e FTA)**. Belo Horizonte : Fundação Christiano Ottoni/Escola de Engenharia da UFMG, 1995.

21 HESS, G.; MARQUES, J. L.; PAES, L. C. R.; PUCCINI, A. **Engenharia econômica**. 21. ed. São Paulo : Bertrand Brasil, 1992.

22 HILL, Linda; KOTTER, John; MARGOLIS, Joshua; MAYO, Anthony. (org.). **Material do programa de educação executiva "High Potentials Leadership Program"**. Harvard : Harvard Bussiness School, 2014.

23 HREBINIAK, L. G. **Making strategy work**. [S.I.] : Wharton School Publishing, 2005.

24 KIM, W. C.; MAUBORGNE, R. **A estratégia do oceano azul**. Rio de Janeiro : Elsevier, 2005.

25 KNIGHT, K. **Matrix management**. [S.I.] : Gower Press, 1997.

REFERÊNCIAS

26 KOTTER, J. ; RATHGEBER, H. **Our iceberg is melting**. [S.l.] : St. Martin's Press, 2005.

27 KOTTER, J. **Leading change**. [S.l.] : Harvard Bussiness Review Press, 2012.

28 KUME, H. **Métodos estatísticos para a melhoria da qualidade**. São Paulo : Gente, 1993.

29 LAWRENCE, P. R.; LORSCH, J. W. **Developing organizations**: diagnosis and action. Massachussets : Addison-Wesley Publishing Company, 1969.

30 LIMA, L. P. **Tamanho de empresa e eficiência de indústria de laticínios no Brasil**. 2015. Dissertação (Mestrado em ciência e tecnologia de alimentos) – Universidade Federal de Viçosa, Viçosa, MG, 2015.

31 LUKES, S. **O poder**. Brasília : Editora da UnB, 1980.

32 MANUAL de treinamento em TPM da JIPM/im&c. [S.l. : s.n.t.], 1997.

33 MATARAZZO, D. C. **Análise financeira de balanços**: abordagem básica e gerencial. 6. ed. São Paulo : Atlas, 2003.

34 MARTINS, Eliseu. **Contabilidade de custos**. 9. ed. São Paulo: Atlas, 2003.

35 MINTZBER, H. ; AHLSTRAND, B. ; LAMPEL, J. **Safari de estratégia**. [S.l.] : Bookman, 2010.

36 MINTZBERG, H. **Criando organizações eficazes**. São Paulo : Atlas, 1995.

37 MORGAN, G. **Imagens da organização**. São Paulo : Atlas, 1996.

38 MOUBRAY, J. **Reliability centered maintenance**. New York : Industrial Press Inc., 1992.

39 NACIF, R. S. **A influência da estrutura organizacional na execução dos processos de manutenção**. 2001. Dissertação (Mestrado em Engenharia de Produção) – Universidade Federal de Minas Gerais, Belo Horizonte, 2001.

40 NADLER, D. A. ; TUSHMAN, M. L. **Competing by design**. Oxford : Oxford University Press, 1997.

41 NAKAJIMA, S. **Introduction to TPM**. [S.l.] : Productivity Press, 1988.

42 NORMA NBR 5462 – 1994. **Confiabilidade e mantenabilidade**. Brasília, 1994.

43 PALMER, R. D. **Maintenance planning and scheduling handbook**. Rio de Janeiro : McGraw-Hill, 2012.

44 PINTO, A. K.; XAVIER, J. A. N. **Manutenção**: função estratégica. [S.l.] : Qualitymark, 1999.

45 PORTER, M. **Competitive advantage**. [s.l.] : Free Press, 1985.

46 PRADO, D. S., **PERT/CPM**. [S.l.] : Editora de Desenvolvimento Gerencial, 1998.

47 PYHRR, P. A. **Zero-base budgeting**: a practical management tool for evaluating expenses. São Paulo : John Wiley & Sons, 1973.

48 RIIS, J. O. A situational maintenance model. **International Journal of Quality & Reliability Management**, v. 14, n. 4, 1997.

49 SHERWIN, D. J. TQM, maintenance and plant availability. **Journal of Quality in Maintenance Engineering**, v. 1, n. 1, 1995.

50 SHONK, J. H. **Team-based organizations**: developing a successful team enviroment. Washington : Irwin, 1997. 186 p.

51 SLACK, N. *et al*. **Administração da produção**. São Paulo : Atlas, 1997.

52 SORGE, A.; STREECK, W. Industrial relations and techinal change. In: HYMAN, R. ; STREECK, W. (ed.). **New technology and industrial relations.** [S.l.] : Basil Blackwell, 1988.

53 SUSMAN, G. I. **Autonomy at work**. [S.l.] : Praeger, 1976.

54 TAVARES, L. **Excelência na manutenção**: estratégias, otimização e gerenciamento. [S.l.] : Casa da Qualidade, 1996.

55 TSANG, A. H. C.; JARDINE, A. K. S.; KOLODNY, H. Measuring maintenance performance: a holistic approach. **International Journal of Operations & Production Management**, v. 19, n. 7, 1999.

56 UMEDA, M. **99 perguntas e 99 respostas sobre o TQC no estilo japonês**. Belo Horizonte : Fundação Christiano Ottoni/Escola de Engenharia, UFMG, 1995.

REFERÊNCIAS

57 VIEIRA, M. V. **Administração estratégica do capital de giro**. 2. ed. São Paulo : Atlas, 2008.

58 WALLACE, T. F. **Sales & Operations Planning**. [S.l.] : T. F. Wallace & Company, 1999.

59 WERKEMA, M. C. C. **Avaliação da qualidade de medidas**. Belo Horizonte : Fundação Cristiano Ottoni, 1996.

60 WESTERKAMP, T. A. Evaluating the maintenance process. **IIE solutions – Industrial Engineering**, December, 1998.

61 XENOS, H. G. **Gerenciando a manutenção produtiva**. [S.l.] : Ed DG, 1998.

Referências da internet

62 SANTOS, L. **Os sete tipos de orçamentos empresariais**. 2012. Disponível em: www. administradores.com. Acesso em: 2020.

63 www.valor.com.br/valor1000. Acesso em 2020.

64 ZUPPI, A.; S&OP. **Sales and operations planning**. 2009. Disponível em: www.administradores. com. Acesso em: 2020.

Publicações Aquila

PUBLICAÇÕES AQUILA

Conheça os nossos livros na área de gestão produzidos pelas nossas referências técnicas.

8 PASSOS DA EXCELÊNCIA

Um guia prático de como levar a sua organização para um novo patamar de resultados

Conheça os conceitos de gestão dos 8 passos, por meio uma visão prática e baseada em uma trajetória para atingir a excelência, elevando sua organização para um novo patamar de resultados. São eles: ambição, governança, evidências, produtividade, qualidade técnica, disciplina, retorno e transparência.

Conheça e compre

Conheça e compre

O PODER DA EXCELÊNCIA COMERCIAL

Solução prática de como potencializar seus resultados

Conheça o que tem de melhor na construção de uma cultura comercial de sucesso. Aprenda ferramentas táticas estruturadas para que a sua organização chegue a seu público alvo, maximizando o retorno dessas relações comerciais.

ANÁLISE FINANCEIRA
ENFOQUE EMPRESARIAL

Uma abordagem prática para executivos não financeiros

Com abordagem prática para executivos não financeiros, este livro tem como objetivo trazer ao público não financista pontos relevantes para análise, ação e decisão com base nas finanças corporativas. Somente um controle efetivo dos resultados e uma forte gestão do caixa diminuirão as pressões financeiras a que uma empresa está sujeita.

Conheça e compre

COMO GERENCIAR E ENFRENTAR DESAFIOS

Tendo como pano de fundo a bela história de José do Egito, este livro inspira-nos a estudar e entender o passado, o qual sempre será referência, construir o presente e projetar o nosso futuro. Por meio de uma linguagem simples e envolvente, o leitor é convidado a fazer uma reflexão sobre como enfrentar e superar desafios e a não desistir diante das dificuldades.

Conheça e compre

FORMAÇÃO DE GESTORES

Criando as bases da gestão.
Entenda como desenvolver uma gestão focada em resultados.

Conheça os conceitos de gestão com uma narrativa simples, fácil compreensão e exemplos práticos para cada passo do método.

Conheça
e compre

BOX DA DEMANDA

*Um modelo de gestão para antecipar o futuro
e gerar mais valor para seu negócio*

Conheça a metodologia que tem como princípio uma caixa "BOX", que representa a empresa e a "DEMANDA", que é a capacidade de atração de clientes para o negócio. Por meio de uma visão estratégica e tática do mercado e uma atuação integrada da força de vendas, a empresa é capaz de garantir uma previsibilidade comercial que será o ponto de partida para dimensionamento integrado do suprimentos, produção e entrega dos seus produtos e serviços.

Conheça
e compre

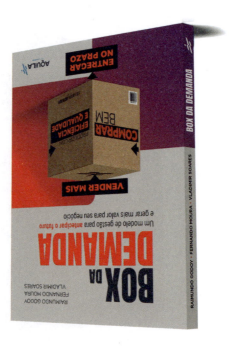

Conheça e compre

CIDADES EXCELENTES

Gestão que transforma a realidade dos municípios brasileiros

Conheça a metodologia que pode transformar a realidade do seu município. Esta obra reúne de maneira inédita o que há de mais moderno para a gestão pública municipal, após 20 anos de serviços em diversas cidades nacionais e internacionais. Aprenda os princípios do ciclo virtuoso de desenvolvimento humano por trás de qualquer cidade excelente e saiba como avaliar e aplicar empiricamente em seu município. Com leitura fácil, simples e que irá te surpreender na busca por melhores resultados.

www.aquila.com.br